河南省"十四五"普通高等教育规划教材

U0598687

炎黄文化教程

李俊　姚圣良　王震中　主编

中国教育出版传媒集团

高等教育出版社 · 北京

内容简介

本书的主要内容是对中华民族的人文始祖炎帝、黄帝与炎黄文化进行系统性阐述。正文十二章构成四个层次、四个视域的立体框架：对炎帝族、黄帝族及炎黄时代的族群融合进行阐释；论述炎黄文化的国家认同与民族认同价值；阐述炎黄文化与中华传统文化的关系；梳理近现代炎黄文化复兴的历史脉络，揭示炎黄精神的内涵及其当代价值，指出炎黄文化对于推动人类命运共同体建设的价值。

本书既是开创性地传承与弘扬炎黄文化的大学通识课教材，又可作为普及炎黄文化的通俗读本。

图书在版编目（CIP）数据

炎黄文化教程 / 李俊，姚圣良，王震中主编.
北京：高等教育出版社，2024.9. -- ISBN 978-7-04-063143-2

Ⅰ．K203

中国国家版本馆 CIP 数据核字第 20242WD371 号

炎黄文化教程
Yanhuang Wenhua Jiaocheng

策划编辑	龙　杰	责任编辑	孙　璐	封面设计	张志奇	版式设计	马　云
责任校对	胡美萍	责任印制	赵义民				

出版发行	高等教育出版社	网　　址	http://www.hep.edu.cn
社　　址	北京市西城区德外大街 4 号		http://www.hep.com.cn
邮政编码	100120	网上订购	http://www.hepmall.com.cn
印　　刷	北京市白帆印务有限公司		http://www.hepmall.com
开　　本	787mm×960mm　1/16		http://www.hepmall.cn
印　　张	17		
字　　数	210 千字	版　　次	2024 年 9 月第 1 版
购书热线	010-58581118	印　　次	2024 年 9 月第 1 次印刷
咨询电话	400-810-0598	定　　价	33.50 元

本书如有缺页、倒页、脱页等质量问题，请到所购图书销售部门联系调换
版权所有　侵权必究
物 料 号　63143-00

目　　录

绪　　论

中华民族有五千多年的文明史，炎黄二帝是中华民族的人文始祖。中华文明自古就有"三皇五帝"之说，炎帝是"三皇"的代表，而黄帝则是"五帝"的代表。西汉时期，司马迁将《五帝本纪》作为《史记》之开篇，又置黄帝于"五帝"之首。这就意味着中华文明史是从黄帝开始。由于《史记》没有关于"三皇"的记载，到了唐朝，司马贞认为史书不应该漏掉这段历史，为此他专门撰写了《三皇本纪》以补全《史记》。《三皇本纪》补记了"三皇"特别是炎帝的事迹，进一步明确了炎帝的中华民族人文始祖地位。应该说，黄帝是在炎帝的基础上正式拉开了中华五千多年文明史的序幕。

炎黄时代是中国历史迈入文明门槛的关键时期，也正是在这一时期，炎黄二帝率领先民共同创造了炎黄文化。炎黄文化开辟了中华传统文化的新纪元，是中华民族五千多年文化绵延不绝、持续发展的历史的和逻辑的起点。炎黄文化是中华传统文化的龙头，也是中华优秀传统文化的重要组成部分。在中华五千多年文明史上，炎黄文化始终都是中华民族不可摧折、难以磨灭的精神维系，构成了中华文明特有的文化基因。2023 年 6 月 2 日，习近平在文化传承发展座谈会上指出："中国式现代化是赓续古老文明的现代化，而不是消灭古老文明的现代化；是从中华大地长出来的现代化，不是照搬照抄其他国家的现代化；是文明更新的结果，不是文明断裂的产物。中国式现代化是中华民族的旧邦新命，必将推动中华文明重焕荣光。"①在全面推进中国式现代化这一新的时代征程上，我们必须更好地传承和弘扬炎黄文化。

一、炎黄文化的概念

简单来讲，炎黄文化就是与炎黄二帝有关的文化，是炎帝文化与黄帝文化的合称。自20世纪80年代开始，随着改革开放后海内外华人寻根问祖活动的蓬勃开展，中华大地上逐渐兴起了前所未有的"炎黄热"。1991年5月10日，中华炎黄文化研究会在北京成立。此后，一些地方性炎黄文化研究会也相继成立，形成了各地广泛参与、全国上下心之所系的炎黄文化研究新局面。

炎黄文化的概念有狭义、中义、广义之区别。狭义的炎黄文化，指的是炎黄时代的文化，或炎黄创造的文化。中义的炎黄文化，是指以炎黄二帝为代表的文化英雄创造于炎黄时代，并经由炎黄后世子孙阐释、认同和再创造的文化。广义的炎黄文化，则是中华文化的代称。狭义的炎黄文化是炎黄文化的根基，中义的炎黄文化是炎黄文化的传承和主体，广义的炎黄文化则是炎黄文化的拓展和升华，三者各有侧重，共同构成了炎黄文化的完整体系。②

《炎黄文化教程》所阐述的"炎黄文化"，主要是中义的炎黄文化，即炎黄时代由炎黄二帝创造的，并经过炎黄后世子孙不断传承、阐释及再创造的文化，还包括在此过程中进一步凝聚升华而成的炎黄精神。

---

① 习近平：《在文化传承发展座谈会上的讲话》，《求是》2023年第17期。
② 高强：《炎黄文化与中华民族凝聚力》，人民出版社2019年版，第3~4页。

二、《炎黄文化教程》的价值

2019 年 9 月 18 日，习近平在黄河流域生态保护和高质量发展座谈会上指出："千百年来，奔腾不息的黄河同长江一起，哺育着中华民族，孕育了中华文明。早在上古时期，炎黄二帝的传说就产生于此。"[①]2019 年 9 月 27 日，习近平在全国民族团结进步表彰大会上又特别指出："早在先秦时期，我国就逐渐形成了以炎黄华夏为凝聚核心、'五方之民'共天下的交融格局。"[②]习近平的讲话高屋建瓴，既揭示了炎黄二帝在中华文明初创时期的伟大贡献，也阐明了炎黄二帝在中华民族产生、发展过程中所发挥的无可替代的凝聚核心作用。

炎黄文化既是古老的根祖文化，又是与时俱进、不断创新的民族文化，有其独特的历史作用和不可替代的时代价值。《炎黄文化教程》主要用作大学生通识课教材，亦可以用作炎黄文化的通俗读本。《炎黄文化教程》的时代价值与现实意义主要包括以下几个方面：

首先，《炎黄文化教程》以习近平文化思想为指导，将炎黄文化的传承、弘扬与服务国家重大文化战略需求紧密结合在一起。习近平指出："在五千多年中华文明深厚基础上开辟和发展中国特色社会主义，把马克思主义基本原理同中国具体实际、同中华优秀传统文化相结合是必由之路。……只有立足波澜壮阔的中华五千多年文明史，才能真正理解中国道路的历史必然、文化内涵与独特优势。"[③]《炎黄文化教程》以炎黄文化为代表，通过推动中华优秀传统文化创造性转化和创新性发展，为构建中国式现代化的文化形态作贡献。

---

① 习近平：《在黄河流域生态保护和高质量发展座谈会上的讲话》，《求是》2019 年第 20 期。
② 习近平：《在全国民族团结进步表彰大会上的讲话》，《人民日报》2019 年 9 月 28 日第 2 版。
③ 习近平：《在文化传承发展座谈会上的讲话》，《求是》2023 年第 17 期。

其次，《炎黄文化教程》响应党和国家号召，积极推动中华优秀传统文化进入大学校园和课堂。2017年1月，中共中央办公厅和国务院办公厅印发《关于实施中华优秀传统文化传承发展工程的意见》，明确提出要"推动高校开设中华优秀传统文化必修课，在哲学社会科学及相关学科专业和课程中增加中华优秀传统文化的内容"①。我们编撰大学生通识课教材《炎黄文化教程》的一个主要目的，就是为了让该意见中有关高校开设中华优秀传统文化课程的要求能够真正落到实处。

再次，《炎黄文化教程》立足当下，贯通古今，有意识地将对炎黄文化历史内涵的探索与对当代价值的提炼相结合，始终坚持把"立德树人"作为首要任务。一方面，对于炎黄文化产生、发展的历史进程进行全面梳理，可以帮助今天的人们更好地认知、接受自己由远古而来的民族文化特质，由"文化自知"走向"文化自信"。另一方面，发掘、提炼炎黄文化的精神实质及其当代价值，有利于充分发挥炎黄文化在新时代培根铸魂的育人功能。

最后，《炎黄文化教程》还探讨了炎黄文化与中华民族共同体、人类命运共同体的关系。一方面，沿着由"文化认同"到"民族认同"、由"文化共同体"到"民族共同体"的逻辑理路，系统论述了炎黄文化与中华民族共同体的内在联系。另一方面，具体阐述了炎黄文化所蕴含的共同体观念及其对推动人类命运共同体建设的价值。

三、《炎黄文化教程》的体例

《炎黄文化教程》由"绪论"、正文和"后记"组成。

"绪论"针对教材编撰的一些基本问题，诸如炎黄文化的概念、本教材的时代价值、现实意义和结构体例等，进行简要阐述。

---

① 《人民日报》2017年1月26日第6版。

正文由十二章组成，大致可以分为四个部分。

第一部分包括第一章、第二章和第三章，共三章。这一部分主要介绍炎帝部族、黄帝部族的基本情况，以及炎黄时代的族群融合，对中华民族的早期形成过程进行系统梳理。第一章"炎帝"和第二章"黄帝"，分别阐述炎帝与黄帝的名号、炎帝族与黄帝族的活动范围、炎帝与黄帝的贡献。第三章"炎黄时代的族群融合"，则着重论述炎帝与黄帝的阪泉之战、炎黄与蚩尤的涿鹿之战、炎黄与东夷和苗蛮的冲突与融合、炎黄在"三皇五帝"中的特殊地位等问题。

第二部分包括第四章和第五章，共两章。这一部分主要论述炎黄文化在国家认同、民族认同中所发挥的重要作用，是对一个中国、中华民族共同体为何能够深入人心，中华民族为何始终具有强大凝聚力和向心力等问题的回应。第四章"炎黄文化与国家认同"，分别阐述国家认同的内涵与意义，揭示了炎黄文化与"大一统"思想、炎黄祭祀与国家认同的内在关系。第五章"炎黄文化与民族认同"，分析了民族认同的内涵与价值，并通过对炎黄文化既是中华民族的血缘之根又是文化之根的具体论述，指出炎黄文化奠定了中华民族共同体意识的基础，确立了中华民族凝聚力的精神内核。

第三部分包括第六章、第七章、第八章和第九章，共四章。这一部分主要论述了炎黄文化与中华传统文化的关系问题。第六章"炎黄与中华姓氏文化"，详细阐述中华姓氏的产生、中华姓氏中的炎黄主体现象、炎黄与中华姓氏寻根等问题。第七章"炎黄与中华龙文化"，深入探讨中华龙文化的起源、形成与意义，回答了中华儿女为何自称"龙的传人"的问题。第八章"炎黄与民俗文化"，具体阐释与炎黄有关的民间传说、民间习俗，并揭示炎黄民俗文化传承的价值、意义。第九章"炎黄文化遗存"，全面论述炎黄文化遗存的现状、产生原因及其文化意义。

第四部分包括第十章、第十一章和第十二章，共三章。这一部分主要针对近现代炎黄文化复兴的历史脉络、炎黄精神的当代价值、炎黄文化对推动人类命运共同体建设的价值等，进行深入探讨。这也是对当下我们为什么要重视炎黄文化、研究炎黄文化的一个回应。第十章"近现代炎黄文化的复兴"，具体论述炎黄文化在旧民主主义革命时期、抗日战争时期和社会主义建设时期三个历史阶段复兴的原因、表现与意义。第十一章"炎黄精神及其当代价值"，全面阐述了炎黄精神的由来、内涵及其当代价值。第十二章"炎黄文化与人类命运共同体"，梳理了人类命运共同体理念的产生过程，揭示了炎黄文化所蕴含的共同体观念及其对推动人类命运共同体建设的价值。

"后记"主要对编撰本教材的缘起、本教材编撰的基本原则及编写人员的具体任务分工等，进行补充介绍和说明。

思考题

1. 炎黄二帝在中华民族历史上的重要地位是什么？

2.《炎黄文化教程》有哪些时代价值与现实意义？

拓展阅读

1. 徐光春：《谈谈炎黄文化》，《光明日报》2018 年 7 月 21 日第 11 版。

2. 鲁谆、高强：《炎黄文化读本》，人民出版社 2014 年版。

3. 李俊、王震中主编：《炎黄学概论》，人民出版社 2021 年版。

第一章 炎 帝

炎帝与黄帝并称，是中华民族的人文始祖。在有的典籍里面，炎帝又被称作神农氏，炎帝神农氏是我国早期农耕文化、中医药文化的开创者和奠基者。炎帝的时代，从《国语·晋语四》和《史记·五帝本纪》中与黄帝、炎帝的相关记载来看，炎帝与黄帝一度同时并存；但从其他一些史实考虑，炎帝又是早于黄帝的。因此，我们在此所说的炎黄二帝的时代是以其先后称雄时期而言的。本章我们将围绕炎帝名号的由来、炎帝与神农的关系、炎帝故里和炎帝族的迁徙，以及炎帝的贡献等与炎帝相关的基本问题进行讲述。

第一节 炎帝的名号

一、"炎帝"名号的由来

关于"炎帝"的得名，我们在《左传》《国语》等先秦文献中可以看到，"炎帝"一名有祖先名和族名之义，也有以火神为宗神的意思。"炎"字由上下两个火字组成。《左传·昭公十七年》中记载了一段郯子的言论，说是黄帝氏以云纪事，因此各部门的长官都以"云"来命名；炎帝氏以火纪事，所以各部门的长官都以"火"来命名；共工氏以水纪事，所以各部门的长官都以"水"来命名；太昊（又作太皞）氏以龙纪事，所以各部门的长官都以"龙"来命名；少昊（又作少皞）氏以鸟纪事，所以各部门的长官都以"鸟"来命名，如各司其职的凤鸟氏、玄鸟氏、青鸟氏、丹鸟氏等。由此说明炎帝这一名号是由火而得名的。《左传·哀公九年》中的史墨也曾说炎帝是火师。可见炎帝之"炎"因火而得名，这在早期的文献中是十分明确的。

此外，许慎在《说文解字》一书中也把"炎"字解释为"火光上也。从重火"。此"火"最初应该是指自然之火；根据王震中的研究，也有可能兼指大火星（大火历）之火。在炎帝族对火的崇拜中，火乃炎帝族的宗神，也是它的图腾神之一。[①]

二、炎帝与神农的关系

在诸多文献记载中，炎帝与神农还往往合称"炎帝神农氏"。关于炎帝与神农的关系，有的学者认为二者是一回事，有的则认为二者的"合户"是后来发生的；而在民间，多数相信二者是一回事。综合考虑，我们认为二者既有区别又有联系。

（一）文献记载中的神农与炎帝

在先秦时期，有诸多文献只单说神农，而未言及炎帝。《逸周书·佚文》中记载，神农之时，上天像下雨一样降下了粟的种子，神农拾得并耕种它；此外，神农还发明了陶器烧制技术，制作了斤斧耒耜等农具；五谷由此兴旺了起来。《周易·系辞下》中则说，神农氏是继伏羲氏之后出现的远古农业氏族部落的首领，神农氏的伟大功绩在于其发明了农业最基本的生产工具耒耜，并把它推广于天下。

---

① 王震中：《炎帝族对于"大火历"的贡献》，见王俊义主编《炎黄文化研究（第五辑）》，大象出版社 2007 年版，第 61~65 页。

单说神农氏的文献，主要记述的是神农氏代替伏羲氏治理天下，并创制耒耜、发展农耕等历史贡献。根据《周易·系辞下》的记载，继包牺氏（又作伏羲氏）、神农氏之后的是黄帝、尧、舜，可见神农氏的时代早于黄帝时代。另外，《庄子·盗跖》中说神农之世尚处于"民知其母，不知其父"的母系氏族时期，并且"与麋鹿共处，耕而食，织而衣"，说明已经进入早期的农耕时期；《商君书·画策》里面也有与之相似的记载，说神农之世是一个男耕女织、不用刑政、不兴甲兵的令人向往的"至德"时代。

此外，还有诸多文献只说炎帝，而不提及神农。《国语·晋语四》中说："昔少典娶于有蟜氏，生黄帝、炎帝。黄帝以姬水成，炎帝以姜水成。成而异德，故黄帝为姬，炎帝为姜。"这段文献经常被学者引用，并以此说明炎帝和黄帝的发祥地在姜水和姬水流域。黄帝因生长在姬水，所以是姬姓；炎帝生长在姜水，所以是姜姓。单说炎帝的文献，往往会记述炎帝与黄帝的冲突和融合，二者联合起来击败蚩尤等重大历史事件。

从相关文献来看，在早期的历史文献中炎帝与神农氏原本是两个人，或者是两个氏族，而绝非一回事。司马迁《史记·封禅书》中记载管仲说"古者封泰山"其所记者有十二，"神农封泰山，禅云云；炎帝封泰山，禅云云；黄帝封泰山，禅亭亭"，神农显然是早于炎帝的一个时代。

最早把"炎帝神农氏"连在一起的，是成书于战国时期、经秦汉时人整理而成的《世本》。《世本·氏姓篇》中说"姜姓，炎帝神农氏后"，把"炎帝"和"神农"连称。到了汉代，高诱在为《吕氏春秋·季夏纪》作注时，也认为"昔炎帝神农能殖嘉谷，神而化之，号为'神农'"。班固在《汉书·律历志》中也说，炎帝"教民耕农。故天下号曰神农氏"。另外，《汉书·古今人表》中也列有"炎帝神农氏"。通过诸多文献记载来看，从战国后期到汉代，"炎帝""神农"逐渐合而为一。

（二）神农与炎帝的联系和区别

既然在文献中神农与炎帝有分有合，学术界因此也就形成了两种观点：一种认为神农和炎帝是一回事情；另一种认为神农是神农，炎帝是炎帝，二者最初不是一人，神农和炎帝合二为一是后起的。例如清代中叶的古史学家崔述，现代著名的历史学家徐旭生、罗琨等即主张"炎帝"与"神农"原本没有关系，二者发生关系是后起的，罗琨将此称为炎帝与神农的"合户"。这种"合户"现象的产生，与古史传说中神农事迹和炎帝事迹的诸多相似密切相关。

综合有关文献史料来看，神农与炎帝既有联系又有区别。二者的区别是，作为三皇之一的神农氏，代表着农业的起源，是对发明农业这一历史进步的概括，是一个文化符号，其年代是由农业的起源期进入新石器时代早期，时间约在距今12000—9000年间；而作为姜姓的炎帝，在农业上也有杰出的贡献，其时间在距今7000—6000年间。神农氏与炎帝的联系就在于他们都在农业上有巨大的贡献。神农氏的贡献是在农业的起源，炎帝的贡献是在早期农业发展。

关于农业的起源，在旧石器时代晚期，人们在高级采集狩猎经济中，依据自己对动植物生长规律的认识，开始尝试谷物的栽培和牲畜的驯养，这种从采集植物过渡到培育植物，就是所谓农业的起源。由此，远古社会也由旧石器时代转为新石器时代。

在考古发现上，作为农业起源阶段的遗址，在南方，有距今1万年以上的湖南道县寿雁镇白石寨村玉蟾岩遗址、江西万年仙人洞和吊桶环遗址，以及距今10000—8500年的浙江浦江县黄宅镇上山遗址等；在北方，有距今11000—9000年的河北保定市徐水区南庄头遗址、河北阳原县于家沟遗址、北京门头沟区东胡林人遗址、北京怀柔区转年遗址等。

一般而言，农业的起源、农耕聚落的出现同新石器时代文化的兴起，应该是一个问题的两个方面；以农耕畜牧为基础的定居聚落的出现，标志着一个崭新的历史阶段的开始。但历史的发展从来都不是一蹴而就的，而有一个缓慢发展过程，并且表现出一些不平衡性和多样性。截至今日的考古发现，大约距今 12000—9000 年，即中国新石器时代早期，在中国的南方和北方存在着五类遗址：一是洞穴遗址，二是贝丘遗址，三是盆地中平坦开阔的聚落遗址，四是丘陵地带或山区河谷阶地的聚落遗址，五是平原上的聚落遗址。这五类遗址又可归纳为三大类：洞穴类遗址、贝丘类遗址、盆地或坡地或平原上的聚落遗址。其中，无论是洞穴类遗址还是坡地或平原上的聚落遗址，都因栽培农作物的出现而代表了社会前进的方向。

年代较早亦最有代表性的洞穴农业遗址有湖南道县玉蟾岩、江西万年仙人洞、广西柳州白莲洞、广西桂林甑皮岩等。洞穴遗址就其居住形态而言，它是承接旧石器文化而来，显得较为原始。但是，1 万多年前的新石器时代早期的这些洞穴遗址的洞口下面的地势平坦开阔，站在洞口望平原，植物茂盛，资源丰富；对于 1 万年前的原始人来说，在沃野上采集食物固然不成问题，更重要的是此时的他们已开始有意识地栽培稻谷等一些可食性植物，因而这种洞穴内的经济生活与旧石器时代诸如北京猿人、山顶洞人的洞穴生活是不一样的。也就是说，由于在玉蟾岩、仙人洞等遗址中发现有稻作遗存的存在，这就预示着新石器时代之初江南经济类型的发展方向。当然，在农业起源之初，作为食物的来源，主要还不是依靠栽培的农作物，农作物所占食物的比例较小。以玉蟾岩遗址为例，尽管当时已培育出一种兼有野生稻、籼稻、粳稻综合特征的栽培稻，并发明了陶器，但从出土的生产工具和大量的动植物化石来看，当时的经济类型还主要是广谱的取食经济。也就是说，1 万余年前的这些洞穴居民，是在采集、捕鱼、狩猎和种植稻谷作物的多种经济共同作用下，过着定居生活。

从农业的发明到农耕聚落有了初步的发展，人类经历了漫长时期。因为，并非农业一经发明，就立即成为当时经济的主要部门。随着培育的农作物在食物中所占比重的增加，先民就由以前只是从自然界直接获取食物的攫取经济发展到了生产经济。但是，种植的农作物在人们食物中比例的增长，是一个缓慢的发展过程。换言之，在农业起源阶段，先民所种植的农作物在食物中所占的比例并不高，采集、狩猎和捕鱼等依旧是重要的食物获取方式，我们的祖先采用的是采集、捕鱼、狩猎和种植谷物的广泛的取食经济。这就是神农所代表的农业起源阶段的情形。

农业发明之后，又经过一个时期，由于农业生产工具和农耕技术的进步，农作物在食物中的比例也在逐步增大。在距今8000—7000年前，我国新石器时代的农业获得了第一次大的发展，其标志是：（1）出现耒耜、石铲之类的生产工具，进入了耜耕和锄耕农业；（2）在窖穴等中有相当数量粮食的储存。这样的进步可与炎帝时代相联系。

在生产工具方面，当时整个黄河流域已出现了包括翻土工具在内的成套农具。从砍伐林木和加工木器用的石斧、松土或翻土用的石铲、收割用的石镰或石刀，到加工谷物用的精美的石磨盘、石磨棒，一应俱全，而且制作精致。南方地区，除上述石器外，因经营的是以稻作为主的水田农业，开挖排灌渠道和翻土整地是主要农活，因此骨耜、木铲在诸如河姆渡之类的遗址中很发达。石斧出土数量多，反映了田地的垦辟比以前扩大了；石铲、骨耜的出土说明当时人们在农业上已懂得并普遍实行翻土，也就是说，当时的农业已进入初级耜耕阶段。

在粮食储藏方面，河北武安磁山聚落遗址发现了88个用来储存粮食的窖穴，根据其内粮食遗迹堆积体计算，粮食储量达13余万斤。在江南鱼米之乡的浙江余姚河姆渡聚落，其储存的稻谷也有10万公斤以上。这样多的粮食储存，再加上家畜饲养、狩猎、捕捞、采集等所补充的食物来源，足以保证一个三百多人口的聚落的全年需求。

综上，如果用一句话来概括神农与炎帝的区别与联系，这就是：神农氏是对距今一万年前后、农业起源时历史进步的概括；炎帝对农业的贡献发生在距今六七千年前，是六七千年前的神农氏。

三、炎帝的其他名号

在先秦文献中，炎帝又号称"烈山氏""厉山氏""连山氏""赤帝"等。以下，我们将结合相关文献资料对其由来逐一进行解释。

（一）烈山氏（列山氏）

有的学者认为"烈山氏"这一名号的由来与刀耕火种的用火焚山有关，但更多的看法是把"烈山"视为山名、地名。《国语·鲁语上》中说在烈山氏称雄的时期，烈山氏的一个叫"柱"的儿子，是种植谷物蔬果的能手。东汉贾逵注说烈山氏乃炎帝的别号，西晋的杜预注又说烈山氏是神农氏的诸侯。根据文献记载，夏代以后，周人的男性始祖"弃"继承了烈山氏"柱"的高超农耕技术，所以后人也把"弃"作为稷神来祭祀。《左传·昭公二十九年》中就记载，夏代以前人们都把烈山氏的儿子"柱"作为稷神来祭祀，商代以降，人们又把周人的始祖"弃"作为稷神来祭祀。这也是周人的始祖"弃"又被称作后稷的原因。

（二）厉山氏

《国语·鲁语上》和《左传·昭公二十九年》中所说的"烈山氏"，在《礼记·祭法》中又被称为"厉山氏"。《礼记·祭法》中说，厉山氏称雄天下时，他的儿子"农"掌握了先进的百谷种植技术；夏代衰落以后，周人的祖先"弃"继承了"农"的农耕技术，所以人们又把"弃"作为新的稷神来祭祀。在此，厉山氏，显然就是上面所说的烈山氏。从上可见，厉山氏即烈山氏，也即炎帝神农氏的认识由来已久。关于厉山的所在地的说法不一。《汉书·地理志》的南阳郡随县下，班固自注：随县，又称厉乡，曾是古厉国的所在地。唐代舆地类史籍《括地志》中也记载，厉山在随州随县北百里，厉山的东面有石穴，据说神农就出生于此，所以人们称神农氏为厉山氏。这个地方，在春秋时期为厉国。概言之，上述观点主要表达了两个意思：其一，《国语》《左传》所说的"烈山氏"（"列山氏"），在《礼记·祭法》中又被称为"厉山氏"；其二，厉山氏的所在地，位于今天的湖北省随州。

（三）连山氏

根据西晋皇甫谧《帝王世纪》的记载，神农氏又被称作"连山氏"。有的学者认为炎帝被称作"连山氏"或许与《连山易》之连山有关。在湖南怀化市会同县有明清以来的连山乡地名，在连山乡的茶经庵有清代乾隆年间立的刻有"连山场"这样地名的石碑，而且当地流行以"艮"为起首的可称为《连山易》的八卦文化。因此，有学者提出炎帝连山氏在会同这样的新说。

那么，"烈山氏""列山氏""厉山氏""连山氏"，究竟是一地还是两地，它们是什么样的关系？一般认为它们属于音转、音变，只是究竟是由"厉山""列山""烈山"音转为"连山"呢，还是相反，由"连山"音转或音变为"厉山""列山""烈山"呢？目前尚不易确定。

（四）赤帝

炎帝，有时也被称作"赤帝"。《逸周书·尝麦解》中说"昔天之初，□①作二后，乃设建典。命赤帝分正二卿"，且当"蚩尤乃逐帝"时，"赤帝大慑，乃说于黄帝，执蚩尤杀之于中冀"云云，此处的"赤帝"即炎帝。《大戴礼记·五帝德》中也有黄帝与"赤帝"战于阪泉之野的记载，司马迁《史记》继承《大戴礼记》的传述，而又作黄帝与炎帝在阪泉之野发生战争，可知"赤帝"又是炎帝的另一名号。所谓"赤帝"，或与炎帝神农氏从事农业的刀耕火种有关，烈山氏中的"烈山"即烧山，是早期农业文明的特点，火乃"赤色"，故炎帝又称"赤帝"；加之战国时代五行学说盛行，五行与五方、五色相配，有关的古帝按照

---

① 此处缺字，后人补"诞"字，意为"大"。

五行学说各就其位，南方为赤色，故炎帝别称赤帝，这是炎帝又被称作"赤帝"的另外一层原因。可见，赤帝、炎帝、烈山氏，均着眼于炎帝神农氏在中华早期农耕文化上的重要历史功绩。

第二节　炎帝族的活动范围

炎帝族的活动范围，主要涉及两个方面的问题：一是炎帝故里位于何处，二是炎帝族的迁徙路线。本节主要围绕这两方面内容进行梳理。

一、炎帝故里

关于炎帝故里，众说纷纭，主要的有陕西宝鸡说、山西高平说、湖北随州说、湖南会同说、湖南株洲说等。上述每一说都有自己的依据，只是其说服力有强有弱。

（一）陕西宝鸡说

《国语·晋语四》中明确记载，少典氏与有蟜氏联姻，生下了黄帝和炎帝。黄帝成长于姬水，炎帝成长于姜水。这段记载告诉我们，炎帝因为是在姜水成长起来的，所以姓姜。文中还说，炎帝与黄帝"成而异德"，意思是炎帝和黄帝虽都是少典与有蟜氏的后裔，但因活动地域不同，所以不同"德"，即习俗不同，以至于相互之间还发生过战争。在这里，姜水所在地就成为寻找炎帝故里的关键。

关于姜水，北魏郦道元在《水经注·渭水》中解释说，岐水所经过的姜氏城南，就是姜水，也就是今陕西宝鸡渭河流域的一条支流。战国晚期的《世本》、西晋皇甫谧的《帝王世纪》等古籍中也有炎帝"育于姜水""长于姜水"的记载。《三皇本纪》《路史·炎帝纪》等文献中也均有此说。

徐旭生在《中国古史的传说时代》一书中，根据《国语·晋语四》所说的"炎帝以姜水成"和《水经注》有关姜水的描述而主张炎帝族的发祥地在宝鸡所在的渭水上游一带。他经过考证认为，在宝鸡县城南门外渭水南一二里的地方，有个村子叫作姜城堡，堡西有一小水，从秦岭中流出，叫作清姜河，堡东约一里的地方有一个很大的神农庙，这个姜城堡，《宝鸡县志》说它就是《水经注》所说的姜氏城。因此，他认为姜姓的炎帝族的发祥地就在今渭水上游的宝鸡一带。[①]

（二）山西高平说

根据《山海经·北山经·北次三经》中的记载，发鸠之山上有一种叫作精卫的鸟，这种鸟是炎帝的女儿女娃的精魂所化。书中说女娃因游于东海溺水淹死，化为精卫，精卫常衔西山上的木石去填东海，这就是著名的"精卫填海"的故事。此处的这个发鸠之山，晋人郭璞认为在上党郡的长子县。山西省长子县紧邻高平，同属上党地区。《管子·轻重戊》中说，神农兴起后，在"淇山之阳"种植五谷，天下的百姓至此知道种植五谷的农耕技术，并在全天下普及开来。一般把这里的"神农"理解为炎帝，淇山是太行山中的一座山，也是淇水的发源之山，在现今的晋城市陵川县境东北。这也属于山西高平说的文献依据。

山西高平说的另一依据是北齐到唐代的碑刻资料。例如，现存高平市羊头山神农庙内的北齐天保二年（551）的残碑。该碑距今已近1500年，是迄今已知记载炎帝事迹最早的碑刻。再如，唐武周朝天授二年（691）羊头山清化寺的碑文也详细记载了炎帝得嘉禾、播五谷、制耒耜、兴稼穑，以及尝百草、调药石、疗民疾的伟大功绩，还记载了羊头山（烈山）的气候变化和优良的居住条件。碑文提到了烈山，还提到炎帝的儿子"柱"出生于此山。这也是迄今发现的详细记载炎帝功绩的早

[①] 徐旭生：《中国古史的传说时代（增订本）》，文物出版社1985年版，第41~42页。

期碑刻。

此外，在唐五代至北宋的几块墓志中也都提到高平境内羊头山下的"神农乡"，有的还提到"烈山"。唐武周朝天授二年（691）羊头山清化寺的碑刻中有关"烈山"及炎帝儿子"柱"的记述，以及910年（刻石作"大唐天祐七年岁次庚午"）《毕刚墓志》和五代后晋天福二年（937）《唐故浩府君墓志铭》有关"烈山"的记述，不但把炎帝与烈山氏的关联提早到了唐代，而且从湖北随州向北移到了山西高平。这为学术界提出了一个值得研究的新课题。

（三）湖北随州说

湖北随州说见于《国语·鲁语上》《左传·昭公二十九年》和《礼记·祭法》等先秦文献。其中，《国语》和《左传》中写作"烈山氏"，《礼记》中写作"厉山氏"，按照本章第一节中所讲，"烈山氏""厉山氏"指的都是炎帝。《国语》《左传》中说，烈山氏的儿子"柱"是种植谷物蔬菜的高手，人们把他当作稷神来祭祀；《礼记·祭法》中也说，厉山氏称雄天下，他的儿子"农"掌握了先进的种植谷物的农耕技术，人们把他作为稷神来祭祀。"柱"，就是田主的"主"，是由最早的农业工具，即点种用的尖头木棒，演化而来的。点种棒作为早期农具，能帮助种子生根发芽，孕育出新的生命，进而促成了早期先民对工具的崇拜。因此，点种棒就成了祭典中主稼穑之神的标志——木主，即"柱"。无论是"柱"还是"农"，皆被当作农神来祭祀，这表明他们在中华农耕文化中具有划时代的历史意义，大大推动了中华农耕文化的历史进程。

郑玄在为《礼记·祭法》作注时说，这里所说的厉山氏就是炎帝，是因为厉山是他的发源地，有的人又称其为烈山氏。皇甫谧在《帝王世纪》中也记载，神农氏起源于"列山"，因此被称作"列山氏"，列山就位于随州厉乡。郦道元在《水经注·㴲水》中也指出神农诞生并活动于烈山地区，即现在的湖北省随州市。

此外，司马彪《郡国志》、盛弘之《荆州记》和王存《元丰九域志》等书中，也有"神农生于历乡"等大致相同的记载。这些记载都构成了湖北随州说的文献依据。可以确定的是，湖北随州是西晋以来地理志类文献讲述炎帝较多的地区。

（四）湖南会同说

皇甫谧《帝王世纪》载，炎帝神农氏又号称连山氏。湖南省会同县，不仅有连山，还有古老的连山乡等。有学者认为，从历史民俗的角度考察，某些古人是由出生地的地名而得名的，炎帝神农氏号"连山氏"与"列山氏"都源自其出生地的传说。湖南会同迄今仍流传着大量与炎帝神农氏相关的神话传说与民间风俗，且有"常羊山""火神坡""太阳坪"等一系列与炎帝神农氏相关的地名，并与《山海经》等文献记载暗合，共同构成了湖南会同说的证据链。

（五）湖南株洲说

在各地的炎帝文化研究和祭拜活动中，炎帝陵是其中重要的一项。全国范围内炎帝陵虽然有多处，如湖南省株洲市炎陵县有炎帝陵，山西省高平市也有炎帝陵，但湖南的炎帝陵是最引人注目的。

皇甫谧《帝王世纪》中说，炎帝在位120年，死后葬于长沙。宋代罗泌《路史·后纪》注引《世纪》说神农埋葬在茶陵。南宋王象之《舆地纪胜》中也提及，炎帝墓在茶陵县南一百里地的康乐乡白鹿原。这里的"白鹿原"又称为"鹿原陂"，在今湖南省株洲市的炎陵县。据《酃县志》载，在酃县（今炎陵县）确实有炎帝陵的存在。这些都是湖南炎陵县炎帝陵的历史渊源。

（六）南北炎帝说与民族融合

上述炎帝故里的宝鸡说、高平说、随州说和株洲说等都有自己的依据。如果再做进一步概括的话，宝鸡说和高平说又可合称为北方炎帝说；而随州说、株洲说，以及近年湖南会同县提出的会同说，则可合称为南方炎帝说。

对于"北方炎帝说"与"南方炎帝说"这二说，持北方炎帝说者认为南方的炎帝及其文化是由北方迁徙传播而至，而持南方炎帝说者则相反，认为北方的炎帝及其文化是从南方迁徙传播到北方的结果。

除此之外，"炎帝"也有可能是民族融合体：历史上，烈山氏（列山氏）、厉山氏、连山氏、姜姓的族团这些分散的名称在先，"炎帝"这个统一的名称在后，"炎帝"一名应当是西周以来随着民族融合而出现的，也就是说，在南方有崇拜火的连山氏、列山氏、烈山氏、厉山氏等，在北方有崇拜火的姜姓族团，因其都崇拜火，故其宗神都可以是火神炎帝，或者是如郯子所言"为火师而火名"；又因他们对农业的发展都有自己的贡献，故而很容易与属于"三皇"之一的神农氏合而为一，被汉代以后的人们称为"炎帝神农氏"。"炎帝"一名是在历史被神话、各部族之神被人格化，以及民族文化融合的错综复杂的过程中，经过将各地不同的传说及不同传说中相同的因素进行合并才出现的，是经过相当漫长的时期的民族文化融合的结果。换言之，在被称为"炎帝"的集团中，有的是在北方的姜水流域成长起来的姜姓族群，有的是发祥于南方烈山（列山、厉山、连山）的族群，他们共同构成了春秋战国时期"炎帝"概念。

其实，"黄帝"概念，也是民族融合的结果。说"炎帝"和"黄帝"这两个名号都是民族文化融合的结果，并不影响它们作为中华民族人文始祖的地位和象征意义。因为从民族形成的过程看，包括"华夏族""汉族""中华民族"在内的世界上所有的民族，都不是一开始就是一个庞大的民族共同体。比如在中华大地上，氏族部落或邦国林立的局面一直发展到尧、舜、禹时期，《尚书》等文献还称之为"万邦"。分散的各个族落团体经过民族融合和民族文化的融合，最后才形成一个统一的民族，才会出现统一民族的人文始祖的概念和需求，炎黄作为人文始祖的象征意义才凸显了出来。

二、炎帝族的迁徙

关于炎帝族的迁徙，徐旭生在《中国古史的传说时代》中以《国语·晋语四》"炎帝以姜水成"为依据，考证出炎帝族发祥于今渭水上游宝鸡一带，其后大约顺着渭水东下，来到豫西、豫中乃至东移至山东地区。[①]

（一）晋南和豫西地区

姜姓炎帝族从陕西境内的渭水上游出发，向东迁徙发展的第一个区域就是晋南、豫西地区。徐旭生认为，晋南分布的许多姜姓小国，因为看不出它是在西周分封的，所以应该是炎帝族在由西向东迁徙过程中出现的。

姜姓炎帝族中一支重要的族团是共工氏。根据《国语·周语下》中的记载可知，共工失败后，大禹取得了成功；在大禹时期，共工从孙四岳辅佐大禹，与大禹一道受到皇天嘉奖；姜姓的申、吕、齐、许乃四岳之后裔。这四岳后裔，申、吕均在今河南西南部，申在唐河境内，吕在南阳境内。许在河南中部的许昌境内。齐后来到了山东临淄。豫西地区的申、吕、许就是姜姓炎帝族在东边建立的国家，这一现象可以看作姜姓炎帝族由西向东迁徙过程中造成的。

（二）河北涿鹿地区

在先秦文献中，炎帝与黄帝、蚩尤曾发生阪泉之战和涿鹿之战，说明姜炎族也曾迁往今河北涿鹿一带。

关于阪泉之战，《史记·五帝本纪》中记载："轩辕之时，神农氏世衰。诸侯相侵伐，暴虐百姓，而神农氏弗能征。"此时，黄帝轩辕氏通过"修德振兵，治五气，蓻五种，抚万民，度四方，教熊罴貔貅貙虎"

[①]　徐旭生：《中国古史的传说时代（增订本）》，文物出版社 1985 年版，第 44~48 页。

等一系列举措，部族迅速崛起，和已经衰落的炎帝"战于阪泉之野"，并最终击败炎帝部落。上述《史记》中所说的黄帝族与炎帝族在阪泉作战时，黄帝率领的"熊罴貔貅䝙虎"六种猛兽，实际上是以六种猛兽为图腾的六个氏族。

关于涿鹿之战，《逸周书·尝麦解》中记载："昔天之初□作二后，乃设建典。命赤帝分正二卿，命蚩尤于宇少昊，以临四方，司□□上天未成之庆。蚩尤乃逐帝，争于涿鹿之河九隅无遗。赤帝大慑，乃说于黄帝，执蚩尤，杀之于中冀。"《逸周书》中的赤帝就是炎帝。"蚩尤于宇少昊"，是说蚩尤居住在少昊的地方，这是因为蚩尤有可能是东夷族中九黎部族的首领。当时，首先是蚩尤与炎帝在涿鹿争夺作战，炎帝族大败，失去大片土地，也就是所谓的"九隅无遗"，因此只得向黄帝族求援。炎、黄联合，执杀蚩尤，然后由少昊代替了蚩尤，恢复了社会秩序。《史记·五帝本纪》中也记载，黄帝（轩辕）崛起之时，神农氏已经衰落，乘势崛起的蚩尤部落"最为暴，莫能伐"，不服从"帝命"而"作乱"，黄帝率领包括炎帝在内的诸侯与蚩尤"战于涿鹿之野"，并最终擒杀蚩尤，取得涿鹿之战的最终胜利。"诸侯咸尊轩辕为天子"，轩辕也就此替代神农氏，成为新的部族联盟的盟主黄帝。

阪泉、涿鹿的具体位置，目前学界有多种说法。现一般依据《史记·五帝本纪》裴骃集解所引《括地志》中所认为的，在今天的河北省涿鹿县一带。炎帝、黄帝、蚩尤三族之所以在河北涿鹿一带发生冲突和战争，是因为这三族在向外扩展的过程中于涿鹿相遇。对于炎帝族而言，相较于宝鸡、晋南、豫西，河北涿鹿地区是其向东迁徙的又一站。

（三）齐鲁地区

《管子·封禅》中记载"炎帝封泰山"，是说炎帝曾到泰山进行了祭祀活动。《左传·昭公二十年》也记载了齐地临淄先后曾经有爽鸠氏、季蒯、逢伯陵、薄姑氏居住。爽鸠氏、季蒯和薄姑氏属于东夷族，逢伯陵属于炎帝族姜姓，说明姜炎族的一部分在相当早的时候就迁到了山东地区。

　　将上述几个地区相连，就可以勾勒出炎帝族由西向东的迁徙路线。除此之外，主张"北方炎帝说"的学者进而认为，南方有关炎帝的古史传说是炎帝族由北向南迁徙带去的。与此相反，主张"南方炎帝说"的学者则认为，北方有关炎帝的古史传说是炎帝族由南向北迁徙过程中传播出去的。目前，无论是"南炎说"还是"北炎说"都还没有成为定说，究竟如何，有待研究的深入和推进。

第三节　炎帝的贡献

　　《周易·系辞下》中说，包牺氏称雄天下时，"作结绳而为网罟，以佃以渔"，这是典型的渔猎经济时代的写照。包牺氏时代的后期，神农氏继之兴起，"斫木为耜，揉木为耒，耒耨之利，以教天下"，是说神农氏的时代，已经发明了早期的农具耒耜，并在全天下进行推广，中华民族由此进入农耕经济时代。在本章第一节中，讲到炎帝与神农的关系时指出，学者们有的认为炎帝与神农是一回事，有的认为二者的"合户"是后来发生的。前者与农业的发明相联系，后者与农业发明之后的第一个发展期相联系。为了叙事上的方便，这里把炎帝和神农放在一起来叙述。在这一历史时期，炎帝神农氏作出了重要贡献。

一、炎帝是中华农耕文化的创立者

　　在农业发明之前的岁月里，处于蒙昧时代的先民，依赖采集和渔猎维持生计。距今 1.2 万年前后，为了获得较为稳定的生活来源，人类开始采用新的手段和方式获取物质生活资料，于是，农业出现了。农业产生是人类具有划时代意义的一件大事，它不仅在生理上，而且在获取生活资料的方式上，把人与动物彻底区分开来。根据古史传说，炎帝神农氏是中华农耕文化的创立者。

其一，培植粟谷。传说炎帝时代人民众多，捕鱼狩猎已经无法满足生存需求，于是炎帝便率领族人通过长时期的品尝与观察来辨别植物的有毒无毒、可口与否等，筛选出"嘉禾""嘉谷""嘉种"，加以人工干预，最终培育出品质优良的农作物。

炎帝不仅率领族人筛选培育出品质优良的农作物，还掌握了当时最为先进的种植技术。《国语·鲁语上》中说，烈山氏称雄的时代，他的儿子"柱"是种植"百谷百蔬"的高手，以至于人们把他作为稷神来祭祀。《淮南子·修务训》中也说，炎帝神农氏指导人们因地制宜地种植谷物。除此之外，炎帝还掌握了对农业产生重要影响的气候变化。《尸子·重治》记载，炎帝神农氏治理天下，能够"正四时之制"，实现"万物咸利"的大丰收。

其二，发明耒耜。农具的发明是农业走向成熟的重要标志，也是农业成为人类主要的经济生产的基础。在耒耜之类的早期农具诞生以前，先民在农业生产中很可能是运用尖木棒等刨挖点播，也就是《国语·鲁语上》中所说的"柱"。炎帝神农氏对于农业的贡献，还在于对"柱"进行了改良，而发明了耒耜。《周易·系辞下》《逸周书·佚文》《白虎通义·号》等文献中有诸多关于炎帝发明耒耜的记载。根据学者研究，耒有两种形状。一种是在柱的端头处固定一个短小的横木，刺土时以手持上端、脚踩横木入地，这就是最初的单齿耒。另一种是将柱的尖头经过火烤（揉），使其有一定的弯曲度，且向上微微翘起，成为曲柄斜尖耒。这就是文献中所谓的"揉木为耒"。甲骨文中的"𣏩"字就是这种耒的象形字。耒不仅可以刺土为洞，还可以翻土、松土；不仅用于种，还可用于耕。耒耜的使用大大提高了农业生产效率，极大地促进了农业生产的发展。

《白虎通义·号》中解释神农之所以被人们称作"神农"时说："神

农因天之时，分地之利，制耒耜，教民农作。神而化之，使民宜之，故谓之神农也。"这段记载充分肯定了炎帝神农氏在创立中华农耕文化进程中的重要贡献。

二、炎帝是中华医药宝库的奠基者

《淮南子·修务训》中说，早期渔猎采集时代的先民通过采树上的果实、水中的蠃蚌为食，食物产量根本无法保障，到了炎帝神农氏，才开始教给百姓种植五谷，开创了早期农耕文化的历史。先民生命时常遭"疾病毒伤"的威胁，炎帝神农氏遂"尝百草之滋味"，令先民辨别植物的"寒温平热之性"与"君臣佐使之义"，大大改善与提高了先民的医疗卫生水平。唐司马贞《三皇本纪》中说神农"始尝百草，始有医药"，就是充分肯定了炎帝在开创中华医药史上的崇高地位。

古代文献中有诸多关于炎帝创造中医药方面的记载。《淮南子·修务训》《纲鉴易知录》等典籍中均有关于炎帝神农氏尝百草的记载：炎帝一天之内遇到七十种有毒的植物，他都能神奇地化解毒性，并把每一种植物的药性记录下来，后世把这些记录传承为《神农本草经》，自此中华民族开始有了医方、医道。先秦时期的《世本·作篇》中已说炎帝神农氏"和药济人"，说明炎帝已经掌握了中草药的药性配比，且能起到治病疗伤的效果。有的文献中说太原的神釜冈有神农尝药的鼎，成阳山有神农鞭打草药的遗迹，虽然带有浓郁的神话色彩，但充分体现了炎帝发明中医药这一伟大历史贡献的深入人心。

三、炎帝是中华陶器制作的发明者

在古代文献中，炎帝也是中华陶器的发明者。先秦时期的《世本》《逸周书》中已有炎帝神农氏"作陶""作瓦器"的记载。南宋罗泌的

《路史·外纪》中还说，炎帝"埏埴以为器"。"埏"，就是制作陶器的模型；"埴"，就是黏土。"埏埴"的意思就是把黏土放入特定的模型中来制作陶器，这也说明炎帝时代的制陶工艺已在原始的手工制陶技术基础上有了新的发展。

陶器的发明是与先民对火的掌握分不开的，这也是到了炎帝时代才能发明陶器的关键原因。陶器不仅能够用来取水和贮藏食物，也能够以之烹煮食物，获取熟食，还能够以陶刀、陶箭镞、陶纺轮等陶制品作为生产工具，因此，陶器的发明制作大大改善了先民们的生活条件，有力地推动了社会的发展。

四、炎帝是中华原始商业的开创者

炎帝时代社会生产力得到进一步提高，剩余产品不断增多，商品交换也就随之出现。《周易·系辞下》中说炎帝神农氏"日中为市，致天下之民，聚天下之货，交易而退，各得其所"。炎帝创立的"日中为市"制度，是中华原始商业贸易的源头。

"日中为市"，就是说人们约定在正午这个特定的时间，在交通便利的固定地点建立集市，有需要的人都可以前来交易，以获取自己所需的物品。"日中为市"的出现，不仅更好地满足了先民的各项生产生活需求，也开创了我国的原始商品交易制度，大大推动了经济发展；同时，频繁的商品贸易活动也促进了各氏族部落之间的交往、交流与融合。

五、炎帝是中华音乐艺术的创造者

炎帝也是中华音乐艺术的创造者。东汉时期许慎的《说文解字》、桓谭的《新论》中均记载，发明琴的是炎帝神农氏。由此可知，至迟在东汉时期，我们的先民已经把琴的发明创造追溯到炎帝。有关炎帝发明琴的传说，在古代文献中多有记载：北宋刘恕的《资治通鉴外纪》、南宋罗泌的《路史》等都记载了炎帝发明了琴，并把制琴作乐运用到政治教化之中。炎帝不仅是中华音乐艺术的创造者，也是以"乐"治国理政的开创者。

六、炎帝是中华远古城池的创建者

古史传说中，炎帝时代已经有了房屋、宫室之类的建筑，西汉刘安的《淮南子》中说，炎帝时代已有了用于祭祀的"明堂"，南宋胡宏的《皇王大纪》中也说，炎帝"为台榭而居"。所谓"台榭"，意为建在高土台或水面（或临水）上的木屋，这与《路史》中所说的炎帝"相土停居，令人知所避趋"的择地而居相契合。考古研究发现，炎帝时代建造的房屋还处在初创时期，多为地穴、半地穴式结构，是用树枝和泥土混合在一起建造的茅草房，主要用途是遮风挡雨、防寒避暑及防御野兽的侵害；规模巨大的城堡和宫室，学术界一般认为是进入黄帝时代的产物。

根据文献记载，炎帝还是中华远古城池的创建者。东汉班固《汉书·食货志》中认为，城池的建设是从炎帝开始的。另外，据一些文献记载，黄帝时代发明了"五城十二楼"，黄帝还"筑城邑，造五城"，等等。从时代演化规律上来看，炎帝时代发明了原始建筑，到了黄帝时代，由氏族聚集而形成部落或部落联盟聚落，已经具备了筑城的技术和力量。由此可见，中华远古城池的创建，最早可以追溯到炎帝时代，黄帝时代又大大推进了都城的筑造规模与技术，这也是符合历史发展演进规律的。

都城的出现，是文明起源、形成的重要因素。肇自炎帝时代，发扬于黄帝时代的中华远古城池的筑造技术，标志着炎黄时代开始显现出文明的曙光。

七、炎帝是中华民族融合的推动者

根据文献记载，五千多年前的中原大地及周边地区部落林立，氏族密布。炎帝部落实力最强，所以一开始炎帝在中原处于首领地位。后来炎帝神农氏势力渐衰，不能控制中原局面，黄帝便取而代之。阪泉之战后炎黄结盟，涿鹿大战后，黄帝"合符釜山"，黄帝部落与炎帝部落、蚩尤部落及其他大小部落在釜山结盟，这就统一了中原，并促成了氏族部落的大联合，形成了中华民族融合生存、聚合发展的雏形。在这个过程中，以炎黄部落为主体的族群，发展为华夏族。从中可以看出，在中华民族形成、融合的过程中，发挥作用最大的是黄帝、炎帝。黄帝与炎帝的结盟，为中华民族的形成、融合打下基础，是黄帝和炎帝把中原及周边地区的众多氏族先民们联合在一起，团结在一起，统一在一起。

思考题

1. 结合相关文献，谈一谈你对神农与炎帝的区别和联系的认识。
2. 炎帝故里众说纷纭的原因有哪些？

 拓展阅读

1. 徐旭生：《中国古史的传说时代（增订本）》，文物出版社1985年版。
2. 刘玉堂主编：《炎帝神农文化读本》，人民出版社2015年版。
3. 王震中：《三皇五帝传说与中国上古史研究》，见《中国社会科学院历史所学刊》第七集，商务印书馆2011年版。

第二章　黄　帝

　　司马迁《史记·五帝本纪》在梳理中华统绪时把黄帝列为五帝之首，《史记》的记载"自黄帝始"。黄帝在中华儿女的心目中具有崇高的地位，历朝历代的各族统治者和民众都对黄帝进行祭祀，从未断绝。黄帝是维系海内外中华儿女的凝聚力、向心力的重要纽带，也是增强海内外中华儿女民族自豪感的重要力量。本章将主要从黄帝名号的由来、黄帝族的发祥地，以及黄帝族的活动范围等几个方面进行讲述。

第一节　黄帝的名号

一、"黄帝"名号的由来

　　关于"黄帝"这个名号的由来，一种观点认为是得名于黄土。在战国以来的说法中，黄帝被称为中央之帝，以土德王。如《史记·五帝本纪》中说黄帝"有土德之瑞"，因此"号黄帝"。《淮南子》和《吕氏春秋》也是在五行与四方四季相配中来安排黄帝的，黄帝之"黄"乃取金、木、水、火、土五行中的土之色。按照黄帝释名中"黄"与黄土的关系，有学者主张，黄帝乃黄土高原之奇葩，这是一种美称；也有人认为黄帝陵所在的陕北一带，有着十分丰富的史前文化，研究黄帝及其文化，理应首先从这里出发。诚然，在古史传说中，不但黄帝葬于陕北的桥山，而且黄帝族最初就生活在黄土高原，在这个意义上，这些看法并非没有缘由。只是，若黄帝之黄取自五行中的土之色的话，这种与五行观念联系在一起的说法也应当是后来产生的。

　　关于黄帝这一名号，有学者主张黄帝即皇天上帝者，最主要的依据是黄、皇两字古代通用。从"黄帝"与"皇帝"通假，以及皇帝亦即上帝来看，"黄帝"一名含有皇天上帝，即含有天的意思；而《左传·昭公十七年》中郯子所说的黄帝氏以云纪事，其各部门的长官都以云命名，云是在天空中的，也与天有关系。郭沫若曾把上面写作天，下面写作青蛙的青铜器族徽铭文释为"天鼋"，并说它就是古轩辕氏。① 于省吾把这个族徽铭文释为"天黾"，并说黾是青蛙，鼋是龟鳖。② 就字形而论，确实应释为"天黾"，但"天黾"与"天鼋"在读音上可通假。因为发音上的通假，周人把"天黾"写作"天鼋"，到春秋战国时期，又写作"轩辕"，都是通假的缘故。③ 邹衡又论证青铜器铭文中上面写作天、下面写作兽的族徽为"天兽"，说这个天兽的族徽就是有熊氏，以及铜器中单称为"天"的族徽，而且通过《天姬自作壶》的铭文，证明以"天"为族徽的"天族"是姬姓。④ 为此，我们认为"天黾""天兽"之"天"，以及"天族"之"天"，与黄帝即皇天上帝之"天"是有关联的，黄帝的得名应该是先秦时期的人们以"天"和"天黾"（轩辕氏）、"天兽"（有熊氏）族徽为蓝本，加以抽象或转化的结果。也就是说，黄帝之"黄"（皇）来源于"天黾""天兽""天族"之"天"，黄帝实可称作"天帝"。

---

① 郭沫若：《殷周青铜器铭文研究》，人民出版社1954年版，第7页。
② 于省吾：《释黾、鼋》，见《古文学研究》第七辑，中华书局2005年版，第2~3页。
③ 王震中：《黄帝名号的由来》，《光明日报》2024年3月30日第11版。
④ 邹衡：《夏商周考古学论文集（第二版）》，科学出版社2001年版，第310~312页。

　　既然"黄帝"一名既可作为部落酋长之名，也可以作为该族的部族宗神之名，因此，这个名称就会有"皇天上帝"的神性含义，而当金、木、水、火、土五行之说盛行的时候，自然就会产生以土德王的说法。至于称其为中央之帝，这不仅仅是因人们安排五行中以土为中，还在于黄帝族在其强盛的时期，占据的是中原，在古人的眼里，这是"天下"之中。而天下之中亦即四方汇集之地，它是最容易、也是最早发生部族融合的地方。总之，"黄帝"这一名称的出现应晚于以"天"为图腾，也即晚于"天鼋""天兽""天"这样的族氏徽号。也就是说，是首先有轩辕氏（"天鼋"氏）、有熊氏（"天兽"氏）以及以"天"为氏的这些族氏名号（都是来源于图腾的族氏名号），然后才有"黄帝"这一名号。"黄帝"这一名号是对上述诸族氏的概括，是它们的统领和统称，是部族融合的产物。

　　我们称黄帝时期或黄帝时代，这是采用了周代以来用"黄帝"这个名称概括轩辕氏、有熊氏等族团的结果。也就是说，远古时期最初应该只有以"天""天鼋""天兽"（"天"与"熊""罴""貔""貅""䝙""虎"之类的"兽"合一的图腾）等为名号的族团，还没有"黄帝"一名，也没有"帝"这个概念。当有了"帝"的概念，将作为图腾的"天"与"帝"相结合之后，才产生出"黄帝"（"天帝"）概念，这样的"黄帝"概念实际就是黄帝族中的图腾神"天帝"，这也是先秦文献中何以"黄帝"与"皇帝"（皇天上帝）相通假的缘故。但在后来的典籍中，特别是在"五帝"这一概念中，人们对这一族团的祖先及其宗神都是用"黄帝"来称呼的，大有约定俗成的效果。因此，在交代了"黄帝"得名之缘由的前提下，我们依旧将这一族团合称为黄帝族，将这一时期称为黄帝时代，也是可行的。

二、"轩辕氏"名号的由来

关于"轩辕氏"，《大戴礼记·五帝德》中宰我问孔子，据闻"黄帝三百年"，这究竟是人呢，还是神呢？孔子在回答这个问题时说：黄帝，是少典的儿子，叫轩辕。这是说黄帝的一个名号叫"轩辕"。文中还说黄帝"教熊罴貔貅䝙虎，以与赤帝战于版泉之野"。赤帝即炎帝，这是说黄帝命令以这几种动物图腾为名号的六支氏族军队与炎帝战于版（阪）泉之野。

《史记·五帝本纪》承接《五帝德》讲黄帝，所以文中的大部分意思都与《五帝德》相同。《五帝本纪》中说黄帝"姓公孙"，这是汉代人后加的，在先秦文献中黄帝族虽说有十二姓，但最主要的是姬姓。黄帝十二姓中并没有"姓公孙"一说。《五帝本纪》也说黄帝"名曰轩辕"，这是承袭先秦文献的一贯说法。

在《大戴礼记》和《史记》之外，《山海经》的《海外西经》有"轩辕之国"，《大荒西经》中的王母之山"有轩辕之台"，《西山经》有"轩辕之丘"，等等。《山海经·西山经》中的"轩辕之丘"，两晋时期的郭璞在注释中说，由于黄帝在此丘居住，所以这里被称作轩辕丘。这些都是称黄帝为轩辕的文献依据。

黄帝名轩辕氏，有人认为这与车有关系，这是一种想当然的看法。黄帝号称"轩辕氏"应与"天鼋"族徽有关。在"天鼋"族徽铭文中，"天"字下面的"鼋"的双腿，画得盘曲而较长，从该字的构形上看，它是青蛙而非龟鳖。郭沫若就依据《国语·周语下》中"我姬氏出自天鼋"的记载，认为此"天鼋"就是轩辕黄帝的"轩辕"，也就是青铜器铭文中族徽铭文"天鼋"。[①]

---

① 郭沫若：《殷周青铜器铭文研究》，人民出版社1954年版，第7页。

三、"有熊氏"名号的由来

关于"有熊氏",皇甫谧《帝王世纪》中记载:黄帝有熊氏是少典的儿子,他的母亲叫附宝,黄帝出生于寿丘,在姬水长大,因此以姬为姓。另外,因为在五行上,土德承接火德;在五方中,土德位于中央,所以有熊氏被称作黄帝。黄帝"受国于有熊,居轩辕之丘",因此把有熊氏也作为其名号。谯周《古史考》中也说,黄帝是少典的儿子,有熊国的国君。这个说法,与《帝王世纪》的记载是相同的。

也许有学者认为谯周的《古史考》和皇甫谧的《帝王世纪》都是魏晋时期的书,成书年代较晚,不足为据。可是根据《大戴礼记·五帝德》和《史记·五帝本纪》都提到黄帝教熊、罴、貔、貅、豹/貙、虎,与炎帝在阪泉之野交战,这里的熊、罴、貔、貅、豹/貙、虎是以图腾为名号的六支氏族军队,其中"有熊"是熊、罴、貔、貅、豹/貙、虎总的代表,若以此为旁证的话,黄帝又号称"有熊氏"也是很有根据的。

黄帝号称"有熊氏"应与"天兽"族徽有关。关于有熊氏,邹衡发现有一类青铜器族徽铭文是"天"字下面画有"兽"族徽铭文,他称之为"天兽"族徽铭文。他指出,《史记·五帝本纪》和《大戴礼记·五帝德》中记载黄帝与炎帝在阪泉之野作战时动用的几种兽,是以兽为名的六支不同图腾的军队,商周青铜器铭文中的"天兽"族徽铭文就是黄帝族中有熊氏的族徽。[①] 这样,我们就会发现作为古史传说人名的轩辕氏、有熊氏是与天黾(即青蛙)和熊、罴、貔等图腾一致的。

---

① 邹衡:《夏商周考古学论文集(第二版)》,科学出版社2001年版,第312~313页。

第二节　黄帝族的活动范围

一、黄帝族的发祥地

（一）陕北说

《国语·晋语四》记载，黄帝生长在姬水，炎帝生长在姜水。姬水具体在什么地方，现今已无从考证。从《国语》中还可以看出，黄帝与炎帝是"兄弟"，有着密切关系。既然炎帝族的发祥地是在姜水流域，而姜水又在宝鸡，那么，黄帝族的发祥地也应该距离炎帝族不远。

徐旭生最早提出陕北说。他认为，黄帝陵即黄帝冢，是黄帝的坟墓，位于现在的陕西省黄陵县。结合文献记载，他认为黄帝族的发祥地大约在今陕西省的北部，其与发祥于陕西西部偏南的炎帝族的居住地相距不远。[①]

沈长云赞成徐旭生的陕北说，并认为姬姓的黄帝是姬姓周人的祖先，也是北狄的祖先，他还提出陕西榆林市神木市石峁遗址就是黄帝的城邑。石峁遗址位于神木市高家堡镇，地处黄土高原北部的黄河西岸、毛乌素沙地南缘，坐落在黄河一级支流——秃尾河北岸的黄土梁峁上。自 2011 年开始的系统考古工作探明，石峁遗址的主体内涵为距今 4000 年左右的石砌城址，城内面积逾 400 万平方米，是中国北方地区龙山时代晚期至夏代早期的超大型中心城邑。但是，石峁遗址的年代距今约 4300—3900 年，黄帝族称雄的时间一般认为是距今 5000 年左右。石峁遗址的年代更接近尧舜禹时期，说它是黄帝族后裔的都城倒是有可能的。

---

① 徐旭生：《中国古史的传说时代（增订本）》，文物出版社 1985 年版，第43 页。

（二）北方戎狄说

最早提出北方戎狄说的是田昌五。他把中国古代的氏族和部落划分为四大部分：一、古夷人各部，二、古羌人各部，三、古戎狄各部，四、古苗蛮各部。古夷人各部主要有太昊、少昊、皋陶、伯益、颛顼、帝喾，共六部。古羌人各部主要有烈山氏、共工氏、四岳、缙云氏、有逢氏。古戎狄各部主要有黄帝、唐尧等。古苗蛮各部主要有三苗和后来的巴郡南郡蛮，以及古蜀人。①

北方戎狄说的文献依据有《山海经》和《潜夫论》等。《山海经·大荒西经》中说，有一个叫作北狄之国的国家，黄帝的孙子叫始均，白狄是始均的后代。这是说白狄祖先一直可以追溯到黄帝。此外，《山海经·大荒北经》也记载，黄帝的后代是苗龙，苗龙的后代是融吾，融吾的后代是弄明，弄明的后代是白犬，白犬的其中一个分支就是犬戎。由此来看，犬戎是白狄的一支，白犬就是白狄；黄帝是犬戎的祖先，也是白狄族的祖先。汉代王符所作《潜夫论》中有一篇专讲古族姓氏的《志氏姓》，那里面便记载了犬戎和白狄的姓氏，其中很明确地说犬戎氏是黄帝的后代。

从《山海经》到《潜夫论》，即从战国到汉代，有一种说法是黄帝乃戎狄的祖先。只是田昌五提出的戎狄说并没有说明黄帝族的发祥地具体在何处。不过，这与陕北说不矛盾，沈长云则把陕北说与戎狄说统一了起来。

（三）河南新郑说

新郑说也有一定的文献依据。《大戴礼记·帝系》和《史记·五帝本纪》中都说黄帝"居轩辕之丘"。皇甫谧《帝王世纪》则明确指出，黄帝受国的有熊这个地方，就在今天的河南新郑地区。

《帝王世纪》之外，还有一些材料与新郑说有关。《山海经·中次

---

① 田昌五：《古代社会断代新论》，人民出版社1982年版，第36~52页。

三经》中说"青要之山，实维帝之密都"，这里说的"帝"即黄帝，青要山在河南新安县境内。《庄子·徐无鬼》中说黄帝到具茨之山去见大隗，《水经注·溱水》中指出，大隗就是具茨山；唐代的《元和郡县志》也认为，大隗山在密县东南五十里，原来叫作具茨山，由于黄帝在具茨山拜见大隗，所以具茨山又被称作大隗山。《大明一统志·山川》记载，具茨山在新郑县西南四十里的地方，又叫大隗山。具茨山今名未变，在河南禹州、新密、新郑三市交界处。

也许有人会说《帝王世纪》等文献的时代较晚，不足为训。可是，《帝王世纪》的说法与《庄子·徐无鬼》等说法可以相互参照，而《庄子》属于先秦文献，这样我们说《帝王世纪》在其搜集杂糅的各种说法中，有的以先秦文献作为旁证，显然增加了其可信度，因此《帝王世纪》有关的说法也并非不足为训。

以上关于黄帝族发祥地（或故里）的不同说法，有可能反映了黄帝族在不同时期有不同的活动中心，这就涉及黄帝族的活动范围与迁徙的问题。

二、黄帝族的活动范围与迁徙

关于黄帝族的活动范围，司马迁在《史记·五帝本纪》中说，黄帝"东至于海，登丸山，及岱宗。西至于空桐，登鸡头。南至于江，登熊、湘。北逐荤粥，合符釜山，而邑于涿鹿之阿"。对于这样的范围，司马迁也曾游历一遍，并在《五帝本纪》说自己"尝西至空桐，北过涿鹿，东渐于海，南浮江淮"，各地的风俗习惯虽然不同，但所到之处，"长老皆各往往称黄帝、尧、舜之处"，即都留有黄帝族的足迹。

黄帝族活动范围如甘肃崆峒山、陕西黄帝陵、浙江缙云县鼎湖等在今天已成为名胜，既是人们慎终追远、缅怀祭拜先祖的圣地，也是人文和生态旅游的景点。

关于黄帝族的迁徙路线，徐旭生认为黄帝族和炎帝族最初的聚居地都在陕西，后来一部分向东迁徙，黄帝族东迁的路线大约偏北，炎帝族偏南。黄帝族"大约顺北洛水南下，到今大荔、朝邑一带，东渡黄河，跟着中条及太行山边逐渐向东北走。今山西省南部沿黄河的区域，姬姓的建国很多。《左传》上说：'虞、虢、焦、滑、霍、杨、韩、魏皆姬姓也'。此外见于《左传》的还有芮、有荀、有贾、有狐、有耿"等。徐旭生认为，除了虞、虢、霍、韩、狐知道它们是周的封国之外，其余的"全不知道它们为何时所封。我们疑惑那里面有一部分为黄帝氏族东迁时沿途留下的分族"。在今陕西临潼的骊戎、在河北正定的鲜虞，"全属姬姓"，但它们一定不是在周时建国。"此氏族同鲜虞当全属黄帝氏族的分族。因为它们不能跟着时代进化，所以到周时遂被称为戎或狄。"徐旭生大致根据姬姓的脉络，梳理了一条黄帝族裔的迁徙路线图。[1]

古史传说中，黄帝族与炎帝族战于阪泉之野，以及黄帝联合炎帝，与蚩尤战于涿鹿之野，也是因为黄帝族和炎帝族迁徙发展到今河北涿鹿一带，与活动于这一带的蚩尤族相遇，发生相互争霸的战争。

涿鹿之战之后，黄帝族的活动中心应该在今河南新郑，新郑是黄帝时代后期的政治中心。

甘肃、青海地区的马家窑文化彩陶中的蛙纹和人形蛙纹（拟蛙纹），暗示着黄帝族中有一支向西迁徙，这些区域有关黄帝的传说，也应与此有关。

第三节　黄帝的贡献

整体而言，黄帝对中华文明的发展，对中华民族的形成与融合的

---

[1]　徐旭生：《中国古史的传说时代（增订本）》，文物出版社1985年版，第44~45页。

贡献比炎帝更大。在"三皇"，特别是炎帝所作贡献的基础上，黄帝对中华文明的发展在更高的起点上、更广的领域里、更深的层次中加以推进。黄帝作为中华民族的创世英雄、人文始祖，其卓越的历史贡献主要表现在物质文明、精神文明、政治文明三方面。

一、物质文明

（一）衣：发明衣裳

据文献记载，炎帝时代不仅有了纺织技术，而且能够制作衣服。不过，炎帝时代的"织而为衣"还处于初创、发轫时期。到了黄帝时代，衣服的制作技术、衣服原料等都有了很大的进步和改造。

在衣服的用料上，黄帝时代的人们在沿用炎帝时代利用葛、麻等天然材料制衣的基础上，发明了丝织物。《周礼》《礼记》等古籍都有黄帝元妃嫘祖养蚕织布的记载。虽说这些传说未必真实，但联系考古出土的蚕茧、丝织品等遗存，以及将后来"浴蚕""缫丝"之事推及嫘祖来看，也并非毫无根据和道理。1926 年山西夏县西阴村仰韶文化遗址出土的人工割裂蚕茧、1960 年山西芮城西王村仰韶文化遗址出土的蛹形陶饰、1980 年河北正定南杨庄仰韶文化遗址发现的两件陶蚕蛹，以及距今 5500 年前后的一些丝织物遗存，如河南荥阳青台遗址炭化蚕丝织物、浙江湖州吴兴钱山漾遗址炭化丝绒和绢片等，相继出土，以及在黄河流域、长江流域都有纺织工具和织机构件的出现，如纺轮、纺锤、线坠、棉坠等，则以实物证明黄帝时代已有了养蚕、抽丝、织丝的生产活动，这是毋庸置疑的。制丝业的产生，是古代劳动人民长期种桑养蚕生产实践经验的总结和成果，因嫘祖地位特殊或贡献大而成为这一成果的代表人物。

黄帝时代的人们发明了衣和裳及鞋和帽等服饰种类。《世本》说伯余作衣裳，《吕氏春秋》也有胡曹作衣的说法。伯余和胡曹都是黄帝之臣，古人上衣下裳，是从黄帝时代开始有了衣和裳的区别。与此同时，黄帝时代还发明了"冕"（帽子）和"扉履"（鞋），说明黄帝时代服饰的制作比炎帝时代有了很大的改进，种类也有所增加。

黄帝时代的人们对衣服的作用产生了新的认识。如果说炎帝时代人们对衣服作用的认识局限于蔽体御寒，那么进入黄帝时代，对衣服作用的认识已发生了改变，赋予其新的理念。《周易·系辞下》中说黄帝"垂衣裳而天下治"，把上衣下裳的衣裳穿戴与天下的治理建立了直接联系。衣裳是文明的体现，是文明与野蛮的重要分野，华夏民族的服装特色是从黄帝时代形成的。从炎帝时代的葛、麻到黄帝时代的丝制品，从炎帝时代的蔽体御寒到黄帝时代的垂衣裳而治，说明社会出现了等级和贫富差别，服饰成为地位和身份的象征，也预示着文明社会的萌芽和起源。

（二）食：始作瓦甑

黄帝时代，随着制陶技术的进步，各种形式的陶器大量产生。先民们除了用陶土作器物外，也开始用竹、木、骨、角、玉石、象牙等作原料，制成各类精美的日用器物。谯周《古史考》中说黄帝对以前炎帝时代的石煮法做了改进，发明了叫作"甑"的灶具，开始使用蒸煮的方法加热食物。甑是中国古代的蒸食用具，甑的上半部分，与鬲通过镂空的箅相连，用来放置食物，利用鬲中的蒸汽将甑中的食物蒸熟。瓦甑发明后，用陶器烧煮食物就成为人们一种普遍使用的炊煮方法。这种夹砂陶器用来做炊具，不仅耐火，不易破损，而且加热快。在改进人类蒸煮食物、改变人类饮食品种和结构方面，黄帝也作出了重要贡献。

瓦甑的使用，既促进了粮食加工工具、粮食贮藏窖穴的改进，也促进了家畜家禽的饲养。雍父是黄帝的臣子，传说他发明了杵臼。仰韶文化之前，即裴李岗文化遗址和磁山文化遗址出土有石磨盘、石磨棒，说明那时人们已用此工具加工粟谷、稻谷之类的粮食。杵臼的出现较石磨盘进步，因为杵和臼是相互配合的复合加工工具，用杵春捣臼内放置的食物，要比用石磨盘研磨食物的效率高，也易于将粟谷、稻谷的皮与仁分离开来。杵臼的发明，为后来更为先进的踏碓等类粮食加工工具的出现奠定了基础。

随着人们熟食范围的扩大和食品的增多，贮存食物和粮食的窖穴形体也有了进一步扩大，制作更为坚固。如在陕西宝鸡福临堡仰韶文化遗址发现了4个子母口窖穴，它是在一个大型的袋状窖穴的底部一侧接连挖一个小型的袋状窖穴。窖穴多较为平整，四壁涂抹一层泥浆或草泥土，有的还经火烤，以防潮。这说明处在仰韶文化中晚期的黄帝时代，粮食产量有了较大提高，出现了余粮。

瓦甑的使用，方便了肉食的加工，也促进了家畜家禽的饲养。传说黄帝曾驯化家禽、发明烤肉。考古发现陕西的西安半坡、宝鸡北首岭和福临堡、临潼姜寨等仰韶文化遗址及西安客省庄第二期文化遗址，出土的家畜家禽和一些动物遗骨，也印证了文献的记载。在半坡遗址出土的有羊、牛、马、猪、狗等骨骼；在北首岭遗址出土的有猪、狗、牛、鸡等骨骼；在姜寨遗址出土的有梅花鹿等动物骨骼。这表明黄帝时代畜牧业也有了一定的发展。

（三）住：发明宫室

炎帝时代建造的房屋尚处于初创时期，进入黄帝时代，在房屋结构的设计上和建筑工艺技术的发展上，都有明显的晚期超越早期的进步性。房屋不仅仅是为了遮风挡雨，还有了新的用途，出现了规模巨大的城堡和宫室。

黄帝时代地面建筑多于半地穴式建筑，出现了两面坡、四面坡房屋，有了较为齐备的功能设施，房屋结构出现了套间，初步有了"前堂后室"的格局。传说黄帝建造了宽大的宫室，拥有高大的正房侧屋、高高的栋梁、宽广的屋檐，建造宽大的明堂和金銮宝殿用来祭祀上帝、迎接众神灵，又建库台，设立旅馆，房中的柱子是雕花的，内部台阶都是隐蔽的，外人都看不见，房屋的山墙也都很宽厚漂亮，房屋栏杆都修得很华美，斫削过的材料还要打磨光滑。

黄帝时代出现了"宫室"，即宫殿式的大房子。这种房子有了多种用途，不仅是祭祀之地，也是部落或部落联盟的议事场所。

黄帝时代出现了夯筑城池——城邑。关于史前筑"城"的传说，《吕氏春秋》《淮南子》《世本》等书都说"作城"的人是鲧，但鲧在古史传说中是尧舜时期的人。如果说炎帝发明了原始建筑，那么，到了黄帝时代，由氏族居地而形成部落或部落乃至部族联盟聚落，应无问题。所以，对于发明筑"城"的传说，与其归之于鲧，倒不如归诸黄帝，这更符合时代演化的特征。从当时作"宫室"的建筑技术来看，可以说黄帝时代已具备了筑城的技术和力量，古代文献中也不乏这方面的记载。从目前考古发现的城池看，时间上限均为距今 6000 年，这正好与以黄帝时代为仰韶文化中晚期即距今 6500—5000 年相吻合。

（四）行：始制舟车

从古史传说看，炎帝时代及以前，未见有关车子的记载。只有到了黄帝时代，随着私有制的出现，交易市场的产生，以及外出打猎、祭祀等活动的频繁开展和战争的频频发生，人与人之间、氏族与氏族之间、聚落与聚落之间，相互交往越来越多，原来那种脚走、肩挑、背驮、手提的方式已不能适应社会发展的需要。于是，传说在距今 6000 年前后便出现了车和舟。而这个时期正是黄帝时代的早期，所以文献传说是黄帝发明了车和舟，以轩辕氏闻名于世。

黄帝发明车子的传说是受了飞蓬旋转的启示。黄帝与族民们在生产实践中，通过长期观察和体验人们用圆柱滚动重物并经过改造，即改垫为轴，再在两旁加上轮子，便造出车子。实际上，从文献记载看，我国车的出现相传为夏代，即奚仲造车，在河南偃师二里头王都遗址发现有车辙之印痕遗迹。但目前考古出土的最早的古代车是在商代晚期的安阳小屯 40 号墓中，黄帝时代是否有车，有什么样子的车，还有待考古证明。

传说舟楫也是黄帝发明的。《拾遗记》说黄帝发明舟楫，是受到人们乘桴的启示而借用木料制作的，即可能是先找来一段比较粗的木头，中间用石刀、石斧挖空，或将大型树木烧到一定长度，再用特殊手段把中部烧空，便成为舟了，这是独木舟的制作。从考古发现看，在中国新石器时代的遗址中，最早的舟船、木桨之类水上交通工具发现于江南鱼米之乡，时间也早于黄帝时代。浙江萧山跨湖桥遗址出土的独木舟、木桨等遗物，说明吴越之地的先民早在七八千年前就已造舟行船，我国东南沿海地区是发明、驾驶独木舟最早的地区之一。舟的实物和模型不仅在长江流域有出土，在北方的渭河流域也有出土。宝鸡北首岭就曾出土一件精美的船形陶器——网纹船形壶。虽说这些出土的舟楫遗存早于黄帝时代，但从文献记载在黄帝的名下来说，黄帝时代的舟楫制作技术和使用范围应该有进一步的改进和扩大。车和舟的发明，大大便利了先民的出行，减轻了人们的劳动强度，使远距离交往和商贸活动成为可能，尤其对推动社会、经济、文化发展起到了积极作用，加速了文明社会发展的进程。

二、精神文明

（一）医学大典：《黄帝内经》

如果说炎帝时代的医药主要是以草药熬制成汤饮而治病，那么，到了黄帝时代已出现了针刺疗法，可以直接摘除病灶。随着针刺疗法的发展，与火疗相结合，产生了针灸术。皇甫谧《帝王世纪》中说，黄帝命令雷公和岐伯论证经脉，与周围人相互对答了解有八十一种难治之病，著为《难经》，并教他们制作了九种针灸术，著《内外术经》共十八卷。说黄帝时代著有《内外术经》十八卷是不可能的，可能是将后世出的著作托名于黄帝名下罢了。但说黄帝时代已出现了"针灸"则是有可能的。当然，这里所说的"针灸"与我们今天所说针灸是不能相提并论的。

　　黄帝时代发明针灸术，这已在考古上得到了佐证。如在半坡仰韶文化遗址发现的骨针中，有的无穿孔，针身较粗圆，一端为锐头，顶部呈圆弧形；也有的两头均呈锐头。有专家认为这类骨针不可能作为缝纫用，而可能是用来治病的。用骨针锐头刺破脓包，排出脓血，又用圆弧的一端进行点压。久而久之，人们发现针刺有治疗疾病的作用，同时发现人体上不同地方（穴位）与治疗某种疾病有关系，因而，针灸术也就随之孕育产生了。这种针刺疗法，就是中国古代医学史上所谓的砭石疗法。在宝鸡北首岭仰韶文化遗址曾发现一块石头，据学者研究，应该就是当时用来治病的砭石。另外，在湖南的华容、长沙、益阳等地也分别发现了类似的可能具有砭石作用的小型的锛、刀等形式的医疗器具。

　　"九针"医术的发现和发明，说明黄帝时代不仅对人体生理和人体的经络、经穴和经脉有了一定的认识，而且总结出一系列治病理论，为后世我国中医学的发展产生了深远影响。

　　（二）发明文字

　　文字的发明是人类社会进入文明时代的重要标志之一。在古史传说中，多将文字的创造记在黄帝的史官仓颉名下，如《世本·作篇》中说"仓颉作书"。当然，文字的发明绝非某一个人所能完成，而是我们的先民在长期的社会生产和生活实践基础上逐渐形成的。《荀子·解蔽》中就认为造书者并非一人，仓颉仅为独传者，这是比较合理的。也就是说，仓颉是在前人的基础上，对文字做了系统的整理，从而为文字的发明作出了重要贡献。

　　从考古发现来看，无论是北方的仰韶文化、大汶口文化、马家窑文化，还是南方的大溪文化、屈家岭文化等，都有大量的史前刻画符号乃至史前陶文的发现，在龙山时代还发现了一些图画文字。黄帝时代与炎帝时代相比，其符号文字种类不仅越来越多、分布地域越来越广，而且符号与文字之间的距离也越来越接近，个别符号已脱离了画的特征，具有象形、指示和会意、假借等字的特征。

传说黄帝时代开始使用符号文字记事是有其考古学来源的。作为造字的代表性人物——仓颉也不是无中生有，而是有根据的。文字的发明是时代的产物，是集体创造的结晶，而仓颉是其中的代表人物、集大成者。在中华文明起源、形成的过程中，黄帝时代的符号和图画文字的出现，不仅是其重要现象和物化形式之一，而且为后来真正意义上的中国文字体系的形成奠定了基础。

（三）创立礼制

传说伏羲创立了嫁娶。实际上，伏羲处于渔猎时代，为旧石器时代的晚期，婚姻制度还是一种群婚制。这种婚姻关系与之前的杂婚不同，这时的婚姻关系，已排除了上下辈的婚姻关系，但不排除同辈包括兄弟姐妹之间的婚姻关系，这从传说的伏羲、女娲兄妹结婚可以知晓。所以那个时代，还不可能出现男婚女嫁的现象。只有到了新石器时代的中晚期，婚姻才从群婚过渡到对偶婚，逐渐演变为嫁娶婚姻，即男娶女嫁。而黄帝时代处在新石器时代的晚期前段，即仰韶文化的中晚期，社会形态已由母系氏族社会向父系氏族社会或父系氏族社会初期转化，有些氏族部落可能已进入父系社会，有些氏族部落正处于转变阶段。当时的婚姻制度也可能处在对偶婚向一夫一妻制的转变时期或已部分出现了一夫一妻制的现象。

所谓对偶婚，就是说一个男子在许多妻子中有一个主妻，而他对于这个女子来说也是她的许多丈夫中最主要的丈夫。只有在这种婚姻关系或一夫一妻制下，才有可能产生嫁娶制婚姻。从黄帝娶西陵之女嫘祖为正妃来看，黄帝时代一夫一妻制的婚姻关系已经开始出现，但还存在着对偶婚现象。按照对偶婚制，男子出嫁到妻方氏族去，所生子女以妻方氏族的姓氏为姓氏，这就是所谓的得姓。按照这种说法，黄帝之子二十五宗中有十四人嫁到外氏族，其中两人因与别人嫁同一氏族，所以同姓，因而得姓十二。而有十一人留在本氏族，留在本氏族的儿子大概同黄帝一样，是从外氏族娶妻进来，所以就随了本氏族的姓。这说明当时男子出嫁从妻居和男子娶妻女子从夫居的现象同时并存，也就是世系按男子计算的父系制和按女子计算的母系制同时并存。这正是母系氏族社会向父系氏族社会过渡时期所特有的现象。可见黄帝时代是母权制衰亡、父权制确立的转化阶段。黄帝时代以氏为姓的分支，同姓的人是不可通婚的，说明黄帝时代婚姻可能已进入对偶婚或与一夫一妻制并存的时代，有了同姓不婚的禁忌。这既是婚姻的一个重要进步，也是文明的一种重要体现。

黄帝时代在新的婚姻制度产生的同时，丧葬制度也出现了新的变化。根据考古发现，在旧石器时代早期，没有丧葬礼制，人死去不掩埋，尸体随便乱扔。旧石器中晚期已经有了丧葬，进入炎黄时代，丧葬制度已相当完善。传说黄帝制作了棺椁来埋葬去世之人，还在蚩尤被杀后为其设置冢墓。从考古来看，仰韶文化时期的墓葬已出现了瓮棺葬或棺椁葬两种形制。婚丧嫁娶制的确立，也标志着礼制文化自炎黄时代开始起源和萌生。婚丧嫁娶的产生也催生了原始礼仪制度的诞生。在古史传说中，古代礼仪文化也萌发于炎黄时代，祭礼始于神农，军礼、丧礼、朝礼始于黄帝。又说礼理起于太一，礼事起于燧皇，礼名起于黄帝。传说黄帝始制七情，行十义之教，通过祭祀和衣冠制作来推行礼制。

三、政治文明

（一）封禅祭祀

炎帝时代以前，原始信仰和意识虽已产生，但还未形成较为固定的、全部落制度化的祭祀和礼仪。随着农业生产的发展，炎帝部落逐步发展、壮大，为了稳定和凝聚各氏族部落，除了创立一套政治和社会制度外，还创立了一套较为规范的祭祀制度。其中蜡祭、明堂祭、求雨仪式等传说，就是炎帝与炎帝时代所创立的重要的祭祀仪式。

进入黄帝时代，原始宗教作为一种意识形态，也有了较快发展，并在炎帝蜡祭、明堂祭的基础上，出现了一种新的祭祀形式，即封禅。封禅是古代一种重要的祭天之礼，一般认为，在古代帝王中只有有功于世的人，才能有资格去泰山封禅，举行祭天之礼。秦汉至清，上泰山行封禅影响较大的帝王有秦始皇、汉武帝、唐玄宗等，通过封禅将其治国功绩昭告天下，使其帝王之位得到上天的认可。古史传说，在中国历史上最早登泰山封禅的是黄帝。黄帝除了封禅，还继承炎帝的明堂祭。明堂不仅仅是举行大型祭祀活动的地方，还是召开部落联盟会议和发布政令的地方，黄帝在此接见部落首领，与他们共同商议部落联盟大事。

黄帝时代的祭祀活动，也得到了考古学的佐证。辽宁牛河梁女神庙遗址出土的女性泥塑造像和陶制品祭器，良渚文化出土的大量精美玉器，表明在黄帝时代或稍前，中国原始宗教崇拜已经发展到一个相当高的水平，已经超过居民生活点，形成多个居民生活点所共同崇拜的偶像系统，并且能够兴建较大规模的祭祀场所。宗教祭祀是文明产生的重要因素，炎黄时代大型祭祀场所和频繁祭祀活动的出现，对中华文明的形成和发展，曾作出重要贡献。

（二）合符釜山

到了黄帝时代，随着生产力的发展，社会发生新的变化，出现贫富差距，氏族、部落、部族之间为了争夺领导权或土地、财产，开始不断发生争斗或战争。据《史记·五帝本纪》记载，神农氏衰落之后，失去了对社会秩序的控制，各部族之间战争频仍，人民深受其害，所以黄帝通过战争先后击败炎帝和蚩尤等部族。但他对炎帝族和蚩尤族的族民，不是赶尽杀绝，而是给予安抚，与他们联合，建立起联盟，即早期华夏族，为中华民族的形成作出了重要贡献。

《史记》中说，黄帝统一中原后与其他部落在釜山会盟，通过"合符"的形式达成一致意见，尊奉黄帝为盟主号令天下。黄帝通过修德振兵来管理天下，使黄河中下游部族纷纷宾服，并定都于涿鹿，使中国历史上第一次具有了统一的政治中心。

合符釜山这一伟大历史举措,不仅加速了炎黄、蚩尤等各个部族之间的交流、融合,为中华民族多元一体格局的形成奠定了根基,而且促进了各个部落和部族之间的文化交流与融合,加快了中华民族文化命运共同体的形成。这一举措最早确立了中华民族的"一统"意识,"吾欲陶天下为一家"的"一统"观念开始形成,并逐渐深入人心,成为中华民族五千多年始终保持凝聚力、向心力的重要原因之一。

思考题

1. 黄帝诸多名号的成因是什么?
2. 黄帝的伟大历史功绩主要表现在哪些方面?

拓展阅读

1. 王献唐:《炎黄氏族文化考》,青岛出版社 2006 年版。
2. 王震中:《黄帝名号的由来》,《光明日报》2024 年 3 月 30 日第 11 版。

第三章　炎黄时代的族群融合

炎黄时代，由于各个部族的扩张、战争、交流与融合，最终形成了三大集团：华夏集团、东夷集团和苗蛮集团，并产生了各自不同的区域文化。华夏集团由黄帝与炎帝两大部落组成，主要活动于陕西、河北中南部、河南中北部，以及山东西南部等地区；东夷集团以蚩尤九黎部落联盟为核心，主要活动于山东滨海与黄淮地区；苗蛮集团主要活动于长江中下游及其以南地区。三大集团在新石器时代晚期既相互斗争，又相互联系，构成了华夏族形成过程中的第一次融合高潮。至商、周时期，以炎黄部族为核心的中原集团成为华夏族的主体，而东夷集团中的一部分在迁徙、战争中渐渐融入华夏族，其主体部分则以方国或诸侯国的身份活跃在山东和江淮地区；苗蛮集团一部分向西南和其他地方迁徙，大部分被楚人兼并、融合，成为"荆蛮"的重要组成部分。至战国时期，随着诸侯国的战争兼并和楚人的北进，三大集团的主体实现了实质性的大融合，为汉民族的形成奠定了基础。

第一节　炎黄之争与蚩尤之战

炎帝族、蚩尤与黄帝族之战说到底是为了争夺生存空间的一场史前时代的大战争，是部族与部族之间的生死之战。关于这场战争，《史记·五帝本纪》有较为详细的记载：

轩辕之时，神农氏世衰。诸侯相侵伐，暴虐百姓，而神农氏弗能征。于是轩辕乃习用干戈，以征不享，诸侯咸来宾从。而蚩尤最为暴，莫能伐。炎帝欲侵陵诸侯，诸侯咸归轩辕。轩辕乃修德振兵，治五气，蓺五种，抚万民，度四方，教熊罴貔貅貙虎，以与炎帝战于阪泉之野。三战，然后得其志。蚩尤作乱，不用帝命。于是黄帝乃征师诸侯，与蚩尤战于涿鹿之野，遂禽杀蚩尤。而诸侯咸尊轩辕为天子，代神农氏，是为黄帝。天下有不顺者，黄帝从而征之，平者去之，披山通道，未尝宁居。[①]

按《史记》的记载，在炎帝和黄帝之前有一个神农时代，后来神农氏衰落，各路诸侯相互征伐，神农氏不能有效节制，天下陷入混乱，民不聊生，于是黄帝轩辕氏代神农氏行征伐之事，诸侯归之。炎帝也想节制诸侯，但诸侯不听炎帝而归黄帝，所以黄帝便兴兵与炎帝战于阪泉之野，并击败了炎帝。炎帝战败后，蚩尤部落又崛起作乱，黄帝联合诸侯军队与蚩尤战于涿鹿之野，最终擒杀蚩尤，黄帝也因此成为诸侯的首领，代替神农氏主政天下。可能是因为司马迁并不相信炎、黄两帝同出于一个部族，或者是出于对客观历史事实的忠诚，其在《五帝本纪》中并没有回避炎帝与黄帝两族作战的事实。

一、阪泉之战

《国语·晋语四》中说，炎帝、黄帝都是少典氏的后代，炎帝成长于姜水，黄帝成长于姬水，两族"成而异德"以致发生了战争冲突。炎

---

① （汉）司马迁撰，（宋）裴骃集解，（唐）司马贞索隐，（唐）张守节正义：《史记》，中华书局 1982 年版，第 3 页。

帝族与黄帝族最重要的一次冲突，据史书记载，是阪泉之战。

阪泉之战发生于神农氏时代的末期，由原始农业的发明所开创的氏族制度早已走向衰落，社会分化日益加剧，为物质利益而进行的战争日益增多，氏族制度的习惯法对于调节社会矛盾已显得无能为力了。为了应付越来越多的战争，先是亲属部落联合在一起，结成联盟，进而又结成范围更大的联合体。武力强大的黄帝部落用暴力征服不顺从者，根据"以力为雄"的原则，成为享有很高威信的"酋豪"，很多较弱小的部落纷纷投靠，以求得保护，也就是《史记》中所说的"诸侯咸来宾从"。然而，活动地区相近的炎帝部落也在四方征讨，扩大自己的势力，同样想占有雄者的地位。为此，两强相遇，黄帝、炎帝间终于发生了阪泉之战。

黄帝、炎帝虽是远缘亲属部落，但阪泉之战时，距两部落先祖从同一母氏族中分裂出来，又沿着不同路线向东方迁徙之时已很遥远了。到了原始社会末期，私有制的发展已瓦解了血缘亲属同生共死的古老团结，形成"强则分种为酋豪，弱则为人附落"的新观念，因此，这种远缘亲属部落间的争雄战争应是在所难免的。阪泉之战的最终结果是黄帝取代神农氏的地位，在特定区域内重新形成了松散的部族联盟。

经过阪泉之战，炎帝率众归顺了黄帝，炎帝部落与黄帝部落结成部族联盟。炎黄两大部落的结盟，为华夏集团的形成奠定了基础。

二、涿鹿之战

另一场史前大战，是炎黄与蚩尤的涿鹿之战。关于蚩尤、炎帝、黄帝三者之间的战争，成书年代早于《史记》的《逸周书·尝麦解》中也有较为详细的记载。根据《逸周书·尝麦解》的记述，上古之世，天帝命炎帝主治天下，炎帝让蚩尤居住于少昊之地管理百姓，但蚩尤私欲膨胀，不仅不听从炎帝的命令，还驱逐炎帝，占领炎帝的土地。炎帝十分害怕，只好向黄帝求助，黄帝便杀了蚩尤，稳定了天下秩序。黄帝与蚩尤的战争，从《逸周书·尝麦解》和《山海经·大荒北经》来看，战争相当残酷，也非常持久。

仍具有游牧特征的黄帝一族，能够战胜很早就进入农业时代的炎帝部族，可见其部族的实力之雄厚、族人之善战，黄帝本人也具有超凡的军事才能和组织力、号召力。但其在与蚩尤的战争中接连失利，经过多次战争才勉强获胜。那么，蚩尤又是凭借什么来与强大的黄帝部族相抗衡的呢？

其一，蚩尤部族拥有较为先进的作战武器。《世本·作篇》说蚩尤"以金作兵器"。当然，蚩尤时代应该不可能冶炼出铜或铁之类的金属，因此，说蚩尤以金作兵器应是后世的附会。而且，兵器早在蚩尤之前已经存在，并非蚩尤的专利。"蚩尤作兵"的传说只能说明，蚩尤将传统的兵器加以改良，使它比同时代的其他部族的兵器更加先进，更具杀伤力。那么，蚩尤到底发明或改良了哪些兵器呢？据《史记·五帝本纪》张守节正义援引汉代纬书《龙鱼河图》说，蚩尤发明了刀、戟、大弩等一系列杀伤力巨大的兵器。

其二，蚩尤拥有强大的部族联盟。《龙鱼河图》中说蚩尤有兄弟八十一人，《述异记》中又说蚩尤氏有兄弟七十二人。无论是八十一人还是七十二人，都是泛指，说明蚩尤集团并非一个氏族部落，甚至不仅仅是一个部族，而是以蚩尤部族为核心所组成的超级部族联盟，势力十分强大。也正因蚩尤集团笼络了几乎所有反抗黄帝集团的势力，所以，只要击败了蚩尤，就是打败了中原和东夷地区的一些部族。因此，黄帝在杀了蚩尤之后，即顺利地入主中原。

其三，蚩尤族有着超强的战斗力。《山海经·大荒北经》中说，蚩尤兴兵攻击黄帝，黄帝命令应龙在冀州与蚩尤作战，应龙蓄水，试图水淹蚩尤，但蚩尤请来风伯、雨师纵大风雨，应龙无法取胜；于是黄帝请来了一位叫魃的天女，平息了风雨，才擒杀了蚩尤。汉代纬书《龙鱼河图》中又说，蚩尤兄弟兽身人语，铜头铁额，如猛兽一样勇猛凶悍，在当时"威震天下"。这些记载虽有神话传说性质，但仍可见蚩尤及其族人战斗力之强、部族民风之彪悍。

其四，蚩尤有着极强的号召力和影响力。蚩尤能够成为部落联盟的首领，说明其有着很高的威信。据说蚩尤被杀后，天下又开始扰乱纷争，黄帝于是画了蚩尤的图像传示天下，各路叛乱者都以为蚩尤尚在人间，于是八方万邦"皆为弭服"。可见蚩尤在当时各部族中的重要地位，连作为胜利者的黄帝还要借蚩尤的名义稳定局势。蚩尤死后，其后裔代代传诵着他的故事，民间将其视为天神，世代祭祀。《述异记》中记载冀州有蚩尤神，传说他人身牛蹄，四目六手；冀州人掘地发现像铜铁一样的髑髅，认为是蚩尤的骨头。秦汉时期，传说蚩尤氏耳鬓像剑戟一样，头上有角，他在和黄帝轩辕氏作战时，以角抵人，所向披靡。因此，冀州有一种"蚩尤戏"，演的是三三两两的百姓，头戴牛角相抵。汉代的角抵戏，就是继承蚩尤戏而来。汉武帝的时候，太原有龟足蛇首的蚩尤神在白天出现，他出现时天下随之发生了瘟疫，因此当地百姓建立祠堂祭祀蚩尤。这些都说明蚩尤的故事在民间流传广泛而且影响深远。

黄帝虽然战胜了蚩尤，却付出了惨重的代价。《庄子·盗跖》篇夸张地描述战争的惨烈程度，说是黄帝与蚩尤之战"流血百里"。正因为对蚩尤心存忌惮，黄帝在杀了蚩尤之后，将其身首异处，分别埋在不同的地方。比如《史记·五帝本纪》裴骃集解所引《皇览》中就说，在东平郡寿张县阚乡城中有蚩尤冢，民间常于十月间举行祭祀活动；蚩尤冢经常有赤气出现，百姓称其为蚩尤旗。根据民间传说，蚩尤墓很多，有些可能是因为蚩尤后裔在迁徙过程中将这些传说带至其他地方。当然，在没有比较确切的考古发现佐证的情况下，我们不能轻易断言某处所发现的大墓就是蚩尤的墓地。

第二节　炎黄与东夷、苗蛮

　　东夷族群在中国历史上具有极其重要的影响。这一族群的先辈在新石器时代曾经创造了辉煌的后李文化、大汶口文化、龙山文化等。其在夏、商时期多次与中央王朝分庭抗礼，夏、商也曾数次出兵征伐东夷，并为此耗费了巨大的人力、物力与财力；在商王朝后期，商纣对东夷的征讨间接地加快了商人灭亡的进程。至西周初年，东夷部族参加武庚之乱，使周成王下定决心解决东夷问题。周成王命周公东征，经过三年的征讨，灭亡了以奄等为核心的东夷叛乱的主要力量，并将徐国等原来生活于山东中南地区的东夷国家驱赶至淮河中下游一带。经过西周至春秋时期周王朝与中原诸侯多次征讨，东夷族群发生大分化，由于迁徙的原因使东夷族群的分布范围越来越大，在不同时期形成了夷、东夷、淮夷和南淮夷等多个不同的称谓和概念，这种称谓的变化也反映了东夷族群在夏、商、周三代族群演化的历史。

一、炎黄与东夷

（一）东夷族群的形成及其演化

　　一个大的族群是在漫长的历史时期逐渐形成的，它们可能来自不同的氏族、部族，甚至来自不同的区域，经过上千年甚至上万年的共同生活之后，渐渐相互融合，从而形成了大型的部落或部族联盟。《后汉书·东夷列传》中说，东夷族群由畎夷、于夷、方夷、黄夷、白夷、赤夷、玄夷、风夷、阳夷九个小的族群组成。太昊伏羲氏、少昊金天氏、伯益、皋陶等都是东夷族群的首领，最后形成了三个主要集团，即嬴姓集团、偃姓集团和风姓集团。

1. 赢姓集团

赢姓的远祖为少昊，近祖为伯益，相传在尧舜时代伯益曾协助大禹治水。其后代很多成为方国或周时的诸侯国，子孙也多以国为姓。如徐氏（徐国）、郯氏（郯国）、莒氏（莒国）、终黎氏（钟离国）、黄氏（黄国）、江氏（江国）、秦氏（秦国）、赵氏（赵国）等。

最早活动于山东地区的赢姓中的支族早在夏、商时期就开始了向内地的迁徙。伯益的后裔蜚廉氏迁至山西，为赵姓之祖；另一支迁至西方，为秦人之祖。原来生活在山东的赢姓其他支族在夏、商王朝的打击下，不断向淮河流域的中游和上游迁徙，进入江苏、安徽、河南，于是在淮河中下游有徐国，中游有钟离国，上游有赢姓的养国、江国和黄国等。徐国、钟离国、养国、江国和黄国都亡于楚。

2. 偃姓集团

东夷族的另一位杰出人物为皋陶。皋陶也是少昊的后代，偃姓，相传在舜和大禹时期制定法律。按照司马迁的说法，皋陶的法律采用的是德政与法治相结合的方法，以德化人，以德服人，以法威慑众生，以法惩顽冥不化者。如果司马迁所言属实，皋陶当是中国有史以来的第一位法制思想家。

偃姓部族很早离开祖居的山东地区，迁至淮河中游的今安徽省中部的淮河与长江之间地区。这一支东夷人聚居地比较集中，他们在淮河中游融合当地土著，创造了自己的文明，使淮河流域成了华夏文明的重要发祥地之一。因发展较快，部族力量较为强大；同时，在夏、商和西周初期，因为距离王朝统治中心地带较远，各王朝势力很难干预，所以才使这一支东夷族几乎一直独立于夏、商王朝的统治之外，形成一个强大的地方集团。其后裔在周代建立了英国、六国、舒国、巢国和桐国等。

3. 风姓集团

太昊伏羲是风姓的始祖。这一支在新石器晚期开始向中原迁徙，其中一大宗迁至今天河南与安徽交界处的周口淮阳，并在这里定居，所以古史多称淮阳为太昊之墟。这一批早期迁入中原的风姓人与中原族群相融合，后来又融入黄帝族群之中，从而逐渐失去了对自己族群的记忆与认知。而其原来居住在山东南部的少数风姓人建立了任、宿、须句、颛臾等小诸侯国，以奉祀太昊。

（二）炎黄族与东夷族的冲突与融合

在炎黄时代，东夷族群便向炎黄集团的聚居地中原地区迁徙，并带来了东方的大汶口文化。大汶口文化为距今约 6500—4600 年的新石器时代文化，它以泰山地区为中心，东至黄海，北到渤海南岸，西面延伸到河南，南及安徽中部。大汶口文化大规模向西进入河南境内的淮河流域始于中期，盛于后期。

大汶口文化和山东龙山文化西进向淮河上游传播与古老的东方民族西迁有关。太昊伏羲氏族的一支东迁至周口淮阳一带，并在此生活、繁衍。在稍后的龙山文化时期，东方部族中的一些分支又陆续西迁至淮河上游地区，使山东龙山文化得以向这一地区传播。

同时，炎黄族中的某些支族也进入东夷活动区。炎帝族后裔进入东夷区主要是由于炎黄之战中炎帝族战败，炎帝族与蚩尤族的分支东迁至山东地区，在夏、商、周三代成为东夷族群的一大宗。《山海经·海内经》中记载伯陵是炎帝的后代，而鼓、延、殳又是伯陵的后代。按照《国语·周语下》韦昭注的说法，炎帝之裔伯陵及其后代早期就活动于齐地，后来姜尚被封于齐地也正是回到了自己祖居之地。在周代被封为诸侯国的炎帝姜姓后裔还有向国、纪国等。

在炎黄之后的尧、舜、禹和夏、商、周时代，东夷与华夏集团一直是既有斗争又有交流。在此之前的传说时代有尧与舜之间的权力交接，尧为中原集团，而舜则代表着东夷集团。在舜的时期，既是一个多族群大发展的时期，也是英雄辈出的时代，中原集团与东夷集团之间的交流更加频繁，联系十分密切，两个族群之间的势力也相对比较均衡。所以在舜的时期，他的手下便汇集中原集团的后稷、禹，以及逐渐融入中原族群的炎帝后裔后土、四岳等。东夷集团有商人始祖契、嬴姓始祖伯益、偃姓始祖皋陶等。尧让位于东夷族群的舜，舜让位于中原族群的禹，而禹本想让位于东夷族群的伯益。由此来看，在那个历史时期，中原族群与东夷族群的权力是相互移交的。我们不知道这种权力移交是通过联邦推选的方式，还是出于权力平衡的惯例，但它确实反映出两大集团的平衡关系。然而，这种平衡被禹的儿子启打破，启杀伯益而夺取了本应属于东夷集团的政权，建立了父子相传的家天下，引起了东夷集团的强烈不满，从而导致了东夷人后羿取代太康的行为。后羿代夏与其说是后羿个人行为，但从内在的历史逻辑来看，它是东夷族与华夏族的权力之争。少康灭掉东夷势力寒浞及其两个儿子之后，重建夏王朝，这既是夏王朝的历史转折点，也是从史前以来东夷族群与中原族群斗争的转折点，从此华夏族一直以压倒性优势统治着中华大地，而东夷族群则处于屈从地位。夏之后商王朝兴起，尽管商人是有娀氏与高辛氏相融合组成，而高辛氏源于东夷族群，但由于其脱离东夷区较早，且在它建国之前的大多数时间活动于华夏区内，所以并不以东夷族群自居，而成了华夏集团的一个有机组成部分。

二、蚩尤与苗蛮

以蚩尤为首的九黎部族在其首领蚩尤被杀之后，力量大为削弱，部族内部发生分解，一部分融入黄帝族，一部分向东进入东夷族活动区山东等地。而其主体部分在黄帝之后又受到颛顼、尧、舜等不同程度的打击，只好向南方迁徙，进入江南地区，与三苗和两湖地区土著居民相互融合，最终形成苗蛮集团。

（一）关于古苗族

早期的苗人，古籍上或称为"有苗""三苗""苗民"，在大量记录上古氏族谱系的《山海经》中也有关于古苗族的记载。不过，《山海经》

中的苗民或三苗国一在西北，一在南方，都不在中原地区。

从传说和记载来看，三苗族早期的活动区域最早在今天湖北、湖南与江西交界一带。尧、舜、禹时期，中原集团的势力范围中心在中原地区，影响所及西至陕西，南达长江北部，北到内蒙古以南，东迄山东地区。崛起于两湖的三苗族迅速强大，并越过长江向北发展，以致和北方集团发生冲突，这才使中原集团兴师动众与苗人发生了旷日持久的争战。

到大禹时代，苗人被征服，一部分融入中原集团，而大部分则被赶出世代居住之地，分别向西南方和西方迁徙。向西方迁徙的一支到达西北的"三危"一带，即今天的甘肃敦煌地区；向西南迁徙的一支则到达云贵川一带。

（二）蚩尤族的南迁及其与南方土著三苗族的融合

作为远古传说时代的蚩尤在后世被苗族人确认为自己的祖先，这在今天流传下来的苗人史诗、故事、歌曲中都有体现，成为苗人的集体记忆。比如湖北咸宁地区流传的苗族史诗有《格蚩爷老歌》，诗歌中说苗人始祖叫"格蚩爷老"，在苗语中"格"是"伟大的""尊敬的"意思，"蚩爷"即为蚩尤；流传于湘西《湘普相娘》歌的开篇便说："苗族的祖先叫蚩尤，他英勇无双"，明确将蚩尤视为苗人祖先；黔西北一带的苗民将蚩尤奉为祖先，他们为蚩尤立庙，世代供奉；西南一些地区的苗民在祭祖时，也会祭尤公，即蚩尤；滇南苗族在每年正月都有一个叫作"采花山"的民俗活动，人们在广场中高高竖起一个旗杆，相传这是自己的祖先蚩尤当年与黄帝作战时因战败而走散，相约来年族人相会，并立杆为志。在黔东南等地流传的"鼓社祭"，也是祭祀蚩尤及苗民的历代祖先的仪式。

蚩尤是黄帝时代的人物，而苗族却是在炎黄之战后才崛起的部族；蚩尤的早期活动地在北方中原地区，而苗人却生活在江南一带；蚩尤为史前时期北方九黎族的首领，而苗族却为南方的土著部族。无论是在空间还是在时间上，蚩尤似乎都与苗人拉不上关系。那么，为何后世的苗人会视蚩尤为自己的祖先呢？

结合文献记载可知，蚩尤族在中原战败之后，一部分向南经豫西南到达江汉平原，进入古三苗族的居住区，并与三苗族逐渐融合，遂成为三苗族的有机组成部分，而关于蚩尤的种种传说也一同被带入这一地区。蚩尤的后代经过与黄帝大战的洗礼，又有较为先进的军事技术，于是反客为主，成为江汉平原一带最有实力的部族。久而久之，蚩尤的英雄事迹也逐渐被三苗人所接受，并成为三苗族共同认可的祖先。

融入三苗族的蚩尤后裔在尧、舜、禹的连续打击下，最终向更边远的地区迁徙，遂演化成为后世的苗族等少数民族，而蚩尤也由古三苗族文化意义上的祖先变成了苗族集体记忆中的血缘祖先。

第三节　炎黄与三皇五帝

一、三皇时代

司马迁的《史记》以黄帝作为中华历史统绪的起点，而没有为更早的"三皇"立传，原因何在？在讲述炎黄之前，这是先要讨论的问题。司马迁之后，西晋皇甫谧的《帝王世纪》中明确记述在五帝之前有太昊帝包（庖）牺氏、女娲氏和神农氏炎帝；唐司马贞为《史记》作索隐时，补作了《三皇本纪》，亦为太昊庖牺氏、女娲氏和炎帝神农氏。实际上在司马迁所处的西汉时代，有着诸种关于"三皇"的说法。这些说法不仅内容不一，也缺乏历史学的基本要素。例如，最多的组合往往是伏羲、神农，但伏羲为什么在神农之前，就没有解释与说明。时间是历史学的基本要素，这些组合既缺乏历史的时间要素，又无古文献资料的佐证，这应是司马迁摒弃"三皇"说并斥之为"不雅驯"的原因。不过应该注意的是，神农氏在各种说法中都有，这说明神农氏阶段是大家公认的，实际上也是古史传说时代一个相当重要的历史阶段。

古文献中，伏羲氏阶段是典型的渔猎社会，其社会组织结构已经摆脱了原始乱婚阶段，伏羲氏与女娲氏两个互为"兄妹"的血缘性社会组织进入了集团式的婚姻阶段。

神农氏阶段，从名称上我们可以看出其与我国早期农业社会的关系。考古学上的新石器时代，是伴随着农业产生、发展而形成的新时代。在古史传说资料中，则把农业的发明权归于神农氏。《庄子·盗跖》《周易·系辞下》等文献均记载，在炎帝神农氏的时代已经发明耒耜等工具从事农业生产，这是一个重要的社会发展时期，北方从事粟作农业而南方从事稻作农业，改变了狩猎社会供需不足的局面。

农业的起源，考古学上是以野生状态的粟黍、水稻还是驯化后的粟黍、水稻为标准来做判断分析的。那么，炎帝神农氏时期正好与我国现在考古发现的农业起源时代相吻合。结合古文献记载与考古发现来看，传说中的炎帝神农氏时期有以下几个特征：

第一，神农氏时代是母系社会的特征，在这一时期尚处于"民知其母，不知其父"的历史阶段。

第二，神农氏时代是从狩猎采集社会过渡到早期农业社会的，其工具是木质的耒耜。耒耜由神农制作，并教民农耕生产的。根据考古资料来看，耒耜是 7000 年前出现的。这说明，神农氏是 7000 年前农业文明发展到一个较高阶段的农业部落。

第三，神农氏介于伏羲氏（包牺氏）和黄帝、尧、舜之间。有的文献说神农氏就是"炎帝"，实际上，炎帝是神农氏末期的一位首领，与下一个阶段的黄帝相毗连。

二、五帝时代

今天，我们所熟知的"五帝"，是司马迁在《史记·五帝本纪》中记载的黄帝有熊、颛顼高阳、帝喾高辛、帝尧陶唐、帝舜有虞。然而，正如司马迁所说，学者称述五帝由来已久，甚至还出现了"百家言黄帝"的盛况。在众多的"五帝"说法中，司马迁《史记·五帝本纪》只选用了《大戴礼记·五帝德》及《帝系》的说法，这不仅是由于西汉中期汉武帝采用了董仲舒"罢黜百家，独尊儒术"的政治主张，也是因以孔子为首的儒家"述而不作，信而好古"，选择并继承了来自古代的众多比较可靠、比较可信的古文献的内容，摒弃了"怪力乱神"的成分，形成了司马迁不仅具有儒家传统而且又有较为可信的新证据的"五帝"历史观。

五帝时代大约在距今 5000—4000 年之间，相当于考古学上的仰韶文化晚期到中原龙山文化时期、大汶口文化到山东龙山文化时期、南方大溪文化—屈家岭—石家河文化时期、黄河上游马家窑文化等。这一时期的婚姻，有的是两合氏族婚，有的是一夫一妻制。即使是两合氏族婚，一个氏族的男人集团和女人集团仍然是有分工的，生产人的活动和生产生活用品的活动是分开的。也就是说，一个两合氏族婚，一方面是最彻底的外婚制形式，同时是有十分固定范围的联姻形式，构成了一组虽然没有财产关系，但具有联姻关系的两个氏族。另一方面，氏族甲的男人和女人具有财产关系，一起劳动，一起生活，一起创造财富，一起养育儿女，但彼此没有性关系，而且实行严格的性禁忌。氏族甲的男子和氏族乙的女子、氏族甲的女子和氏族乙的男子可以通婚，但没有财产关系，也不在一起生活、劳动。

在这一历史阶段，原始宗教已经为先民所重视，而且在聚落中心建起了礼仪性的建筑，文明的要素已在各个不同地方慢慢生长，呈现一种"满天星斗"的状态。根据《国语·楚语下》记载，观射父谈到了从少昊到颛顼时代有一场宗教祭祀方面的变革。《国语》中的这段文字说明了两个问题：一是在传说的颛顼之前的少昊时代，人人是巫师，人人祭祀鬼神，民神不分，人神杂糅，家家都可以祈福求佑。这是原始社会阶段，贫富分化还不明显，没有明显的等级观念。所以民神杂糅，民被认为是神，神也被认为是人，正是初民社会的原始思维观念。二是到了颛顼时代，人类贫富开始分化了，等级现象出现了，部族的酋长，如颛顼之类的人物，就想把神权——祭祀天地鬼神的权力掌握在自己的手中，利用神权来为自己的统治服务。这时中原部落领袖颛顼便命名重为"南正"，去管理天上的事务，也就是主管天地鬼神的祭祀活动；命名黎为"火正"，根据大火心宿在天空中的运行情况，管理民间农作物栽种收割等事务。这样就把民间的活动和天神的祭祀活动彻底分开了。

"五帝时代"史称"万邦"，是夏代之前的早期国家——邦国时期。在这个时期，出现了阶层，呈现出复杂化的社会组织机构，有早期国家的都城，聚落有大型公共建筑，墓葬有阶级分化和分层，有商品交换，是中华早期文明社会时代。

三、炎黄在三皇五帝中的地位

古文献中常常是炎帝与黄帝并称，而且"炎（帝）"在"黄（帝）"之前。但为什么《史记·五帝本纪》是以黄帝为首而连炎帝的位置都没有呢？推究其原因，应主要包括以下几方面。

首先，司马迁继承了儒家《大戴礼记·五帝德》《帝系》的说法。这说明在早期儒家看来，五帝首位是黄帝，就没有炎帝。但这种看法似乎有些问题，显然不合乎历史事实。因为在古史传说中，炎黄不仅皆以"帝"并称，而且炎帝的时间也早于黄帝。《史记·五帝本纪》说黄帝是在炎帝衰弱后才强大起来的，这与《国语·晋语四》的说法相似：炎帝、黄帝皆为少典氏之子而为兄弟关系，血缘是比较接近的；从时间上看，虽然血缘比较接近，但炎帝明显早于黄帝。《国语·晋语四》中记载炎黄二帝的父亲是少典族，母亲是有蟜氏族。按照这些说法，炎黄二帝为同一部族，所以黄帝也就代替了那位声名显赫的炎帝。这就可以解释，司马迁为什么没有在《帝系》《五帝德》的"五帝"系统中加上炎帝而为"六帝"：既然炎帝、黄帝几乎同时，黄帝打败并取代了炎帝，早期儒家以及继承儒家之说的司马迁《五帝本纪》，不再单独列举炎帝也就很有道理了。

其次，炎帝与黄帝代表的时间阶段是不同的。尽管《国语·晋语四》说黄帝、炎帝是兄弟关系，但他们所代表的历史阶段是不同的。炎帝应是我国早期农业起源的时期，即古史传说中"神农氏"晚期的代表性人物；而黄帝则是早期农业社会已经发展到一定阶段，社会开始分化、文字服饰弓矢等各种发明创造不断出现时期的代表性人物，也是以干戈征服各个氏族部落、开始步入文明社会的时代。尽管《五帝本纪》继承了《逸周书·尝麦解》《国语·晋语四》等古文献的说法，认为他们出于同时，但也指出他们所代表的不同时代。《史记·五帝本纪》关于黄帝取代炎帝的这一段历史记载很重要，它实际上说明了以下几层意思：一是，说明黄帝轩辕是在以早期农业著称的神农氏衰败阶段才出现的，是以干戈征伐不来朝享的氏族部落才成为天下之主的；二是，说明神农氏和炎帝并非一人，而只是神农氏已经衰败时期的一个领袖人物；三是，神农氏族部落的炎帝已经不得人心，黄帝与炎帝曾经交战多次，古汉语中"三战"之"三"是多次的意思，才最终打败了炎帝。炎帝是神农氏衰败期的一位首领，也可以说是神农时代最后一位首领，而黄帝则是下一个时代的第一位首领。例如，《商君书》中就把神农与黄帝当作完全不同的两个时代，前者不仅不用刑法和行政管理手段，也没有甲兵和战争；后者不仅有了君臣等级制度、父子夫妇礼仪，而且内有刑罚，外有战争。这也可见，炎帝处于神农氏时代的晚期，即使与黄帝时代相近，但从其所代表的社会阶段看，却截然不同。

概言之，综合考察考古资料与先秦文献，可见炎帝时代与黄帝时代不仅血缘比较接近，在时间上也前后相沿。炎帝神农氏是早期农耕文化阶段的代表，而黄帝时代则进入了早期国家时代，是初始国家时期。炎黄时代的黄帝时期创造了辉煌的物质文明、政治文明、制度文明，是中华文明的源头所在。

四、炎黄时代与中华文明的起源

炎黄是中华人文始祖，这是数千年来中华文化发展形成的共识。先秦文献中有不少涉及炎帝与黄帝的记载，说明中国历史上确实存在着一个炎黄时代。

神农氏与炎帝分属两个历史时期。神农氏时期相当于考古学揭示的公元前10000—公元前5000年，这一时期是农业兴起与初步发展的阶段。炎帝时期（狭义的炎帝时代）相当于考古学揭示的公元前5000—公元前4000年时期，这一时期是中华文明的起源阶段。

以黄帝为开始的五帝时代相当于考古学揭示的公元前4000—公元前3000年时期，这一时期是中华文明的形成阶段，可以分为早中晚三个时期，即黄帝时期、颛顼帝喾时期、唐尧虞舜时期。

以黄帝为开始的五帝时代的三个时期分别是中华文明形成的三个过程，即刚刚跨入文明社会的初始邦国文明、中原地区民族融合的颛顼混合型文明、向王朝国家过渡的尧舜文明。中华文明的形成过程，先是小区域内没有"王权"的酋邦社会，而后是产生初具"王权"的早期国家——邦国形态，最终形成以中原为核心兼具四方文化特色的具有"一统"王权与王室文化特征，以及具有发展了的社会管理体系即王朝国家管理体系的"三代王朝国家文明"。

"三代王朝国家文明"的形成，标志着中华文明进入了多元一体的复合制国家形态结构的发展阶段。

思考题

1. 司马迁在《史记·五帝本纪》中以黄帝为首，其摒弃炎帝的原因是什么？

2. 为什么说炎黄时代开启了中华文明由酋邦进入国家的历史进程？

拓展阅读

1. 许顺湛：《五帝时代研究》，中州古籍出版社 2005 年版。

2. 李学勤：《〈史记·五帝本纪〉讲稿》，生活·读书·新知三联书店 2012 年版。

3. 王震中：《夷夏互化融合说》，《中国社会科学》2022 年第 1 期。

第四章　炎黄文化与国家认同

国家认同是所有文化认同中最重要、最根本的认同。从"五帝时代"到夏商周、秦汉、魏晋南北朝、唐宋元明清，这些不同时代、不同王朝、不同政治实体、不同族属的国家统治者、管理者，坚守着相同的国家文化理念，这就是我们所说的国家认同。

第一节　国家认同的内涵与意义

一、国家认同的概念与内涵

任何一个现代国家都需要建构起国民对国家的认同，没有国民对国家的认同，任何国家政权都是不稳固的。中国无论从历史，还是从现实来看，建构公民对中华民族和国家的认同，增强其爱国主义情感和凝聚力，都是实施国家治理、维护国家长治久安的内在要求。

国家认同是指个体或群体对一个国家的归属感和认同感，是人们对自己所处国家的历史、文化、政治制度等方面的信仰和认可。"认同"是关于"我是谁"的追问。国家认同，顾名思义是指认同主体对自身与国家之间同一性的肯定和承认，以及在此基础所产生的对国家的积极心理、情感和行为。作为人们认同心理的一个重要分支，国家认同随着民族国家的产生而形成，并且随着当代民族国家的发展与变革而不断发展变化。在中国，从古至今，强调国家认同，就是增强中华民族的凝聚力。讲国家认同，自然要维护国家的统一。国家统一是由统一稳定的国家结构、统一的语言文字、共同的优秀传统文化、共同的经济等多方面的联系所构成的。

国家认同的内涵包括以下三点。

其一，对统一稳定的国家结构的认同。国家结构的稳定性是国家统一和安定的基础。与夏商周时代包括分封制在内的复合制国家结构的不稳定性相比较，郡县制是被历史证明了的稳定的国家结构。我国现有的"中央—省市县"的结构模式是秦汉以来郡县制的国家结构的发展。

其二，国家认同表现在对中华优秀传统文化的继承和对统一语言的掌握上。中华优秀传统文化是中华五千多年文明史的内核，是中华民族从古至今绵延几千年、不可摧折、难以磨灭的精神维系，并由此形成了中华民族亿万子孙的凝聚力和自豪感。自秦始皇统一文字以来，历朝历代汉语言文字记载了中华优秀传统文化，汉字文化圈在历史上就是最先进最发达的文化。

新中国成立以来，在维护民族平等、发展民族地区的交通和经济、尊重各地少数民族独特的文化和风俗习惯、保护各民族语言文字等方面，中央政府做了许多卓有成效的工作。这些措施进一步培养了 56 个民族的共同文化和心理，从而增强了中华民族的共同文化和心理，也增强了中华民族的认同感、凝聚力和向心力。从国家和民族发展战略上看，弘扬中华民族优秀文化，国家在民族地区科学稳妥推进双语教育的同时，加强国家通用语言文字教育，提升国家通用语言文字的普及水平和质量，已成为中华民族稳固的内在维系。

其三，国家认同还表现在中国梦的实现及中华民族的凝聚力。中国梦的本质内涵是国家富强、民族复兴、人民幸福。这就决定了实现中国梦，应在国家意识形态中的文化心理层面上强调国家认同和中华民族凝聚力。在近代，中国一百多年的历史上，当中华民族生死存亡之际，仁人志士发出了民族复兴的呐喊，义不容辞地赴汤蹈火，为抵御外敌、挽救民族和国家危亡及推动社会进步，作出了自己的贡献。在当代，特别是党的十一届三中全会以来，随着改革开放所创造的辉煌发展业绩，中国综合国力、人民生活水平和国际影响力都得到显著提升，中华民族的凝聚力也在不断加强。海内外华人持续不断的寻根热，既是民族感情的内在驱动，也是中华民族凝聚力和向心力提升的反映。这些成果的取得，与作为个体的每个中国人强烈的国家认同感、民族责任感和担当精神密切相关。

二、国家认同的意义与价值

国家认同是个体或群体作为国家的一分子而产生的情感认同，让人们感到自己具有归属感和身份认同。

首先，国家认同具有稳定社会的意义与价值。国家认同有助于建立社会共识和价值观，减少社会矛盾分化，维护社会稳定和谐。正如唐君毅等学者提出的，从儒家之肯定天下非一人之天下，并一贯相信在道德上，人皆可以为尧舜、为贤圣，及民之所好好之、民之所恶恶之等来看，此中天下为公、人格平等之思想，即为民主政治思想根源之所在，至少亦为民主政治思想之种子所在。

其次，国家认同具有促进国家发展、增强国际影响力的意义与价值。国家认同可以激发人们的爱国之情和责任感，推动国家发展和进步，增强国家的凝聚力和向心力。国家认同是国际上彼此理解、支持和互动的基础，有助于增强国家在国际事务中的话语权和影响力。在全球化背景下，强化中国的国家认同更加需要正视其中的中国特色，积极地从传统的家国情怀中汲取有益资源，如互帮互助、团结和睦等观念在今天仍然具有积极意义，可以有效地转化为爱国主义的心理基础和社会责任的价值支撑。

最后，国家认同还具有加强民族团结的意义与价值。国家认同是民族团结和多元文化交流的基础，有助于增进各民族之间的相互了解和尊重，促进社会和谐发展。而民族团结有助于增强国家凝聚力，促进国家的发展与繁荣，推动社会的不断进步，使人民生活更加幸福。因此，国家认同是个体或群体对自己所处国家的信仰和认可，具有重要的社会、政治和文化意义。

总之，国家认同高于其他任何认同，这一认同实质上是对国家的政治认同。中华历史文化是多元的"一体"文化，这一文化的本质是国家文化。国家通过对国家文化的认同，保证了国家统一与国家历史文化延续。

第二节　炎黄文化与"大一统"思想

"大一统"思想是我们所熟悉的中国传统的政治思想，是国家认同的重要体现。"大一统"思想与"大一统"的多民族国家结构及其认同密不可分。崇尚与追求"大一统"是中国文化的核心特质，是中国人最基本的价值取向之一，也是中国人国家认同的重要体现。在我国历史上，从秦汉到明清，"大一统"的思想对于国家的统一和稳定一直发挥着深远而积极的影响。这种影响主要表现为：一，"大一统"思想形成了一种传统，作为正统思想，构成中华传统文化中基因性的要素；二，在"大一统"思想意识中，国家的统一、对国家统一的认同与中华民族的凝聚乃三位一体的关系。通过中国古代国家形态结构的演变轨迹来认识"大一统"思想的演进历程，对于探究炎黄文化与"大一统"、国家认同之关系，具有重要的意义。

一、五帝时代的"族邦联盟"与"一统"思想

《史记·五帝本纪》中记载了五帝时代以及颛顼、尧、舜、禹时期。学界大多认为，包括尧舜在内的五帝时代是"部落联盟"。而王震中研究认为，当时固然是一种联盟，但它不是"部落联盟"，而是"族邦联盟"，或可称为"邦国联盟"。五帝时代中原地区的"族邦联盟"可分为两个阶段：第一阶段是黄帝、颛顼、帝喾时期，第二阶段是尧、舜、禹时期。黄帝时期的"族邦联盟"形成于黄帝战胜炎帝和蚩尤之后。

先看第一阶段。根据《国语·晋语四》的记载，黄帝族与炎帝族原本是"兄弟"关系。炎帝与黄帝两个部族都出自上古时代陕甘地区的一个大的部族或"部落联盟"。但是，黄帝族与炎帝族在由西向东迁徙发展的过程中，又因各自的扩张而发生冲突。炎黄阪泉大战之后，炎黄又联合起来与蚩尤发生涿鹿之战。《逸周书·尝麦解》曾记载在上古之时，上帝命炎帝分设二位官员，让蚩尤居住于少昊之地管理天下百姓，但蚩尤为了向外扩展，驱逐炎帝，占领炎帝的土地，致使"九隅无遗"。炎帝十分害怕，只好求助于黄帝，黄帝在"中冀"这个地方杀了蚩尤，用少昊代替蚩尤来统率东方，稳定了天下秩序。蚩尤原来是"于宇少昊（居住在少昊之地），以临四方"。蚩尤被杀之后，黄帝任命少昊代替蚩尤，"以正五帝之官"。关于蚩尤的族属，徐旭生主张蚩尤属于东夷族[①]；汉代的高诱、马融等人都说蚩尤是九黎族的君名，而九黎族一般被认为属于三苗集团。这里暂不讨论蚩尤的族属，仅就黄帝让少昊代替蚩尤统领东方诸部这一重要事件而论，其背景应是此时的黄帝族与东夷族结成了联盟，黄帝为盟主，以少昊为首领的东夷族是盟友。

---

① 徐旭生：《中国古史的传说时代（增订本）》，文物出版社1985年版，第50~53页。

据《山海经·大荒北经》记载，风伯、雨师是在逐鹿大战中蚩尤请来"纵大风雨"用以对付黄帝的风神和雨神，在《韩非子·十过》中却成为"黄帝合鬼神于泰山"时与蚩尤一同为黄帝的到来而"进扫""洒道"者。就连蚩尤及风伯雨师都归于黄帝麾下了，那么替代蚩尤的少昊部族与黄帝部族结为友好联盟，更属情理之中。

在《韩非子·十过》中，既有人名与族名（如蚩尤与蚩尤族）相同的情形，也有人与神（如风伯雨师与风神雨神及死后的蚩尤等）相同的情形。所以，阪泉之战和逐鹿之战之后，不但黄帝族与炎帝族结为联盟，黄帝族与东夷族也结为联盟。

再来看第二阶段。关于尧舜禹时期的"族邦联盟"，一般由《尚书·尧典》等文献所讲的尧舜禹禅让加以说明。例如，《尧典》中的"汝能庸命巽朕位"，《史记·五帝本纪》写作"汝能庸命，践朕位"，"庸命"即用命，意为遵用上命，很好地贯彻执行命令。开头这两句，帝尧说："唉！四岳，我在位七十年了，只有你能完成我交给你的使命，你来接替我的帝位吧。"四岳回答说："鄙德忝帝位。"意思是"我的德行鄙陋，有辱帝位"。《五帝本纪》记载"众皆言于尧曰"，有一个身处底层的男子，名叫虞舜，是这样的贤才。帝尧说："是啊，我也听说过，到底他的情况如何呢？"四岳说："他是一个盲人的儿子，父亲愚顽，继母凶狠，同父异母弟弟象傲慢逞强。但是舜以自己的孝行感动全家，使得大家和睦相处，家庭生活蒸蒸日上，家人们也都不至于再有奸邪行为。"帝尧认可舜，"于是尧妻之二女，观其德于二女"，将二女下嫁到舜的居地妫汭，即今山西永济妫水弯曲的地方，使二女成为虞舜的妻子。帝尧勉励虞舜说："恭敬地处理政务，好好干吧！"

《尧典》和《五帝本纪》生动地描写了唐尧将"族邦联盟"盟主之位禅让于虞舜的过程。也有先秦文献说尧、舜、禹之间不是禅让而是"逼宫"，我们认为这两种说法反映出当时的"族邦联盟"盟主职位在联盟内转移和交接有两种情形："禅让说"说的是盟主之位在联盟内的和平转移和交接；"逼宫说"① 说的是尧、舜、禹三者之间有争斗，这从一个侧面反映了中原地区各个邦国之间势力消长的关系。但无论何种，尧、舜、禹时期在中原地区存在一个强大的"族邦联盟"是不容否认的。

　　当时，尧、舜、禹都具有双重身份——既是本邦国的国君（即邦君），又是联盟的盟主。尧舜禹所禅让的或所争夺的是联盟盟主之位，并非本国国君之权位。尧舜禹时期也被称为"万邦"时代，小国寡民的邦国林立。所谓"万邦""万国"之"万"，只是极言其多而已。在这些"万邦"（"万国"）中，诸如唐尧之邦、虞舜之邦、共工氏之邦等，属于早期国家性质；也有一些尚处于部落阶段。当时已进入早期国家的各邦，代表了社会发展程度最高的政治实体，所以，当时在中原地区结成的联盟应该称为"族邦联盟"，而不适合称为"部落联盟"。"部落联盟"属于原始社会的范畴，"族邦联盟"则不限于原始社会，文明社会（国家社会）也可以使用。所以，《尧典》《皋陶谟》中的联盟并非是"部落联盟"，而应该是"族邦联盟"。"族邦联盟"既不是一个王朝，也不同于后世的国家。但是，"族邦联盟"在走向"多元一体的复合制王朝国家"过程中也会产生与之相适应的"联盟一体"的思想观念，而春秋战国和秦汉时的人们由于不具有近代人类学所谓的"部落联盟"或"族邦联盟"之类社会科学的概念，因而我们只能比照夏商西周三代和秦汉时国家形态的样子来描述五帝时代的社会，把尧舜"族邦联盟"描绘成尧、舜的朝廷，只是有时用"禅让"与"家天下"对五帝时代与三代略作区别。这其实是把"联盟一体"的思想观念拟化为另一层次的"大一统"观念，也印证了《史记·五帝本纪》中记载的黄帝在征战炎帝和蚩尤之后，诸侯都尊称轩辕黄帝为天子，进而合符釜山、万国和的情景。这也是《史记·五帝本纪》和《尚书》中的《尧典》《皋陶谟》《禹贡》等篇所描述的五帝时代"天下一统"的缘由。这是最初"大一统"思想的雏形。

---

① 　梁启雄：《韩子浅解》，中华书局 1960 年版，第 417 页。

二、夏商西周复合制国家形态结构与"一统"思想

关于夏商西周三代国家形态结构，以往的观点有两种：一种观点认为夏商西周是"统一的中央集权制国家"。这种观点虽然方便解释战国时"一统"思想的历史渊源，但其"统一的中央集权制国家说"本身脱离了历史的真实。夏商西周时期的诸侯邦国与后世郡县制下的行政机构或行政级别不同。夏王、商王、周王对诸侯邦国的支配是间接性的，而秦汉以来的郡县制则依据行政级别从中央到地方是一元化的直接支配。因此，如果把夏商西周王朝定性为与秦汉王朝差不多一样的统一的中央集权国家，这显然不符合历史实际。

第二种观点则把夏商西周王朝看作由许多方国组成的联盟。这种说法忽视了夏王、商王和周王对于地方诸侯邦国的支配作用。在国土结构上，它无法解释《诗经·小雅·北山》所说"溥天之下，莫非王土，率土之滨，莫非王臣"；无法解释《左传·昭公九年》周天子的大臣詹桓伯所说西部岐山和山西一带的"魏、骀、芮、岐、毕，吾西土也"，东部齐鲁之地的"蒲姑、商奄，吾东土也"，南方的"巴、濮、楚、邓，吾南土也"，北部的"肃慎、燕、亳，吾北土也"等事实。它忽视了诸侯邦国在政治上不具有独立主权；在经济上要向朝廷贡纳，经济资源尤其是战略资源要输送到中央王国；在军事上，地方邦国的军队要随王出征或接受王的命令出征。也就是说，从属于王朝的诸侯邦国，以王为"天下共主"，受王的调遣和支配，虽然这些诸侯邦国内部并没有与王建立层层隶属关系，王对他们只具有间接支配关系，但包括各诸侯邦国在内的整个王朝是一种"多元一体"。

针对上述两种观点的局限性，我们采用王震中关于夏商西周三代是多元一体的复合制国家结构的观点。所谓"复合制国家结构"①，就像

---

① 王震中：《中国古代国家的起源与王权的形成》，中国社会科学出版社 2013 年版，第 436~440、471~485 页。

复合函数的函数套函数那样，处于"外服"的各个诸侯邦国是王朝内的"国中之国"；处于"内服"的王邦即王国，属于王朝内的"国上之国"，是王权的依靠和基础，而"内外服"又是一体的。商周王朝的复合制即"内外服"制，可由《尚书》和金文得到说明。

从先秦文献和《史记·夏本纪》中可以看到：在夏王朝中，既有作为王邦的夏后氏；也有与夏后氏同姓的国族，如有扈氏、有男氏、斟寻氏、彤城氏、褒氏、费氏、杞氏、缯氏、辛氏、冥氏、斟戈氏等；还有以附属地位出现的韦、顾、昆吾、有虞氏、商侯、薛国之类的诸侯邦国，所以，夏朝国家结构是由多种"共同体"构成的多层次的以夏王为"天下共主"的复合制国家结构。

在夏王朝中，夏后氏与诸侯邦国之间也存在着一种不平等的关系。《国语·周语上》说周族先祖曾经"服事虞夏"。这些诸侯邦国的邦君或贵族，在王朝中央任职，既是对王朝国家事务的参与，亦是对中央王国这个天下共主的认可；而作为邦国又分处各地，发挥着护卫王邦、守土守疆的责任。

再来看商朝，我们可以从商朝的内服、外服之制上来印证商朝也是多元一体的复合制国家结构。《尚书·酒诰》记载了商王朝结构分内、外两服，其内服为：百僚、庶尹、惟亚、惟服、宗工，还有百姓里居（君），属于在朝为官的百官系统；其外服为：侯、甸、男、卫、邦伯，属于王邦之外的诸侯邦国系统。《酒诰》的记载恰可以与《大盂鼎》"惟殷边侯田（甸）粤殷正百辟"铭文对读。铭文中的"殷边侯田"，是说殷商的边鄙之地侯和甸这样的诸侯；"殷正百辟"中的"正"是官职的意思，"辟"是君的意思，"殷正百辟"就是在朝为官的百官的意思。"粤"是连接词，是与的意思。这样，《酒诰》篇所说"侯、甸、男、卫、邦伯"之类的"外服"，就与《大盂鼎》"殷边侯田（甸）"对应了起来；《酒诰》篇所说"百僚、庶尹、惟亚、惟服、宗工、百姓里居（君）"之类的"内服"，就与《大盂鼎》"殷正百辟"对应了起来，由此可证《酒诰》文献上的说法是有根据的，也是可信的。

西周实行的是"内、外服"制。西周的内服即周王直接掌控的周邦（王国），西周的外服即周王分封的、不具有独立主权的诸侯邦国，二者在王权的统辖下构成多元一统（多元一体）的西周王朝国家。对于西周的复合制国家结构，也见于《尚书》和西周金文材料。《康诰》《召诰》所说的"内、外服"制，也可以和西周青铜器铭文对应起来。西周青铜器铭文《大盂鼎》和《矢令方彝》所记载的"内、外服"制，与西周文献《尚书》中《酒诰》《康诰》《召诰》所记载的商周"内、外服"制完全对应，这正是王国维所说地下出土的文字资料与地上传世的文献资料相互印证的"二重证据法"显例。商周王朝复合制国家结构体现在政治区域的划分上，固然由内服与外服即由王邦与诸侯邦国所构成，但这种划分并非使二者截然分离，连接二者的一个很好的纽带就是诸侯邦国中一些人作为朝臣，住在王都，参与王室的事务。

由此可见，夏商西周三代都属于复合制王朝国家，复合制呈现出的是"多元一体"："多元"是说它是由许多不同姓族的人们组成，包含许多诸侯邦国；"一体"是说整个王朝国家具有一体性。这样，生活在复合制王朝中的周人，自认为自己的王朝是"统一"的，这就是前引《诗经》所谓"溥天之下，莫非王土"的社会基础。生活在春秋末期的孔子曾有"天下有道，则礼乐征伐自天子出；天下无道，则礼乐征伐自诸侯出"（《论语·季氏》）的感叹，也是鉴于他所向往的西周是"统一"的。与秦汉以来郡县制机制下一元化的"大一统"思想观念相对而言，从"多元一体的复合制王朝国家结构"产生出来的"一统"观念，则属于相对早期的"一统"观念。这样的"一统"观念在夏商西周王朝代代相传，构成了一种正统观念。到了战国时期，当人们苦于列国纷争时，盼望统一，既是现实愿望，也有历史渊源。

三、春秋战国时的"一统"思想及其渊源

司马迁《史记》中的"大一统"史学观、董仲舒所阐述的"春秋大一统"思想，既有当时现实社会的基础，亦有其历史渊源。司马迁《史记》中"大一统"史学观的历史渊源是先秦典籍对于五帝的记述，以及夏商西周多元一体的"复合制"王朝国家结构。

一般认为《史记·五帝本纪》中的史料主要来自《尚书》的《尧典》《皋陶谟》，以及战国末年编写成的《大戴礼记》的《帝系》和《五帝德》等。《尧典》《皋陶谟》《禹贡》是《尚书》的前三篇，以前传统史学认为《尧典》是唐虞时之作，《皋陶谟》是虞舜时之作，《禹贡》是夏禹时之作。20 世纪 20 年代以来，经过顾颉刚等"古史辨"派学者的考辨，现在学界大多赞成《尚书》中的《尧典》《皋陶谟》《禹贡》这三篇写定在春秋战国时期。[1] 刘起釪进一步提出《尧典》是孔子搜集上古流传下来的材料，编辑而成；《皋陶谟》的内容见于春秋早期，其后继续传诵下来；《禹贡》的写作时代，刘起釪认为《禹贡》蓝本出于商朝史官之手，由周初史官写定，流传到战国时又增加了一些战国史实。总之，《尚书》中的《尧典》和《皋陶谟》保存了大量口耳相传的远古材料，在春秋战国时期最后写定。写定于春秋战国时期的作品，就会反映出这一时代的一些思想观念，其中的"大一统"思想观念就是一个核心观念。

董仲舒"大一统"思想的历史渊源来自《春秋公羊传》。[2] 我们看到汉景帝时的公羊寿和汉武帝时的董仲舒讲的"《春秋》大一统"，都来

---

[1] 徐旭生认为，古史辨派"最大的功绩就是把在古史中最高的权威、《尚书》中的《尧典》《皋陶谟》《禹贡》三篇的写定归还在春秋和战国时候（初写在春秋，写定在战国）"。《中国古史的传说时代（增订本）》，文物出版社 1985 年版，第 22 页。

[2] 参见杨伯峻《春秋左传注》第一册"前言"，中华书局 1981 年版，第 24 页。

源于对《春秋》纪年历法使用"王正月"的阐释。现在作为经书的《春秋》原本是鲁国自隐公元年至哀公十四年的编年史,并经孔子整理修订。一般认为,《春秋》笔法包含孔子的思想意识。《春秋》"王正月"之王是周王,"王正月"是说《春秋》纪年使用的历法是周历,这反映了鲁国及孔子在用心地维护周王的正统地位。相传周王朝于每年末颁布明年历书于诸侯,诸侯奉而行之。因而,何谓"王正月"?以周王颁布的历法一统于天下也。由此,我们认为现在所说的"大一统"指的是空间,而《公羊传》的"《春秋》大一统"是一统于周历的,是从周历正朔这种具有"时间"指向的概念出发的。当然,《春秋繁露·三代改制质文》已有把历法正朔上的一统转化为空间上的一统。《公羊传》和董仲舒"《春秋》大一统"思想,其历史渊源即在于经孔子整理修订的《春秋》纪年历法使用周历即王历的做法。

在春秋战国时期,除了从《尚书》的《尧典》《皋陶谟》《禹贡》等篇、《大戴礼记》的《帝系》《五帝德》等篇,以及《春秋》使用王历以强调正统和一统的做法,可以看到其"一统"思想体系之外,书于春秋战国时期的《周礼》,其编纂的内容、结构和体例也透露出"一统"的思想体系,就连邹衍的大九州论中也包含"一统"思想要素。在诸子的著述中,也可以看到"一统"思想观念,如《孟子·梁惠王上》记载梁惠王问孟子:"天下恶乎定?"孟子回答说:"定于一。"王又问:"孰能一之?"孟子回答说:"不嗜杀人者能一之。"这里的"一"就是"统一"。

战国时期"一统"观念形成的原因,部分学者认为是由于人民苦于战争和各国以邻为壑等灾难,因而迫切希望统一。事实上,春秋战国处于社会转型时期,是由"宗子贵族社会"转向"地主官僚社会"的时期。战国时期,战国七雄等国都已经属于主权独立的国家。从社会存在决定社会意识、社会意识反作用于社会存在这样的互动关系来说,我们很难说战国时期的"一统"思想是从战国时独立而纷争的诸国现实直接产生的。实际上，春秋战国时的"一统"思想的形成是渊源于夏商西周时的"一统"思想，是以当时的"复合制国家形态结构"现实为基础的。

四、"郡县制"国家结构与"大一统"思想

司马迁和董仲舒"大一统"思想的现实基础，是秦汉时期所建立的一元化"中央—郡县"制国家结构，即中央集权的统一的多民族国家。"大一统"思想来源于"大一统"的国家社会。

中国历史上真正的"大一统"国家始于秦朝，这是史学界的共识。公元前221年，秦王嬴政统一六国，结束了长期封建诸侯割据的局面，建立了中国历史上第一个中央集权的统一的多民族国家，其国家的形态结构与夏商西周最大的区别就在于：在全国范围内废除诸侯，建立起单一的由中央政府直接管辖的郡、县二级地方行政体制。这是一种"中央—郡县"一元化的行政体制。全国境内的"多民族"被纳入郡县这样的行政管辖范围之内，由行政管理所带来的政治上的统合可以打散乃至消除族群上的差异；郡县控制了地方，郡县制有利于集权和统一。秦始皇为了巩固统一，推行"车同轨"，统一交通；"书同文"，统一文字；统一货币和度量衡。这些统一措施与郡县制一起，对此后两千多年的"大一统"国家的维护一直发挥着至关重要的作用。

汉承秦制。秦汉之后，尽管在地方行政管理的层级上，各个朝代存在差异，有的实行郡县（州县）两级制，有的实行省、府、县三级或四级制，我们还是把它们统称为"郡县制"。"郡县制"这样的体制、机制及由此而呈现出的国家形态结构，是中国古代统一的多民族国家的基本特征。与一元化的"中央—郡县"制体制相适应的是"大一统"思想，也就是说，"大一统"思想是建立在"大一统"的国家形态结构之上的。尽管从秦汉开始，中国历史上经历了从统一到分裂再到统一的历史循

环，如从秦汉的统一到魏晋南北朝的分裂，再到隋唐的统一，从五代、宋、辽金西夏的分裂，再到元明清的统一，但统一是中国历史发展的总趋势。

统一之所以能够成为中国历史的总趋势，主要有三个方面原因：第一，就国家管理治理而言，一元化的"中央—郡县"制，既是行之有效的，也是很难逆转的。第二，秦始皇统一六国后，历代王朝都把统一规模作为当时政治成就的最高目标。第三，有一个以统一的文字为基础的包括"大一统"思想在内的具有中华文化思想意识的文化传统，在根本上是维护统一的。

就一元化的"中央—郡县"制既是行之有效的又是不可逆转的而论，统一时期自不待言，即使在分裂时期，各个割据政权在其统辖的范围内，其统治方式也是以一元化的"中央—郡县"制为其基本特征。例如，三国鼎立，北方的魏国虽然在统治机构和职能上有所调整，曹操还提出过"唯才是举"的选拔人才方式，但这些都是与由中央统辖的"州—郡—县"结构及其一元化统治方式相适应的。蜀国也是这样。诸葛亮在受刘备托孤辅助后主之后，除了认真实行他在《隆中对》中提出的"外结好孙权""内修政理""西和诸戎、南抚夷越"，进而北伐以成霸业、兴汉室的治国方针之外，在蜀国的治理范围内，也采用由中央一元化统辖的州郡或郡县结构。吴国在军事和经济上和曹魏一样推行屯田制度，并分为军屯和民屯，进一步开发了江南经济，在其治理范围内也采用由中央统辖的州郡县结构。又如，南北朝时期，前秦在地方行政上仿照魏晋，实行的是州、郡、县三级制，由刺史或州牧掌管一州。可见，在中国历史上，割据政权在其发展壮大的过程中，只要有可能，总是要走向一统天下的轨道，总想以正统自居，以统一作为奋斗目标。

魏晋南北朝时期，被称为"五胡"的那些由少数民族建立政权的统治者们，每每运用自战国秦汉形成的"土、木、金、火、水"依次相胜传递的"五德终始"说，来主张自己统治的正统性。他们之所以承袭之前中原王朝所信奉的改朝易代的"五德终始"说，其目的即在于宣传自己统治的正统性。此时由"五德终始"说表现出的正统论是与"大一统"观念联系在一起的。例如，前秦苻坚在王猛辅佐下，通过政治和经济改革实现了社会经济发展，并出兵消灭了前燕、前凉、代，统一了北方。苻坚统一北方之后，一方面相信自己是"五德"循环之中的木德，另一方面积极图谋攻打东晋，要一举统一中国。但是由于他统一的北方尚不稳固，前秦内部民族矛盾依旧严重，而且他错误地估计了形势，误认为东晋已是"垂亡之国"，不听劝阻，骄傲冒进，倾全国之力，想一举吞灭东晋。结果经淝水之战一役，大败而归，前秦政权随之土崩瓦解，次年为后秦所灭。实际上，苻坚统一中国的目标无可指责，也是受"大一统"思想主导的，但当时实现统一的历史条件还没有成熟，时机不对，再加上战役指挥上的失误，所以只能造成遗憾。

　　综上所述，"大一统"思想是由"大一统"政治而产生的，"大一统"政治主要体现于"大一统"的国家形态结构，因此，我们考察"大一统"思想的由来与演进，必须从我国古代国家形态结构的演变历程着手。从尧、舜经夏、商、周三代再到秦、汉，伴随着国家形态和结构的变化，先后产生了三种背景指向的"大一统"观念：与尧舜禹时代"族邦联盟"机制相适应的带有"联盟一体"色彩的"天下一统"观念；与夏商西周"复合制王朝国家"相适应的"一统"观念；与秦汉以后郡县制机制下中央集权的帝制国家形态相适应的"大一统"思想观念。从思想观念的视角而言，这三种背景指向、三个层次的"大一统"思想观念，是历史发展的三个阶段的标识，也是中华文明连续而又有阶段特征的体现；从中国历史发展道路而言，与"大一统"思想背景相联系的是：从五帝时代"单一制的邦国"及其"族邦联盟"，发展为夏商西周三代"复合制王朝国家"，再发展为秦汉以来一元化的"中央—郡县"制的帝制王朝国家，呈现出一个问题两个方面的演进：中国国家形态结构的演进与"大一统"政治思想演进的互动发展关系。①

第三节　炎黄祭祀与国家认同

炎黄祭祀的国家认同是以国家为主体对炎黄进行祭祀的活动，它体现的是国家意识，是一个国家对自己治理中华民族的合理性、合法性和正义性的认同。这种认同是基于理性的祭祀认同发展的必然产物。炎黄认同包括两种形式：一是宣称自己就是炎帝、黄帝后裔，其统治中华合理合法；二是遵循旧制尊天，而炎黄是天的代表者，所以，受命于天，也就是天授命于炎黄。对炎黄的认同其实就是对天意的认同，对国家的认同。

一、炎黄祭祀的国家认同体现的是国家意识

炎黄祭祀的国家认同历史悠久，最早可以追溯到公元前 5 世纪，炎黄祭祀国家意识的主体，就是国家。秦灵公时，作上下畤的时间一般认为是在公元前 422 年。在曾侯乙墓（约前 433）中，我们发现曾国祭祀大火星，而大火星正是炎帝在天文学上的表达。可见早在先秦时期，秦国就将炎黄祭祀上升为自觉的国家意识。这种国家意识历代不绝于缕，它表明炎黄祭祀是以国家为主体对炎黄进行祭祀的活动，是一个政权对自己治理中华民族的合理性、合法性和正义性的认同。

"国之大事，在祀与戎。"（《左传·成公十三年》）二事之中，祀在事首，故《礼记·祭统》云："礼有五经，莫重于祭。"祭祀之所以如此

---

① 王震中：《"大一统"思想的由来与演进》，《海南大学学报（人文社会科学版）》2022 年第 3 期。

重要，因为它体现了国家意志，以及国家尊重谁、以谁为范的基本价值取向。炎黄自古以来都是国家祭祀的对象，据《礼记·祭统》记载，炎黄等人能法施于民、以死勤事、以劳定国，所以他们都被称为民族的文化英雄，属于祭祀的对象。在国家的祭祀活动中，他们都被认同为立国之始祖、教民之圣王。祭祀炎黄就体现了国家对炎帝、黄帝的尊重，体现了以炎黄为典范的基本价值取向。

这种国家意识是通过多种祭祀形式来体现的。通过对周金文资料的考察，发现我国古代仅祭祖礼，就有禘、告、报、禋、燎（燎）、牢、尝、烝等 20 种之多。祭祀可以分为以下三个大类。

第一类是因对象不同而形成的祭祀。首先是禋祀、实柴、槱燎。所谓禋祀即祭祀昊天上帝之名；所谓实柴即祭日月星辰之名，其要点是把牺牲放在柴上烧烤，以为享祀；槱燎即祭司中、司命、风师、雨师之名，其要点是以牲体置柴堆上焚之，扬其光焰上达于天，以祀天神。其次是血祭、狸沈、副辜。所谓血祭，又称红祭，是对社稷、五祀、五岳的祭名，基本要点是以宰杀牛、羊、马作为牺牲，敬献给神灵；狸沈是对山林川泽的祭名，其要点是向水中投祭品，所以祭川泽曰沈（即沉）；副辜，则是对四方百物的祭名，其要点是用刀将牺牲剖开。

第二类是因重要性的不同而形成的祭祀。这里有禘祭和郊祭之分，禘祭和郊祭是中国古代的大祭礼。在禘祭中，有所谓祫祭；在郊祭中，又有所谓配祀。禘是"大祭"，是"祭祀鼻祖"，古代君王祭祀其所追尊的始祖之前的远祖，即"禘"。"禘"与上帝配。与禘祭相匹配的，是祫祭。此祭是古时天子诸侯宗庙祭礼之一，"祫"这个字，从示从合，凡合祭皆为祫，其义之要，是合远近祖先的神主于太祖庙大合祭。禘祫二者孰重，千古聚讼不已。不过总的看来，儒家将禘祭视为治国之本，禘祭制度在封建制度下的皇权世系中有着特殊的地位。郊祭，就是在郊外祭天地之礼，原属于自然崇拜的一种，但至夏商周时，"天"已由自然属性的天，转而为自然属性与社会属性合一的"天"，既是社会的"至上神"，又是周人王权的合法性的来源。所以，在周代，它是最隆重的祭典。祭天于南郊，时间为冬至，必须皇帝亲自到场。祭地于北郊，时间为夏至，皇帝亲自去或派人去。祭日于东郊，祭月于西郊，统称为祭郊。祭祀之处分别为天坛、地坛、日坛、月坛。与郊祭相关的，还有一个"配祀"的问题。所谓配祀，就是合祭、祔祀，在祭祀天地之时，要合祭祖先。与天地配，足以说明这个时候所祭的古帝王体现了天地之道，他们是祖亦是道，祭他们是尊天地之道的一种表现。

第三类是四时祭。《礼记·祭统》云："凡祭有四时：春祭曰礿，夏祭曰禘，秋祭曰尝，冬祭曰烝。"礿，是夏殷时代天子、诸侯于春季举行宗庙之祭。禘，前面已经讲过，此略。尝，《诗经·鲁颂·閟宫》有云："秋而载尝。"《集传》："尝，秋祭名。"《礼记·月令·七月》："立秋之日，天子亲率三公、九卿、诸侯、大夫，以迎秋于西郊。"由此可知，尝祭属于始举行迎秋的"郊祭"。尝祭，也叫尝禾。秋季是新谷登场季节，应该祭以报神，所以尝祭即为尝禾之祭，正所谓"尝新谷"。值得注意的是，尝祭也影响到了日本。其有大尝祭，是由庆祝水稻丰收的节日"尝新节"发展而来的日本独有的登基仪式，体现了日本这个国家与水稻的渊源。其实，不论日本的大尝祭多么本土神道化，我们从中不难发现中国尝祭的影子。烝，即冬祭。《后汉书·显宗孝明帝纪》："冬十月，蒸祭光武庙。"西周晚期、春秋时期的金文，虽然没有记载烝祭所行的时间，但《诗经》中已反映这一时期的烝祭是秋收后的祭祖活动，即丰收祭。

二、炎黄祭祀的国家认同体现的是国家统绪

一个国家有治统、道统、血统等。治统是政治的一种合法性的地位，或者说正宗地位的一个传统；道统是国家在道德上的合法性的一种传统。汉高帝死后，汉统治者令各郡及诸侯王国皆立高庙，以祀高祖。

但仅有高庙只能体现刘氏一家的治统，还没能体现与古帝王一脉相承的道统。到汉文帝时，汉统治者于长安东北渭河北岸建五帝庙，祭五天帝（即青帝、赤帝、白帝、黑帝、黄帝），每帝各设一殿，殿各一门，殿门之色与各天帝色同，这可能是于同一庙内集中祭祀五天帝之始，这是我们目前所能看到的最早的材料。

近年来的考古发现不断刷新我们对历史的认知。2020 年在湖北天门石家河又有重大考古发现，表明在公元前 5300 年到公元前 4800 年，也就是炎黄活动的时期，出现了很多精美的玉制器物。这些玉器的形状跟三星堆发现的文物很接近。石家河考古文明的发掘说明三星堆的文物与长江中游的石家河文明是一脉相承的，是有连续性和共同性的。它不是外来的，而是中华文明自身发展的产物。高庙与五帝庙并立体现的是治统与道统的同一性——不仅祭刘家，也祭五帝，放在一起祭，说明治统与道统的合一。

唐玄宗于天宝六年（747）正月十一日，敕令祭三皇和五帝，然后用其他神祇来相配，和他一起来祭祀。天宝七年（748），唐玄宗又发《诏书》，建三皇五帝庙，以春秋二时享祭。对三皇五帝的祭祀就是缅怀其功。缅怀他们的目的是体现自己治统和道统的合一，体现政权的合法性、合理性、正义性。此事亦见于《旧唐书·玄宗本纪下》，三皇五帝庙除了祭三皇，还祭祀忠臣义士等人物。

总的来看，在唐玄宗天宝年间，于京城长安建置两个帝王庙：三皇五帝庙和三皇以前帝王庙。从此以后，统治者都在京城设置帝王庙，京城在哪里，帝王庙就设在哪里。在这些所祭祀的对象里，包括现代的帝王，还有历史上的名臣。比如祭太昊、女娲、炎帝、黄帝，同时祭夏禹、成汤、周文王、周武王、汉高祖、东汉世祖、唐高祖、唐太宗，等等。元代崇祀先代帝王之典不废。值得称道的是，元代增建了一批古帝王庙，如至元十二年（1275），立伏羲、女娲、舜、汤等庙于河中解州、洪洞、赵城（俱在山西境内），至元十五年（1278）修会川盘古王祠等。明代京城立庙祭祀五帝、三王以及汉、唐、宋创业之君。

明代开国皇帝朱元璋洪武六年（1373）在南京钦天山之阳修建了历代帝王庙。这是继唐玄宗于国都长安建立三皇五帝庙之后，又一次于京城正式建立历代帝王庙。南京历代帝王庙，正殿五室，中一室祀三皇（太昊伏羲氏、炎帝神农氏、黄帝轩辕氏）；东一室祀五帝（少昊金天氏、颛顼高阳氏、帝喾高辛氏、帝尧陶唐氏、帝舜有虞氏）；西一室祀夏禹、商汤、周文王；又东一室祀周武王、汉光武帝（即东汉世祖）、唐太宗；又西一室祀汉高祖、唐高祖、宋太祖、元世祖。这个时候祭祀的对象是什么样的呢？这时庙中所祀十六位帝王皆塑衮冕坐像，只有伏羲、神农不加冕服，因为那时候还未有衣服。历代帝王庙建成后，规定每年春秋仲月上旬甲日致祭。洪武皇帝曾亲自到庙中祭祀先代帝王。明代都城先是建在南京，后迁都北京，明代嘉靖九年（1530）又在北京设立帝王庙，祭祀先祖，其政治地位与太庙和孔庙相齐，合称为明清北京三大皇家庙宇。

清代将历代帝王庙内享祀的帝王增加到二十一位，从祀的名臣增加到四十一位。1722 年 12 月，雍正皇帝增祀帝王和名臣神牌，并立碑以纪。这些新增祀的帝王神牌，按照朝代与原祀帝王加以合并，供在一龛。这样，景德崇圣殿中原有的五龛增为七龛。每龛供奉的帝王分别是：伏羲、神农、黄帝为一龛。少昊、颛顼、帝喾、帝尧、帝舜为一龛。增祀的十三位夏王、二十五位商王，与原祀的夏禹、商汤共四十王，合为一龛。增祀的三十一位周王，与原祀的武王共三十二王，合为一龛。增祀的汉十九帝和唐十四帝，与原祀的汉高祖、光武帝、唐太宗共三十六帝，合为一龛。同时增祀的辽五帝、宋十三帝和金三帝，与原祀的辽太祖、宋太祖、金太祖、金世宗共二十五帝，合为一龛。增祀的元九帝和明十一帝，与原祀的元太祖、元世祖、明太祖共二十三帝，合为一龛。这样，清代历代帝王庙正殿分设七龛，供奉的历代帝王总计为一百六十四位。至清代乾隆皇帝时，清政权规定凡帝王曾在位者，除无道、被弑亡国之主，尽应入庙。又增将晋元帝等二十五位帝王列入历代帝王庙祀典，从而使历代帝王庙内享祀的帝王增加到一百八十八位。其目的就是中华统绪绵延不绝。

由此可见，统治者祭祀的中华统绪包括本朝与前朝，祭祀本朝的先帝属于国家的治统，而祭祀本朝之前的帝王，一直追溯到远古的炎帝和黄帝就超越了历代政权的含义。它既包括不同民族所建立的国家，又有共同维护的神圣领域，这就是中华的道统。只有维护了中华统绪，一个朝代的"治统"才能在"道统"的意义上得到合理性、合法性和正义性的体认与支撑。就此而言，国家祭祀炎黄，实际上是对一个国家在中华"道统"中地位的肯定。

三、炎黄祭祀与国家中央政府认同

所谓炎黄祭祀的中央认同，实际上就是将祭祀炎黄的话语权由地方性上升为国家性，也就是由中央政府表达出来的各地均须执行的炎黄认同的话语，其中心话语是将炎黄视为缔造国家制度的始祖，历朝历代都是将炎黄当作中华统绪之祖来祭祀的。

炎黄祭祀的中央认同具有如下特征。一是国家性。在古代国家，国家祭祀是指由天子率领群臣举行的祭祀典礼，它体现的是国家意志。二是规范性。对包括炎黄在内的古代帝王的祭祀不是随意的，而是有规范性的，称为"祭法"。《礼记》对祭祀对象、祭礼形式、祭祀级别做出了系统的规定。三是认同的统一性。对炎黄祭祀的祭文由最高权力机关制定。例如，同治八年（1869）《随州志》卷十九收录了三篇祭炎帝文，它们都是清帝制定的，称为"祭告炎帝陵文"。它们是：祭告炎帝陵文（康熙五十二年）、祭告炎帝陵文（康熙五十八年）、祭告炎帝陵文（雍正二年）。①

这些祭文说明了一个问题：在中央认同的层面，各地方祭炎黄之文不能自说自唱，必须服从最高权力机关的统一规制。比如，湖北随州这个地方向来没有炎陵，只有神农（炎帝）庙，或神农（炎帝）社，按照随州地方的特色，那么其炎帝神农之祭应该是庙祭，而不是陵祭。但是清代随州的炎帝神农之祭必须服从清帝的统一安排，宣读制式统一的"祭告炎帝陵文"。

从以上的炎黄祭祀的中央认同可以看出，在中国古代的炎黄祭祀中，天与圣人合一，我们看到的是信仰从祖先崇拜到祭祀天地的飞跃。这里一方面强调"人是天之副本，是宇宙的缩影"，另一方面，天是无为的，而圣人的行事"皆以继天，而以完成天之未竟之功为目的"②，所以炎黄等是代天功的圣人。他们的贡献就是天道的表现。在我国古代的祭祀活动中，就是某朝将炎黄及其后的前代帝王与本朝祖先合在一起祭祀。举国祭祀皇家的祖先，虽然体现了一家一姓对天下国家的统治，但不足以表达其治理江山社稷的合理性、合法性和正义性。怎么解决这个问题？从祭祀的角度看，就是将炎黄（合理性、合法性和正义性）与自己的祖先合在一起祭祀。这种做法的意思是，王朝的祖先是承接炎黄而来的，而主祭的皇帝又是王朝祖先的继承者，这就解决了本朝对江山社稷治理的合理性、合法性和正义性来源问题。

炎黄祭祀文化中包含"原始要终"的精神追求。"原始要终"出于《周易·系辞下》。其云："《易》之为书也，原始要终，以为质也。"作为一种精神追求，"原始要终"包括两个方面：一方面它追求事物起源，此谓之"原始"。在炎黄祭祀中，人的"原始"就是祖宗，而祖宗之上还有上天，祖宗是代天而为的圣人，所以在祭祀中，所谓原始，就是从

---

① 李俊、王震中主编：《炎黄学概论》，人民出版社 2021 年版，第 443 页。
② 《冯友兰文集》第五卷，长春出版社 2008 年版，第 185、186 页。

炎黄子孙到炎黄，又从炎黄到天道的精神追求。另一方面，它是对事物未来结果的追求，此谓之"要终"，小康也是目标，但是它是有限的。在小康之后，人们还面对着无限美好的大同之世，此即炎黄祭祀中的"要终"。

包含在炎黄国家祭祀中的信仰价值并非有限的，而是超越性的。如前所述，在炎黄国家祭祀活动中，有将炎黄与王朝祖先合在一起进行祭祀的仪式，也有将炎黄与天合在一起进行祭祀的仪式。在前一种祭祀中，我们看到的是道统与治统的统一。这是各个王朝都在追求的一种信仰上的超越：即由本朝的治统上升到代表历史的道统，道统高于治统。在对炎黄的国祭中，除了有治统，还有道统。爱国可以是忠君的，但更重要的是超越治统而维护中华民族绵延不绝的道统。

综上所述，祭祀问题本质上是一个文化认同问题，它包括民间、国家与民族等不同层面的认同。炎黄祭祀是历代统治者维护中华统绪的重要手段，是中华民族各民族历史上形成文化认同和国家认同的基本途径。炎黄祭祀也是今天我们培育爱国主义精神、增强民族团结的重要方式，要善加运用，使之在新时代为中华民族伟大复兴发挥更大的作用。

思考题

1. 什么是炎黄祭祀的国家认同？它有哪些特征？
2. 炎黄祭祀对于社会主义核心价值观的培育有何重要意义？

拓展阅读

1. 王震中：《中国古代国家的起源与王权的形成》，中国社会科学出版社 2013 年版。

2. 周洪宇、王文虎:《炎黄国祭论》,福建教育出版社 2017 年版。

3. 王震中:《"大一统"思想的由来与演进》,《海南大学学报（人文社会科学版）》2022 年第 3 期。

第五章　炎黄文化与民族认同

民族认同是中华民族共同体意识的基底与主干，体现着对"中华民族"的情感归属与赞同。炎黄的共襄和合精神反映了华夏民族共同体所具有的宗族与民族同构合一的特点。炎黄文化与国家认同、文化认同、全国各民族平等互助关系的认同，以及与发展各地经济、提高各族人民生活水平的认同，都与中华儿女长期培育起来的民族向心力息息相关，是中华民族凝聚力之所在。

第一节　民族认同的内涵与价值

一、民族认同的内涵

关于"民族认同"，吉恩·菲尼（Jean Phinney）认为，民族认同是个人参加民族的文化实践和活动，对一个民族有积极态度及归属感，并为之而感到自豪。民族认同不是凭空产生的，而是建立在共同的血缘、地缘、亲缘的基础上。[①] 高永久认为，民族心理认同是该民族

---

① Jean Phinney. Understanding Ethnic Diversity[J]. The American Behavioral Scientist, 1996, 40(2): 143−152.

群体成员普遍具有的对本民族归属感和感情依附的稳定心理特征。①佐斌、秦向荣将民族认同定义为该民族成员对其民族身份知悉和接纳的态度。②周星认为，民族认同意识是民族心理特质的核心内容，它意味着某一民族共同体的所有成员，都感觉到或意识到他们属于同一个民族。③王建民认为，所谓民族认同，是指一个民族的成员相互之间包含情感和态度的一种特殊认知，是将他人和自我认知为同一个民族的成员的认识。④王希恩认为，民族认同即社会成员对自己民族归属的认知和感情依附。⑤

对于民族认同的形成，原生论认为，一个人的民族认同情感纽带生来就有，根深蒂固。场景论则注重民族认同的场景性和变动性，以及人们对民族认同的理性选择，当民族认同可以作为工具获得更多资源的时候，个人的民族认同就会增强。⑥构建论认为，民族认同是一个流动的在场景中构建的过程，是外部因素和个人之间互动的结果，民族认同既有来自个人对本民族的认同，也有来自他族的人对该民族的认同。民族认同是在场景中产生的，同一个人在不同的场景中，可能会有不同的民族认同感。⑦

民族认同主要指个体对本民族的信念、态度，以及对其民族身份的承认。中华民族的民族认同指的是中华儿女对中华民族在长期的历

① 高永久：《论民族心理认同对社会稳定的作用》，《中南民族大学学报（人文社会科学版）》2005 年第 5 期。

② 佐斌、秦向荣：《中华民族认同的心理成分和形成机制》，《上海师范大学学报（哲学社会科学版）》2011 年第 7 期。

③ 周星：《民族学新论》，陕西人民出版社 1992 年版。

④ 王建民：《民族认同浅议》，《中央民族学院学报》1991 年第 2 期。

⑤ 王希恩：《民族认同与民族意识》，《民族研究》1995 年第 6 期。

⑥ 周永康、王洪：《双重边缘化：小支系族群的文化传承与身份认同困境研究——以贵州官屋基苗族为例》，《民族文化研究》2017 年第 1 期。

⑦ 杨鹍飞：《中华民族共同体认同的理论与实践》，《新疆师范大学学报（哲学社会科学版）》2016 年第 1 期。

史发展过程中所形成的心理、意识、观念、习俗、规范、制度等方面的认同，有别于其他民族的精神风貌、精神特征，是对中华文化的自我认同、自我归属感的高度反映。中国各民族共同书写了中华民族的历史，共同创造了中华民族的文化，共同缔造了中华民族的辉煌，共同承受了中华民族的苦难，共同为实现中华民族伟大复兴而奋斗。汉族离不开少数民族，少数民族离不开汉族，少数民族之间也相互离不开。我们既要反对大汉族主义，也要反对各种狭隘的地方民族主义，反对一切损害中华民族整体利益的言行。在保存 56 个民族文化多样性的同时，增强中华民族文化的一致性；在保持各民族认同和文化认同的同时，增强中华民族认同与中国国家认同。炎黄与民族认同主要体现在炎黄与中华血缘文化相交融、炎黄与中华民族共同体、炎黄与中华民族凝聚力等方面。

二、民族认同与国家认同、中华文化认同的关系

"民族认同"与"国家认同""文化认同"具有同一性。文化认同，就是指对人们之间或个人同群体之间的共同文化的确认，使用相同的文化符号、遵循共同的文化理念、秉承共有的思维模式和行为规范。认同是文化固有的基本功能之一。拥有共同的文化，往往是民族认同、国家认同的基础。

蒋述卓认为，在认同领域中，文化认同是深植在历史与文明根基之中的基础性认同。文化变迁是认同变化的重要缘由，文化认同也会深刻影响经济认同、政治认同、社会认同等认同格局。文化认同实践在一定的民族国家之中进行，国家认同是文化认同的深层演进和升华。所谓国家认同是指公民对作为政治共同体的国家从情感和理性上的认知、评价和行动。国家认同更多地强调政治意义上的认同感和归属感，而文化认同则强调对社会文化的心理态度评价。文化认同是国家认同的前提和

基础，文化认同强化国家认同，为国家认同提供心理支撑。国家认同在经济全球化、政治多极化、文化多元化、社会信息化的时代凸显重要意义。[①] 晁福林认为，中华民族源远流长，历史悠久。它从滥觞、起源、初步发展直到形成，经历了从五帝时代和夏商周三代，至少三千年的长时段，这个时间是中华民族形成的重要阶段。秦汉大帝国的建立是中华民族形成的标志，此后中央王朝以发达的经济和高度的文化凝聚、融汇各族。没有国家认同就没有中华民族的形成，没有国家认同也就没有中华民族的发展。[②]

2014 年 9 月 28 日，习近平在中央民族工作会议上的讲话中提到文化认同的内涵与意义："文化认同是最深层次的认同，是民族团结之根、民族和睦之魂。文化认同问题解决了，对伟大祖国、对中华民族、对中国特色社会主义道路的认同才能巩固。"[③] 习近平还在多个场合反复提到民族和文化的关系、文化认同与民族团结的关系。2014 年 5 月 30 日，习近平在北京市海淀区民族小学主持召开座谈会时的讲话中提到："中华民族有着五千多年的悠久历史和灿烂文化，而且中华文明从远古一直延续发展到今天。为什么中华民族能够在几千年的历史长河中顽强生存和不断发展呢？很重要的一个原因，是我们民族有一脉相承的精神追求、精神特质、精神脉络。"[④] 2019 年 9 月 27 日，习近平在全国民族团结进步表彰大会上的讲话中提到："文化是一个民族的魂魄，文化认同是民族团结的根脉。各民族在文化上要相互尊重、相互欣赏，相互学

① 蒋述卓：《文化认同、国家认同与人的发展》，《暨南学报（哲学社会科学版）》2016 年第 7 期。
② 晁福林：《论中华民族形成过程中的国家认可》，《北京师范大学学报（社会科学版）》2022 年第 5 期。
③ 《构筑各民族共有精神家园》，见《习近平著作选读》第一卷，人民出版社 2023 年版，第 285 页。
④ 《习近平关于社会主义精神文明建设论述摘编》，中央文献出版社 2022 年版，第 216 页。

习、相互借鉴。在各族群众中加强社会主义核心价值观教育，牢固树立正确的祖国观、民族观、文化观、历史观，对构筑各民族共有精神家园、铸牢中华民族共同体意识至关重要。要以此为引领，推动各民族文化的传承保护和创新交融，树立和突出各民族共享的中华文化符号和中华民族形象，增强各族群众对中华文化的认同。"①

炎黄文化的民族认同价值在于通过文化认同而达到民族凝聚。在中国，从古到今，凡是强调"大一统"的国家认同，就是在增强中华民族的凝聚力。讲国家认同，当然要维护国家的统一。国家统一的长期稳定，是由统一的国家结构的稳定性、统一的语言文字——汉语、共同的优秀传统文化、共同的经济和交通等多方面的联系所构成的。而这些正是中华民族的基本要素。伟大的中华民族创造了五千多年灿烂的中华文明，历史和现实把我国各族人民紧密地凝聚在一起，风雨同舟，荣辱与共。

中华民族命运共同体源于炎黄时代所奠定的华夏民族和所孕育的炎黄文化，炎黄文化乃中华民族血缘与文化的融合，我们弘扬炎黄文化，是与振兴中华民族大业联系在一起的。

第二节　炎黄文化融合了中华民族的血缘与文化

一、血缘之根与文化之根的融合

中华民族作为一个有着五千多年文明历史的伟大民族，在其发展

---

① 《习近平关于社会主义精神文明建设论述摘编》，中央文献出版社 2022 年版，第 129 页。

的历史进程中，经过远古氏族、部落、部族，到各民族交流、交汇与融合，形成了多元一体格局的中华民族命运共同体。在中华民族命运共同体中，文化起着核心作用。任继愈认为，中华民族把文化认同看得比种族血统认同更重要。[①] 田兆元也曾提出，中华民族的统一不是种族血缘的统一，而是文化的统一。中华民族的祖先并不全是真正意义上的血缘之祖，而只是一种文化之根。[②] 我们认为：炎黄文化的特征表现出它乃中华民族血缘之根与文化之根的融合，也就是说炎黄文化融合了中华民族的血缘与文化。

一般而言，文化是民族的血脉，然而在历史上，五帝时代的炎黄集团在其形成时，姓族这一血缘因素曾起着主要作用。即使进入夏商西周时代，由炎黄凝聚而来的华夏民族，从社会基层到高层贵族，宗族血缘关系与政治权力也是同层同构的。从"以王国为依托的王朝国家"来看，这时的华夏民族内包括姬、姜、子、姚、妫、酉、祁、己、滕、箴、任、荀、僖、姞、儇、依，以及"祝融八姓"等众多族姓。由于每一个姓族就是一个以血缘为根的血缘团体，所以血缘脉络是社会的基本脉络，但夏商周三代的每一个王朝又都包含众多的姓族，呈现出既以血缘为基础又不局限于一个血缘、一个王朝的格局，只是无论是夏朝、商朝还是周朝，王族的血缘是王朝的核心。具体说来，夏为姒姓，商为子姓，周为姬姓。因而，说此时的华夏民族已属于"文化民族"，这是基于整个王朝既包含王族的姓族亦包含其他姓族而超越了单一血缘，但无论是作为社会基础中的各个姓族，还是高高在上的王族，都保持自己的血缘谱系，所以炎黄文化融合了中华民族的血缘与文化。

从先秦时期的华夏民族，到秦汉以来的汉民族及中华民族，一方面都是以华夏文化为核心文化的民族，另一方面又都是认同我们的血缘之

---

① 任继愈：《天人之际》，上海文艺出版社 1998 年版，第 338 页。

② 田兆元：《论北朝时期民族融合过程中的神话认同》，《上海大学学报》2000 年第 3 期。

根在炎黄。我们要实现"铸牢中华民族共同体意识，加强各民族交往交流交融，促进各民族像石榴籽一样紧紧抱在一起，共同团结奋斗、共同繁荣发展"[①]的任务，必须搞清楚、弄明白中华民族是怎么形成的，有什么内在的精神。在民族自知的基础上，做到民族自觉、坚定民族自信。炎黄文化凝聚着中华民族最深层的基因。从古至今，"中华""中国"之称谓，都是与炎黄紧密联系在一起的。从地域角度而言，它指的是炎黄后裔所居住的地方；就文化方面来说，它指的是炎黄及其后裔所创造的文明成果。尽管中国各民族都有自己的特殊性，但是大家都有一个自觉的"中华"认同，即都是"中国人"。

加强炎黄文化的研究，有助于铸牢中华民族共同体意识、增强民族认同和民族凝聚力，能够极大提升民族自信、促进国家团结统一、实现中华民族伟大复兴。徐光春在《光明日报》上发文，从继承和弘扬中华优秀传统文化、坚定文化自信、培育和践行社会主义核心价值观、增强民族的团结统一等方面，提出了研究炎黄文化的必要性。事实上，炎黄时代族群的大融合，开启了"华夏共同体"之路。

二、炎黄时代族群大融合与"华夏共同体"之路的开启

民族是在文化、血缘、经济、政治、宗教和风俗习惯等多种因素共同作用下形成的稳定的"利益共同体"和"命运共同体"。恩格斯在《家庭、私有制和国家的起源》中对部落融合民族进行分析，他指出："住得日益稠密的居民，对内和对外都不得不更紧密地团结起来。亲属部落的联盟，到处都成为必要的了；不久，各亲属部落的融合，从而分开的各个部落领土融合为一个民族［Volk］的整个领土，也成为必要的

---

① 习近平：《决胜全面建成小康社会　夺取新时代中国特色社会主义伟大胜利——在中国共产党第十九次全国代表大会上的报告》，人民出版社 2017年版，第 40 页。

了。"① 中华民族是由众多分散的小氏族融合成大氏族、"氏族—部落—部族"联盟而最后形成的，炎黄二族在其中起着核心与主导作用。

中华民族源于在炎黄时代奠定了基础的华夏民族。从现有文献的记载看，炎帝、黄帝是中华民族的人文始祖，中华民族起源于炎黄时代，中华文明亦肇始于这一时期。

华夏集团的黄帝族与炎帝族经过阪泉之战，逐渐融合在一起，形成了以炎黄二族为主体的华夏集团；后来，华夏集团向东、向南扩张，分别与东夷、苗蛮集团通过战争而相互融合。三大部落集团融合后，以华夏集团为核心凝聚成了最初的华夏族——华夏民族之前身。从其生成过程中的融汇性来看，三大部族集团融合后，华夏族在血缘上并不是某一特定族群的延续，而是形成了一个新族群——由不同姓族血缘关系组成又以血缘为基础的一个"文化共同体"。自此开始，"华夏民族—汉民族—中华民族"在"滚雪球"式的发展过程中一直是沿着血缘与文化叠合在一起的道路发展的，只是在这个伟大的民族共同体之中，作为显著的特征，"炎黄"既为核心的血脉基因，亦为核心的文化基因。

炎黄时代的族群大融合，适应了当时社会对外发展的需要，是对原有氏族制度的一种超越，形成了超越亲属部落联盟的新型联合体的雏形，确立了黄帝的领导地位，拉开了英雄时代的帷幕。据《史记·五帝本纪》记载，黄帝打败炎帝、擒杀蚩尤之后，"诸侯咸尊轩辕为天子"，黄帝由此成为"天下共主"。对于战败者，黄帝从不赶尽杀绝，而是以仁爱、宽容之心善待对方。阪泉之战后，黄帝想方设法安抚炎帝族人，通过"予以官爵""封之国土""崇其明祀"等怀柔策略，让原本兵戎相见的炎黄二族，最终得以化解积怨、消除隔阂，视对方为同族，彻底融合在一起。擒杀蚩尤后，黄帝同样采用怀柔策略安抚蚩尤旧部，让他们心悦诚服地归附自己。后世圣王，特别是那些开国明君，纷纷仿

① 《马克思恩格斯选集》第四卷，人民出版社 2012 年版，第 180 页。

效黄帝这一做法。如商灭夏后，商汤"封夏之后"；周灭商后，周武王"封纣子武庚、禄父，以续殷祀"。黄帝以战促和，以德报怨，成功推动了中国历史上第一次族群大融合，也开启了中华民族的"共同体"之路。

从炎黄到尧舜，再到夏商周三代，在不断的征伐与融合中，东夷、苗蛮、夏人和商人消失了，他们最终与周人一起融合成为一个新的大族群。这个新族群，依然叫作"华夏"。到了春秋战国之际，中原地区的诸侯都自称是"华夏"之后。"诸夏"之说，即源于此。可见，这一时期的"华夏"，已经具有了强大的吸引力与凝聚力。在秦汉建立"大一统"帝国之前的战国时代，华夏族就与蛮夷戎狄各族迅速融合，从秦汉开始又形成了一个人口众多、文化趋同的汉民族。海纳百川，有容乃大。汉民族在其后的发展过程中，又不断地融合其他民族，直至形成了今天多元一体、休戚与共的中华民族共同体。

第三节　炎黄文化与中华民族共同体意识

炎黄文化奠定了中华民族共同体意识的基础，同时确立了中华民族凝聚力的精神内核，主要表现为共襄和合精神。

"夏商周三代交融形成的华夏共同体，是中华民族共同体的雏形。"①夏，大也，故大国曰夏。华夏，谓中国也。夏商周三代以来的华夏民族的主体和核心是来自远古的炎黄部落。阪泉之战后，炎黄结盟；涿鹿之战后，黄帝"合符釜山"，"监于万国，万国和"；这就说明中华民族从一开始就打上了炎黄的烙印，成为流淌着炎黄文化血液的民族。

---

① 本书编写组：《中华民族共同体概论》，高等教育出版社、民族出版社 2023 年版，第 23 页。

一、炎黄—华夏谱系铸就了中华民族共同体的民族基因

王震中把民族分为"古代民族"与"近代民族"两个范畴[1]，"古代民族"是传统意义上的自然属性的民族，"近代民族"是与近代以来形成的资本主义的民族市场和民族贸易相联系，与"民族国家"（nation-state）相关联。中华民族形成于"古代民族"，带有家族和宗族的血缘文化的自然属性。在历史上，夏商周各族都以始祖诞生神话和族谱或姓族的形式展开自己的历史记忆，因此，姓族共同体中的血缘色彩是其主要特征。

中国最早的一部国别史著作《国语》，是最早记载炎黄起源、姓氏、世系、事功、祭典且比较可信的典籍。《国语·周语下》云："夫亡者岂繄无宠？皆黄、炎之后也。"《国语·晋语四》称"黄帝为姬，炎帝为姜"。关于炎帝的族谱或姓族：《山海经·海内经》曰："炎帝之妻，赤水之子听訞生炎居，炎居生节并，节并生戏器，戏器生祝融。祝融降处于江水，生共工。共工生术器，术器首方颠，是复土壤，以处江水。共工生后土，后土生噎鸣，噎鸣生岁十有二。"从这段记载中，炎帝与祝融似乎有衍生关系。春秋时期姜姓人群不仅数量众多，分布也广泛。《国语·周语中》称"齐、许、申、吕由大姜"，又《国语·周语下》云："祚四岳国，命以侯伯，赐姓曰姜，氏曰有吕。谓其能为禹股肱心膂，以养物丰民人也。"据徐旭生《中国古史的传说时代》与王献唐《炎黄氏族文化考》考证，炎帝后裔的姓氏，除姜、齐、许、申、吕之外，还有伊、纪、向、甘、薄、赖等。

司马迁的《史记》，记载了上至上古传说中的黄帝时代，下至汉武帝太初四年间共三千多年的历史，他不仅把《五帝本纪》作为中国历史

---

[1]　王震中：《中国古代国家的起源与王权的形成》，中国社会科学出版社 2013 年版，第 360 页。

之开篇，而且以黄帝为五帝之首并从宗族的血缘文化上进行历史叙述。《五帝本纪》云："黄帝二十五子，其得姓者十四人。"据《史记·五帝本纪》记载，黄帝的后人有两大分支：一是黄帝—昌意—颛顼（舜、禹）。《世本》曰："黄帝生昌意，昌意生颛顼，颛顼生鲧。"《史记·夏本纪》曰："禹者，黄帝之玄孙而帝颛顼之孙也。"二是黄帝—玄嚣—蟜极—帝喾（尧、商、周）。《史记·五帝本纪》："帝喾高辛者，黄帝之曾孙也。高辛父曰蟜极，蟜极父曰玄嚣，玄嚣父曰黄帝。自玄嚣与蟜极皆不得在位，至高辛即帝位。……帝喾溉执中而遍天下，日月所照，风雨所至，莫不从服。"不仅尧、舜、禹（夏）、商、周为黄帝后裔，就连楚、越、匈奴也被《史记》纳入黄帝谱系。

以上的文献记载充分反映了炎黄在中华姓氏谱系中的源头地位，说明中华民族是以认同炎黄为血缘始祖发展起来的，这种血缘性的文化认同，是中华民族的一种内在的独特性，也是中华民族具有强大凝聚力和向心力的内因所在。随着社会的发展、民族的进步，具有血缘认同特征的姓氏谱系会赋予其新的内容和形式，但民族文化的根脉对于促进民族认同、民族凝聚，依然发挥着十分重要的作用。

二、炎黄时代的辉煌创造形成中华民族文明的源头

文明是社会进步的状态，与"野蛮"相对。中国早期的先民们认识自然、利用并改造自然的物质和精神成果，最早表现为农业文明，因为"农业是整个古代世界的决定性的生产部门"[1]。炎黄时代是距今 5000 年左右的仰韶文化时期[2]，仰韶文化遗址证明了中国新石器时期农业文明的

---

[1]　恩格斯：《家庭、私有制和国家的起源》，见《马克思恩格斯选集》第四卷，人民出版社 2012 年版，第 165 页。

[2]　王震中：《三皇五帝传说与中国上古史研究》，《中国社会科学院历史所学刊》第七集，商务印书馆 2011 年版。

发展。炎黄二帝作为炎黄时代的标志或代表，在早期先民关于农耕认识的基础上，进行总结、提升和创造，成为中国农耕文化的开创者。我们可以从先秦及秦汉等典籍记载中找到答案。

如果说语言的产生是"人猿相揖别"的重要标志的话，文字的发明及应用就是人类社会文明的标志。恩格斯在《家庭、私有制和国家的起源》中肯定了摩尔根的看法，指出："由于拼音文字的发明及其应用于文献记录而过渡到文明时代"[①]。中国文字是一种象形文字，最早是刻画于龟甲、骨片和陶器上的符号。郭沫若认为"彩陶上的那些刻符记号，可以肯定地说就是中国文字的起源，或者中国原始文字的孑遗"[②]。从文献的记载看，黄帝遣仓颉造字。《世本·作篇》曰："仓颉作书。"《说文解字》序讲："黄帝之史仓颉，见鸟兽蹄远之迹，知分理之可相别异也，初造书契。"

与农业文明相关联的更多是农耕生产和生活的发明、创造。炎黄在此方面的创造主要有：（1）农作物生产。《管子·形势解》曰："神农教耕，生谷以致民利。"《国语·鲁语上》曰："黄帝能成命百物，以明民共财"。（2）农业工具的发明和使用。一是耒耜的发明和使用。《周易·系辞下》云："包牺氏没，神农氏作，斫木为耜，揉木为耒，耒耨之利，以教天下"。《周易·系辞下》曰：黄帝"断木为杵，掘地为臼，臼杵之利，万民以济"。耒耜的发明提高了古代先民们的耕作效率，体现了先民们利用创造物服务生产的思想；二是陶冶技术。《皇王大记》曰：神农"作为陶冶，合土范金"。在烧制高温陶器的过程中，黄帝进一步尝试冶铜。《史记·封禅书》曰："黄帝采首山铜，铸鼎于荆山下。"（3）人们的社会生活。体现为衣食住行和社会组织方式上的新发展。《新语·道基》曰："黄帝乃伐木构材，筑作宫室，上栋下宇，以

---

① 《马克思恩格斯选集》第四卷，人民出版社2012年版，第34页。

② 郭沫若：《古代文字之辩证的发展》，《考古》1972年第3期。

避风雨。"《周易·系辞下》曰："黄帝、尧、舜垂衣裳而天下治"。《世本·作篇》云："黄帝造火食"。《帝王世纪》曰：炎帝神农氏"尝味草木，宣药疗疾，救夭伤之命，百姓日用而不知，著《本草》四卷"。《周易·系辞下》曰，黄帝"刳木为舟，剡木为楫，舟楫之利，以济不通，致远以利天下"。（4）社会管理。《淮南子·主术训》曰，神农之治天下"怀其仁诚之心"，"养民以公"，"因天地之资，而与之和同"。《尚书大传·略说》曰，黄帝"礼文法度，兴事创业"。总之，炎黄时期的发明创造是方方面面的，是我国农业文明早期发展的集大成者，是中国早期的先民们摆脱原始"野蛮"的见证。

中华文明连续不断发展五千多年，是世界文明古国中唯一而独特的。在历史的长河中，我们的国家经过无数次的政治风云变幻，经历了惊涛骇浪中的生死沉浮，始终存在着坚如磐石的文明纽带和不可摧折、不可磨灭的精神维系，这就是以炎黄为龙头、为祖根的中华文化。

思考题

1. 为什么说炎黄文化奠定了"中华民族共同体意识"的基础？
2. 为什么说炎黄时代的辉煌创造是中华民族文明的源头？

拓展阅读

1. 王献唐：《炎黄氏族文化考》，青岛出版社 2006 年版。
2. 费孝通：《中华民族多元一体格局》，中央民族学院出版社 1989 年版。

第六章　炎黄与中华姓氏文化

炎黄与中华姓氏文化关系密切，中华姓氏的产生不但与炎黄相关，源出炎黄的姓氏也是中华姓氏中的主体部分。中华姓氏作为中国特有的文化资源和文化符号，时至今日仍然具有极为重要的内涵和价值，促成了中华姓氏寻根热潮。

第一节　中华姓氏的产生与变迁

作为中国人，尤其是中国的汉族及关系密切的相关少数民族，都有前姓后名结构的中国式姓名，名前边的就是中华姓氏。然而，姓与氏，先秦时期与秦汉以后是不一样的。中华姓氏的形成过程，从"三皇"时代的伏羲已经开始，经历了数千年的酝酿和发展过程。

一、中华姓氏的结构和意义

在秦代以前，中华姓氏中的姓与氏是分开的。《通志·氏族略》说姓是别婚姻的，氏是别贵贱的。姓氏的这种结构和意义，并非凭空产生，而是与血缘密切相关。《春秋左传正义》卷四孔颖达疏："姓者，生也，以此为祖，令之相生，虽下及百世，而此姓不改。族者，属也，与其子孙共相连属，其旁支别属，则各自立氏。"姓来源于祖先，在这里的意义是标识血缘一脉相承。因生而姓也是姓较早的起源之一，早在母系时代，是认母不认父的，姓只能来源于母系。《史记·殷本纪》："殷契，母曰简狄，有娀氏之女，为帝喾次妃。三人行浴，见玄鸟堕其卵，简狄取吞之，因孕生契。"《史记·周本纪》："周后稷，名弃。其母有邰氏女，曰姜原。姜原为帝喾元妃。姜原出野，见巨人迹，心忻然说，欲践之，践之而身动如孕者。居期而生子。"这些记载都说明，姓产生于远古的母系时代。古姓如姜、姬、姒、妫、姚、妘、嬴等，多有女字偏旁，也可以看出姓最早是与母系有关的。后来由于氏族的繁衍，一个姓所包含的族共同体已由氏族发展为部族或部族集团，所以同姓之人所包含的范围大大扩展了。

氏与姓是不同的，如果说姓是用来区分氏族之间的血缘关系，那么氏就是用来区分氏族内部血缘关系的。但氏又有政治团体的含义，这种政治团体有时候与宗族群或家族同层同构，而宗族和家族也属另一种层级的族共同体。所以，在周代，氏常由特定族群或所形成的职业、所居住的地方或国邑、所担任的官职、所拥有的谥号等而产生，而且数量巨大。至少自周代开始，中国姓氏的主体是氏。从秦汉开始，姓与氏合一，形成了延续至今的中华姓氏，是中国历史文化发展的折射和反映。尽管从先秦至秦汉，中华姓氏经历了"姓"与"氏"合二为一的演变过程，但总的来说，中华姓氏在一个特定层面上反映了把血缘与文化相结合的"祖根"文化的情形。

二、中华姓氏的得姓方式

古代文献在记载中华姓氏的得姓方式时，一般合而论之，有些则是分开记载的。《左传·隐公八年》："天子建德，因生以赐姓，胙之土而命之氏。诸侯以字为谥，因以为族。官有世功，则有官族，邑亦如之。"天子把有德行的人封为诸侯国君，依照其出生地赐姓给他；分封土地给他，又根据其封地命氏给他；诸侯因为地位低了一等，不能给臣僚赐姓，他们的后人就用先人的表字或谥号作为姓氏；几代做某官，而且有功绩，他的后人便以先人的官职名为姓氏；封邑的也是这样，后人以先人的封邑名为姓氏。早期的"氏"到秦汉以后每每转化成了"姓"，所以也就成为秦汉以来得姓方式之一，可称为得姓（命氏）方式，即笼统的得姓方式。王符《潜夫论·志氏姓》提到了本姓、号邑谥、国、爵、官、字、事、居、志等九种得姓命氏的方式，后来在郑樵《通志·氏族略》中又演变为二十余种，有以国为氏、以邑为氏、以乡为氏、以地为氏、以姓为氏、以字为氏、以名为氏、以次为氏、以官为氏、以爵为氏、以吉德为氏、以谥系为氏、以国系为氏、以族系为氏、以名氏为氏、以国爵为氏、以邑系为氏、以官名为氏、以邑谥为氏、以爵谥为氏等。

大体而言，中华姓氏常见的得姓命氏方式，有以下几种：一是以古帝王或古姓为氏，如朱襄氏之于朱、尊卢氏之于卢、共工氏之于龚和洪、轩辕氏之于轩辕，都属于此类，姬、姜、妫、姒等亦属于此类；二是以国、邑、乡、亭等行政区建置而形成的姓氏，郑、卫、晋、楚、齐、许、陈等都属于以国为氏（即由氏到姓的姓氏），毛、樊、甘、召、刘、柳、邹、宁、温、聂、戚、汲、冯、崔等都属于以邑为氏，裴、阎、郝、尸等都属于以乡为氏，欧阳、采、麋等属于以亭为氏；三是以地理方位而形成的姓氏，劳、嵇、涂、乔等属于以山为氏，济、艾等属于以水为氏，池、丘等以地形为氏，西门、东门、东郭、北宫、东间、市南等以方位为氏；四是以官爵与职业而形成的姓氏，云、史、鸟、监、籍、司徒、司寇等为以官为氏，皇、公、霸、侯等以爵为氏，巫、陶、索、屠、车等都是以职业为氏；五是以人名字、行次与谥号命名的姓氏，方、施、孙、游、孔、牛、颜等均以字为氏，大、金、禹、汤、龙、万、段、展、熊等均以名为氏，孟、仲、叔、季等以行次为氏，庄、戴、康、武、文、昭、厉等以谥号为氏；六是从少数民族汉化而来的姓氏，元、海、金等特定民族常见的姓氏，慕容、完颜、拓跋、宇文、赫连等，以及简化而来的姓氏。[①]

三、中华姓氏的变迁

中华姓氏的形成过程，从"三皇"时代的伏羲已经开始，经过长时间的酝酿和发展，大概在战国时形成了与现代意义十分接近的姓氏，秦汉时已完成了由古代族氏向现代姓氏的转变。

（一）上古时期的姓氏

五帝之首是黄帝，关于黄帝族系的姓氏，文献记载颇多。《国语·晋语四》："凡黄帝之子二十五宗，其得姓者十四人，为十二姓，姬、酉、祁、纪、滕、箴、任、荀、僖、姞、儇、衣是也。"[②]司马迁在《史记·五帝本纪》中也说，黄帝即公孙轩辕，是少典的儿子，在他的二十五个儿子中，得姓的十四个，以姬姓为首。从目前看，黄帝十二姓并没有一定的规律，但姬、姞都带女字旁，任、僖似乎也可列入此类，应该是古姓，如《左传·僖公二十一年》子鱼说任姓来自太昊的风姓。在少昊以前的帝王名号是根据他的德行来定的，而在颛顼以后的帝王名号则根据自己的名号来定，所以高阳、高辛都是二帝作为诸侯时统治中心的地名。此外，帝尧的名字叫放勋，尧是谥号，放勋为名，姓伊祁氏。虞舜的名字叫重华，虞则是国名，舜可能是谥号。以此来看，五帝时代已经有了姓氏，但还没有姓名连称的习惯。

上古时期有大量的氏族，如高阳氏、伊祁氏等，这些氏族因与人物、姓氏合在一块，一般被称为族氏。《易传·系辞下》中提到了包牺氏（伏羲氏）、神农氏等。较为完整的上古氏族体系记载，则见于《庄

---

① 袁义达主编：《中国姓氏·三百大姓——群体遗传和人口分布》（上），华东师范大学出版社 2007 年版。

② 苟，或作荀。衣，或作依。

子·胠箧》：

　　昔者容成氏、大庭氏、伯皇氏、中央氏、栗陆氏、骊畜氏、轩辕氏、赫胥氏、尊卢氏、祝融氏、伏羲氏、神农氏，当是时也，民结绳而用之，甘其食，美其服，乐其俗，安其居，邻国相望，鸡狗之音相闻，民至老死而不相往来。[①]

　　当然，这个时代的社会状况是在没有文字的情况下，依靠口耳相传，将这些氏族的名字传承下来，而后被后世文献所记述的。《韩非子·五蠹》："民食果蓏蚌蛤，腥臊恶臭而伤害腹胃，民多疾病；有圣人作，钻燧取火，以化腥臊，而民说之，使王天下，号之曰燧人氏。"有巢氏是人类原始巢居的发明者，燧人氏以使用火而著称，这些氏族都与特定的贡献联系在一起，而且在出土文献中得到了证实。如上海博物馆收藏的楚简《容成氏》提到了容成氏、大庭氏、尊卢氏、赫胥氏、乔结氏、仓颉氏、轩辕氏、神农氏、祝融氏、肤毕氏等，说明上古氏族的传承情况是可靠的。《汉书》将早期文献中散见的氏族名称加以系统化，将太昊、炎帝、黄帝列为上上圣人，把女娲氏、共工氏、容成氏、大廷氏、柏皇氏、中央氏、栗陆氏、骊连氏、赫胥氏、尊庐氏、混沌氏、昊英氏、有巢氏、朱襄氏、葛天氏、阴康氏、亡怀氏、东扈氏、帝鸿氏等氏族（首领）列为上中仁人。风姓是中国最早的姓，根据西晋皇甫谧《帝王世纪》对上古氏族进行的系统描述可知，庖牺氏在燧人氏后兴起，以风为姓，女娲氏承袭庖牺氏，也是以风为姓，在女娲氏之后，承袭庖牺氏之号的还有大庭氏、柏皇（黄）氏、中央氏、栗陆氏、骊连氏、赫胥氏、尊卢氏、混沌氏、昊（皞）英氏、有巢氏、朱襄氏、葛天氏、阴康氏、无怀氏。庖牺氏即伏羲氏，说明这是一个以伏羲为主的氏族体

————————

① 　陈鼓应注释：《庄子今注今译》，中华书局 2009 年版，第 286 页。

系。由此开始，中华姓氏以氏族为小单元，除伏羲体系外，还有炎帝体系、黄帝体系等。

汉代相关文献收集了大量相关的氏族姓氏，也就是族氏。《风俗通义》收录的有：由三皇简化的皇氏、大庭氏简化的大氏、方雷氏简化的方氏、混屯氏简化的屯氏、列山氏简化的山氏、有巢氏简化的有氏、金天氏简化的金氏、赫胥氏简化的赫氏、尊卢氏简化而成的尊氏、神农氏简化的神氏、柏皇氏简化的柏氏、有熊氏简化而来的熊氏，以及轩辕氏、青阳氏等。《潜夫论》讲到的上古姓氏，有伏羲的风姓，炎帝的姜姓，黄帝的姬、酉、祁、己、滕、葴、任、拘、釐、姞、嬛、衣氏，祝融的己、秃、彭、姜、妘、曹、斯、芈八姓，以及伯益的嬴姓、帝舜的妫姓等。由此可知上古的古姓氏，有一些是由氏族名称而形成的族氏，这些都是后世中华姓氏的重要来源。

（二）夏朝的姓氏

夏朝时还没有形成完整的姓名体系，没有称姓氏加名的现代人名。根据《史记·夏本纪》记载，夏是封国号，禹是夏伯，所以称夏禹，他的父亲是鲧，儿子是启，后者被称为"夏后帝启"，夏是国号，后、帝则是身份，因此只有名，而没有与姓连称。其他夏王，称为帝太康、帝中康、帝相、帝少康、帝予、帝槐、帝芒、帝泄、帝不降、帝扃、帝廑、帝孔甲、帝皋、帝发、帝履癸（桀）等，有时单称名，有时还省去"帝"。《世本》中的夏代王系称为帝杼、帝芬、帝降、帝皋，以及发与桀，古本《竹书纪年》中的夏代王系，如禹、益、启、太康、帝相、少康、帝杼、后芬、后泄、不降、后昊、后发、不窋、后桀或夏桀等，也是直接称名或以后称。这时也称族氏，如涂山氏、有扈氏、夏后氏、有男氏、斟寻氏、彤城氏，以及褒氏、费氏、杞氏、缯氏、辛氏、冥氏等。虽然有的名字跟现代姓名很像，如刘累，但并不是姓刘名累，而是名为刘累，是刘姓的祖先。

与夏代相关的姓氏，《世本·氏姓篇》记载姒姓之下有有扈氏、斟灌氏、斟𪩘氏、有南氏，以及杞、弗、莘等由国而来的氏。其他还有己姓的昆吾，妘姓的夷、寒、鄑、偪阳，以及曾等大姓。《风俗通义》收录的姓氏，如由夏车正而来的邳氏、夏禹之后的禹氏、夏时侯国的胤氏、夏禹臣伯益之后封梁的梁氏、由涂山氏而来的涂氏、夏同姓诸侯斟灌氏而来的斟灌氏与灌氏等。《帝王世纪》专门有"夏"篇，所录人名大致不出前录文献的范畴，有直呼人名的如禹、皋陶、寒浞、商均等；加国号的如夏禹、夏启、夏鲧（也称崇伯鲧）；加帝号的如帝启、帝羿、帝杼、帝芬、帝芒、帝泄、帝不降、帝桀等，说明夏代人名与姓氏是可以分开的。

（三）商朝的姓氏

殷契与夏禹一样，殷为国号，契为名字。契封于商，被赐姓子氏。殷先公仅称名字，从不在名前加姓氏，如昭明、相土、昌若、曹圉、冥、振、微、报丁、报乙、报丙、主壬、主癸、天乙（汤）。成汤灭夏后殷商王朝建立，商王名字加帝，如帝外丙、帝中壬、帝太甲、沃丁、帝太庚、帝小甲、帝雍己、帝太戊、帝中丁、帝外壬、帝河亶甲、帝祖乙、帝祖辛、帝沃甲、帝阳甲、帝盘庚、帝小辛、帝小乙、帝武丁、帝祖庚、帝祖甲、帝廪辛、帝庚丁、帝武乙、帝太丁、帝乙、帝辛（纣）。这些殷商王系中的商王多以天干地支称之，如称甲者有太甲、小甲、沃甲、阳甲、祖甲等；称乙者有天乙、祖乙、小乙、乙等；称丙者有报丙、外丙等；称丁者有报丁、沃丁、中丁、武丁、庚丁、太丁等。禹汤都是字，属于以名为号。夏殷时期，帝王生称王，死称庙主，皆以帝名配之。《史记·殷本纪》所记帝名，以干支所记为庙号，也就是谥号。所谓"十干为谥"，从上甲微开始的三十七帝，死后以此称之。生前他们仅有名字，如天乙之名履、帝辛之名受等。此外，伊尹因母居伊水而得名伊尹，尹就是正也，指商汤使之正天下，名挚，孔安国直称伊挚；傅说名说，因武丁得其于傅险中，所以以傅险为姓，叫傅说；从傅地之说、伊地之挚来看，这时已出现了现代姓名的姓前名后的结构。

关于商代姓氏的情况，甲骨文、金文等提供了大量一手资料。如宋公栾簠讲到的勾敔夫人季子縢，就是典型的夫人＋排行＋父家族姓的构造，总的来说古姓的使用较少。甲骨文中有"妇某"之说，均为王室或贵族家族的女性成员，妇也可能是女性职官；某，有好、良、妊、妥、姪、姘、率、周、妥等数十个，此应为女性所在族氏，是国名与地名，且大多在国地名＋女字旁，由此可知商代女子多以族国名相称。在甲骨文中还看不到女子以姓相称。此外，也有以居住地名或土田为称，如单、亢；有以先祖名号为称，如邲，其既是族氏名号，又是先祖名；有以职官名号为称，如册、侯、臣、寝、宁、亚、田、备等。总的来说，商代甲骨文金文中的妇某、寝某、子某等为后世中的名字，但其构成主要为族氏名号，其构成有多重内涵，但与身份表明、族别来源、官爵称谓等有关，私名所占比例不会太大。也就是说，商代男子名称的主要构成方式有：族氏名号、职官加族氏名号、亲称加族氏名号、亲称加私名等四种形式，以前三种为主。殷商时期族氏名号的使用范围，上至王室，下至平民，这种姓氏制度与周代及以后的制度，明显是有区别的。

（四）西周时期的姓氏

周人始祖后稷，名弃，即周太王，因为农业贡献被帝尧举为农师，号为后稷，别姓姬氏。周先公有不窋、鞠、公刘、庆节、皇仆、差弗、毁隃、公非、高圉、亚圉、公叔祖类、古公亶父等，这些都应是私名。但古公亶父，是周人史上的关键人物，古公是尊称，父在商代甲骨文中属于辈分的类称，亶父是其名，后尊为太王。古公亶父的孙子为昌，由季历（公季）、昌（西伯、文王），到太子发（武王）正式建立周，其后有成王诵、康王钊、昭王瑕、穆王满、共王繄扈、懿王囏、孝王辟方、夷王燮、厉王胡、宣王静、幽王宫湦等。从西周开始，周王实行谥号制，其结构基本上是谥号＋私名，这种王侯名称结构开启了帝王名称之先河，其与秦以后最大的区别是由私名改为姓名。王子比干、太师疵、少师疆、周公旦、太公望、毛叔郑、康叔封、召公奭等，这种结构基本上是身份加私名，叔度、叔鲜则因其排行在长子之外，所以这样的名称结构在西周初也较为常见，前边加封国名，如蔡叔度、管叔鲜等。祭公谋父、密康公、荣夷公、芮良夫、太子静、虢文公、伯阳甫（父）等，这样的名字结构基本上贯穿于西周。

金文中记录的西周姓氏，相对于其他文献所载更为真实。其中，卜孟（小孟簋）、史颂（史颂鼎）、史农（史农觯）、吕行（吕行壶）、吕刚（静簋）、吴大父（同簋）等后世通用的姓名结构已出现。但是因职官而来的名字，如作册丰、作册睘、作册般、作册休等均为担任作册之职的人，内史尹、内史吴、内史驹、内史光等均为担任内史之职的人，均与以职官为氏的构造相似。至于以国为氏，由于封国仍在发展中，仅见国君类的金文，如毛父、毛公、毛伯、毛叔等，或召伯毛、召伯虎等有名的召国君主铭文，以及邢侯、邢公、邢伯、邢叔、邢姜、邢姬等，与邢相关的邢国贵族铭文。

西周王朝建立之后，由于政治上更有利于小族统治大邦，而以"赐姓命氏"为特点进行封邦建国，所封邦国七十余个，尤以同姓之国占大多数，仅在《史记·周本纪》中所提到的，封神农之后于焦、黄帝之后于祝、帝尧之后于蓟、帝舜之后于陈、大禹之后于杞、封司尚父（太公）于营丘（齐）、微子开于宋，以上为异姓之封；封武王弟周公旦于曲阜（鲁）、召公奭于燕、叔鲜于管、叔度于蔡、康叔于卫等，以上为同姓之封。在西周，姓在于亲亲，就是亲同姓，氏在于贵贵与尊尊，贱者无氏，尊就是尊大宗，用于区别子孙谱系。[①]因此有所谓同姓、异姓、庶姓、正姓等概念。同姓，就是有共同远祖与血缘标识符号的所有成员，对于周朝而言，就是同为姬姓的族氏共同体。异姓，就是"同姓"之外的血缘族氏组织；也就是除姬姓之外的子姓、姜姓、妫姓、姚姓等血亲政治集团。当然，狭义的"异姓"则指与姬姓有姻亲关系的广

---

① 陈絜：《商周姓氏制度研究》，商务印书馆2007年版，第227页。

义"异姓"族氏集团中的成员。庶姓，一方面是与姬姓没有姻亲关系的异姓，另一方面是谦卑之称，还有一方面是与大宗即谪宗相距较远的族氏。正姓恰好就是与"庶姓"相对应的长门、大宗。

（五）东周时期的姓氏

春秋是东周时期第一阶段（前770—前476），这一时期的主要代表性文献是《左传》。这部书中涉及较多的姓氏，反映了当时的基本情况。如共叔段、颍考叔、祭仲、公孙滑、公子豫，是隐公元年（前722）的人名。其中，共、颍、祭，讲的都是地名；叔、仲、公孙、公子，讲的是排行或身份。段、滑、豫是私名。公孙滑是共叔段的儿子，从姓名的角度看，两者无任何联系。公子豫、公孙滑，前者是鲁大夫，后者为郑庄公之孙，共同点是两者都是姬姓宗亲。管仲、屈完、辕涛涂、辕宣仲、叔孙戴伯、杜原款、孔叔、宫之奇、贾华、梁由靡等，是僖公四年至八年（前656—前651）人名，其姓+名的结构与现代姓氏基本一致，反映这种姓名结构已成为当时新趋势。骊姬、齐姜、杞伯姬为贵族女子之称。

战国是东周时期第二个阶段（前475—前221），这一时期的主要代表性文献是《战国策》。这部书中的姓名，可以为认识当时的姓氏情况提供直接资料。《东周策》中有颜率、陈臣思、赵累、景翠、齐明、苏厉、昭献、周最、石（吕）礼、吕仓、工师藉、大梁造、金投、祝弗、杜赫、左成、昌（宫）他、冯且、阳竖等，这几乎涉及《东周策》的所有人名，反映战国时姓与名相联已经基本普及，中国人的现代姓名结构已经形成。在这些名士中，颜率为周人，为东周君服务；齐明为田齐而来，但《楚策》标其为楚人，却为东周君服务；苏厉为洛阳人为东周君服务，史厌亦为东周君谋臣，吕仓则应追根于齐则为周相，杜赫为楚人为东周所用，反映战国时人才是以个人身份在列国间流动。当然，陈臣思为齐人为田齐服务，石礼作吕礼为齐服务，司马翦、左成为楚人为楚服务，韩公叔为韩公族为韩服务，反映人才首先在本地服务，但也多有变化，至于他们是哪里人已不重要了。石行秦又称右行秦，为周人，则为复姓，晋有右行之官，以官为氏。工师籍，复姓工师，以官为氏；战国铜器铭文中多此姓氏，如工师巨是魏国右库工师，工师丑是魏国左库工师，工师田是秦国咸阳青铜作坊工师，工师郪是韩国青铜作坊工师，还有工师明、工师初、工师革等，列国均有官营青铜兵器作坊工匠。战国时的工师，也不一定就是姓氏，也可能是身份，但汉代的工师喜，一定是姓氏了。从相关文献的对比中可以发现，春秋早期与西周时姓氏相似，但至少到春秋中晚期姓名结构开始转变，战国已形成了与现代意义十分接近的姓氏，当然秦汉时已完全完成了由古代族氏向现代姓氏的转变。

第二节　中华姓氏中的黄帝主体现象

不管是从古代姓氏谱书，还是从当代姓氏人口数量的对比来看，中华姓氏源头的主体都是"炎黄"，尤其是黄帝在中华姓氏起源方面占有绝对优势地位。以黄帝姓氏为主体的中华民族人文架构，为少数民族的融合预留了较大的空间，是中华民族壮大的基石。

一、出自黄帝姓氏的占比统计

（一）历代谱书中的占比统计

历代谱书都会讲到姓氏起源，这些姓氏源头一般分属于黄帝、炎帝、东夷（太昊、少昊）三大系统，其中出自黄帝的姓氏占了主体地位。《世本》秦嘉谟本，收录姓氏145个，其中出自黄帝者110个，占比75.9%；出自炎帝者30个，占比20.7%；出自东夷者5个，占比3.4%。《元和姓纂》收录姓氏1714个，其中出自黄帝者占比86%，出自炎帝者占比 11%，出自伏羲者及其他源头者占比 3%。由此可见，在历代谱书所记载的姓氏中，出自黄帝者都占据了绝对的主体地位。

（二）当今姓氏中的占比统计

中华姓氏中的这种黄帝主体现象，一直延续至今。在当今百大姓中，出自黄帝者 86 个，占比 86%，实际人口数量 9.74 亿，约占人口总数的 76%；出自炎帝者 13 个，占比 13%，但高、谢、方、洪、龚，还有部分姓的源头来自黄帝，实际人口数量约为 6500 万，占人口总数的 5%；出自伏羲者，仅任姓一个，占比 1%。在当今三百大姓中，出自黄帝者 270 余个，占比 90%，实际人口数量 10.6 亿，占人口总数的 82%；出自炎帝者 25 个，占比 8.1%；实际人口数量 8500 万，占人口总数的 6.1%；其他不超过 5 个，而且人口数量极少。[①]

二、以黄帝为主体的姓氏架构在中华民族壮大中的作用

（一）黄帝在周王朝的核心地位

西周建立之初，小邦周战胜了大邦商，其稳定政权的关键举措便是分封制。为了有效实施统治，西周封建了大量的同姓侯国。姬姓出自黄帝，《左传·昭公二十八年》说武王克商之后，分封姬姓四十人，《左传·僖公二十四年》又说封建亲戚以蕃屏周。据《荀子·儒效》记载，西周分封了七十一国，其中姬姓独居五十三人。周朝的立国基础是同姓诸侯，所谓同姓，即同为姬姓，同为黄帝之后，使得黄帝在周王朝的数百年间就成为华夏文化的核心主线。

西周以降，以黄帝为核心的华夏文化的主体架构，虽然已经逐渐形成，但源头多源的信息仍然保留在文献中。如《左传·僖公二十一年》中的任、宿、须句、颛臾，明显属于伏羲集团。《国语·周语下》的齐、

---

① 李俊、王震中主编：《炎黄学概论》，人民出版社 2021 年版，第 330 页。

申、吕、许，无疑属于炎帝集团。至于《庄子》所记十二氏，如容成氏、大庭氏、伯皇氏、中央氏、栗陆氏、骊畜氏、轩辕氏、赫胥氏、尊卢氏、祝融氏、伏羲氏、神农氏，他们与伏羲、与炎帝有着较多的联系，所处时代和族源与两者或多或少都有一定的联系。

（二）以黄帝为首的上古系统

司马迁在《史记》中，不仅设置了以黄帝为首的《五帝本纪》，而且在纪传中均体现以黄帝为主体架构的印记，从黄帝开始，形成黄帝—昌意—颛顼与黄帝—玄嚣—蟜极—帝喾两大系统。汉王朝刘邦政权属于黄帝—帝喾系统中的帝尧之后，与周王朝的姬姓集团属一个系统。帝舜的族氏谱系为颛顼—穷蝉—敬康—句芒—蟜牛—瞽叟—重华（舜）。夏族属于黄帝—颛顼系统，颛顼—鲧—禹，为夏族谱系。商族则属于黄帝—帝喾系统，帝喾—契（商始祖）。周族也为黄帝—帝喾系统，帝喾—弃（周始祖），商周两族的谱系比较一致。从《史记》看，契、弃与尧为同时代人，属于帝喾的直系后代。这样，黄帝—颛顼系统有舜族、夏族；黄帝—帝喾系统有尧族、商族、周族。《大戴礼记·帝系》有与《史记》类似的架构，这些完整的谱系，反映了秦汉之前保留的人们认知的上古系统。帝喾四妃之子分别是后稷、契、帝尧、帝挚，说明周族建立的周王朝，在中华姓氏形成的过程中占有特殊的地位，决定了黄帝—帝喾系统在黄帝架构中的绝对优势。

（三）黄帝与少数民族的融合

以黄帝为主体的上古系统，为少数民族的融合预留了较大的空间。《史记·楚世家》："楚之先祖出自颛顼高阳。高阳者，黄帝之孙，昌意之子也。"楚国的先祖是颛顼高阳氏的后裔，而颛顼是黄帝之孙，所以楚国王族也是黄帝后裔。高阳后裔吴回称祝融，祝融八姓之一季连的后裔鬻熊，在荆湘之地建立楚国，对南蛮华夏化在族源认同上起到了重要的作用。《史记·越王句践世家》："越王句践，其先禹之苗裔，而夏后帝少康之庶子也。封于会稽，以奉守禹之祀。"《史记·东越列传》："闽越王无诸及越东海王摇者，其先皆越王句践之后也，姓驺氏。"闽越王无诸及越东海王摇都是越王勾（句）践之后，越王勾践的祖先是夏少康的庶子，所以他们都是禹的后代。东南地区流传的大禹文化，有血缘认同的基础。《史记·匈奴列传》："匈奴，其先祖夏后氏之苗裔也，曰淳维。"匈奴是秦汉时的北方劲敌，汉武帝时中央王朝才取得了对北方游牧民族的重要胜利。但是从族属的角度而言，两者似乎只能属于兄弟之争。五胡十六国乃至五代十国时的民族交融，始终体现为两者（汉族、少数民族）的华夏认同，尤其是对黄帝—颛顼系统的认同。如果说，黄帝—帝喾系统代表了中原—华夏的主流，那么黄帝—颛顼系统则实现了对更大族群的包容。

三、黄帝族系的主要姓氏

（一）黄帝族系的两大系统

黄帝—颛顼系统，可分为舜族、夏族和陆终族。舜族有陈、袁、田等姓氏，还有王、胡、夏、陆等姓氏的一部分。夏族有夏、董、禹、鲍等姓氏。陆终族有樊、彭、曹、苏、顾、温、路、朱、邹、颜、倪、罗、孙、熊、白等姓氏。李、张两大姓，也应属于这一系统。

黄帝—帝喾系统，有尧族、商族、周族。尧族有刘姓。商族有邓、殷、商、汤，有林、黎的主支，以及宋、戴、钟、孔、武、牛、萧、邹等姓氏。周族的姓氏最多，有王、杨、周、吴、孙、胡、林、何、郭、韩、郑、冯、于、程、沈、蒋、贾、魏、叶、阎、余、潘、汪、方、石、康、毛、秦、侯、邵、孟、万、段、常、赖、文、庞、兰、施、严、温、季、鲁等姓氏。

黄帝之外的族系，以炎帝族系最为重要。在百大姓中，有许、谢、崔、卢、吕、高、丁、方、邱、龚、贺、雷、向等姓氏。

（二）中国人口数量最多的二十大姓

李姓出自颛顼，颛顼生大业，大业生女华，女华生咎陶，咎陶是尧的理官，子孙因姓李氏。这是一个简略版的主流说法，李，出自黄帝—颛顼系统，为中华第一大姓。

王姓来源不一，分别出自姬姓、妫姓、子姓、虏姓等。太原、琅邪的王姓，则出自周灵王太子晋，因为直言进谏被废为庶人，其子宗恭为司徒，被人称为王家。王氏的源头是多元的，但是其主支仍然是姬姓之王，出自黄帝—帝喾系统，为中华第二大姓。

张姓出自黄帝第五子青阳生挥，因发明弓箭有功，被黄帝任命为弓正，赐姓张氏，封在青阳，主祭祀弧星。张姓来源有黄帝之子、黄帝之孙两种说法，但均为黄帝之后无疑，为中华第三大姓。

刘姓出自帝尧陶唐氏之后，受封于刘。裔孙刘累曾事夏后孔甲，在夏为御龙氏。夏代孔甲帝的御龙大师刘累，为刘姓始祖。刘累为帝尧之后，出自黄帝—帝喾系统，为中华第四大姓。

陈姓出自妫姓，周武王封舜后胡公满于陈，后为楚所灭，以国为氏。陈为帝舜之后，出自黄帝—颛顼系统，为中华第五大姓。

杨姓出自周武王第三子唐叔虞之后，晋代时出公逊于齐，生伯侨，归周后被天子封为杨侯，子孙以国为氏。又说，周宣王曾孙封于杨，被晋所灭，后代因以杨为姓。此外，还有出自周景王之后的说法。杨姓虽然有三种说法，但均出自周朝王室。杨，为姬姓，出自黄帝—帝喾系统，为中华第六大姓。

黄姓出自嬴姓，陆终的后代被封于黄，鲁僖公十二年黄国为楚所灭，子孙以国为氏。陆终为颛顼后裔，出自黄帝—颛顼系统。黄姓为中华第七大姓。

赵姓出自帝颛顼伯益嬴姓之后，益十三代孙造父因为善于御马，被封于赵城，以赵为氏。赵姓也为黄帝之后，出自黄帝—颛顼系统，为中华第八大姓。

　　周姓出自帝喾，太王邑于周，周文王以国为氏。但《通志·氏族略》的说法不同，认为郑武公迎宜咎而立为周平王，迁都洛阳，至周赧王为秦所灭，百姓称为周家。周姓因周而姓，不论何种说法都离不开周。周出自黄帝—帝喾系统，为中华第九大姓。

　　吴姓出自周，太王子太伯、仲雍被封于吴，后为越所灭，子孙以国为氏。吴，源于姬姓，出自黄帝—帝喾系统，为中华第十大姓。

　　徐姓是颛顼之后，出自嬴姓。伯益的后代在夏朝时被封于徐，生偃王，为楚所灭，以国为氏。徐，出自黄帝—颛顼系统，为中华第十一大姓。

　　孙姓出自周文王第八子卫康叔之后惠孙，惠孙生耳，耳生武仲，以惠孙字为氏。孙，出自黄帝—帝喾系统，为中华第十二大姓。

　　朱姓出自颛顼之后。周封曹挟于邾，为楚所灭，子孙去邑以为氏。朱的来源还有其他的说法，但主支源自黄帝—颛顼系统是没有问题的，为中华第十三大姓。

　　马姓出自嬴姓，是伯益之后，赵王子奢被封为马服君，子孙以此为姓。马，出自黄帝—颛顼系统，为中华第十四大姓。

　　胡姓出自帝舜之后。胡公被封于陈，子孙以谥为姓。胡，为陈胡公之后，出自黄帝—颛顼系统，为中华第十五大姓。

　　郭姓出自周文王季弟虢叔，因受封于虢，又称郭公，因以为氏。郭与虢，同音而转，两者是一回事，并无争议。郭，出自黄帝—帝喾系统，为中华第十六大姓。

　　林姓出自殷太丁之子比干之后。比干为纣所杀，其子坚逃难至长林山，遂姓林氏。林姓的来源还有其他说法，但以比干为祖是主流说法。林，出自黄帝—帝喾系统，为中华第十七大姓。

　　何姓出自周成王弟唐叔虞，其裔孙韩王安为秦所灭，子孙分散在江淮之间，读韩为何，遂姓何氏。何、韩同源，因发音遂一分为二。何，出自黄帝—帝喾系统，为中华第十八大姓。

　　高姓出自齐太公六代孙文公子高，其孙傒以高为氏。《元和姓纂》

《通志·氏族略》的记载虽然略有出入，但高氏出自炎帝姜姓之后，是没有问题的。高，为中华第十九大姓。

梁姓出自伯益之后，秦仲因为有功，周平王封其少子康于夏阳，称为梁伯，后代为秦所灭，子孙以国为氏。梁为伯益之后，出自黄帝—颛顼系统，为中华第二十大姓。

以上采用的是中国科学院（2006）姓氏人口数量的排序。从前二十大姓的姓氏源头来分析，其中 19 个源自黄帝，只有高姓源自炎帝。在源自黄帝的 19 个姓氏中，除张姓来源于黄帝的其他系统外，源自黄帝—颛顼系统的姓氏共 9 个，为李、陈、黄、赵、徐、朱、马、胡、梁；源自黄帝—帝喾系统的姓氏也是 9 个，即王、刘、杨、周、吴、孙、郭、林、何。这些情况真实反映了中华姓氏中的黄帝主体现象，反映出从古到今中华民族对炎黄文化，尤其是对黄帝文化的认同。

第三节　炎黄文化与中华姓氏寻根

中华姓氏与炎黄文化有机融合在一起，连接了历史和现实，涵盖了大陆和海外，具有多重重要内涵。大规模的寻根浪潮，无论是对于改革开放和经济建设，还是对于国家统一和民族复兴，都起着不可替代的重要作用。

一、中华姓氏的重要内涵

中华姓氏的内涵是多重的，涉及历史、文化、民族、政治、经济等方面，对于中华民族的发展壮大，具有重要的历史意义和现实意义。

（一）历史内涵

姓氏本身的历史实际上是历史发展的真实折射，或者说是特定历史事实的真实反映。关于早期历史的母系时代问题，经典理论有专门论述，民族学也可以提供很多范例。《史记》等文献也专门记录了夏、商、周族系来源的感生事迹，尤其是古姓中的姜、姬、妫、姒、姚、姞、妘、嬴等，似乎都提供了早期历史与母系时代相关的线索。从目前来看，对上古时代社会结构的研究，虽然可以依托众多的考古发现来进行某种程度的复原，但仍缺少一定的研究理论支撑。而对古姓与氏族之间关系的研究，以及对古姓与族氏徽号关系的研究，都可以成为上古历史研究的突破口。从五帝时代开始，到夏商时代，整体社会的演变，尤其是作为社会基本细胞的氏族，到底发生了什么变化，目前还不太清楚。大略而言，在商周之间，是有一个明显界限的。中国早期姓氏的发生和发展，在商周之间也有一个明确的界限。这两者之间到底是一种什么关系，值得认真深入地研究。从某种意义上讲，对早期姓氏的深入研究，甚至可以成为中国历史研究的重要突破口。

在西周所形成的重要制度中，分封制最具有代表性。分封制的基础是宗法制，由此开创的宗族社会，贯穿了中国较长的历史时段。中国姓氏的演化，尤其是姓氏合一之后，以姓氏作为符号的宗族文化，无论是在皇帝家族还是在臣民社会，无论是精英文化还是大众文化，无论是在核心区域还是在边陲地区，都是贯穿整个社会的重要线索。只要真正把握好这条线索，可能就会找到解开这个社会内在发展的钥匙。

姓氏构件的核心部分，是长期积淀而来的宗族文化。尤其是南北朝时期对宗族门第的重视，使宗族传统得到了强化，使宗族文化得到了重视。宗族文化传统发展至今，对整体社会仍有重要的影响。中华优秀传统文化，是以人作为代表、由人传承发展的，而这些人都可以具化到每一个姓氏。反过来看，姓氏文化就是中华文化的重要组成部分，其核心的优秀传统，成为当代发展和弘扬的重要内容。对这些重要人物的研究，以及对与这些人物相关的事件和历史的研究，实际上也是历史研究的重要组成部分。

（二）文化内涵

中华姓氏有两个很独特的现象，就是认祖归宗与弃恶扬善。认祖归宗，从大的方面来说，就是认炎黄之祖、归入华夏正统之宗，这是一个姓氏宗族立足的关键。从小的方面来说，以父系传承而形成的延绵数千年的历史，成为宗族延绵壮大引以为傲的资本。弃恶扬善，是在同宗之内以正确的价值观为导向，传承弘扬正能量。中华姓氏家谱中的攀附现象，就是弃恶扬善的具体体现。比如以忠臣良将作为自己的祖先，并引以为傲，就是扬善。家谱中有一个非常有趣的现象，忠臣良将往往有一个非常庞大的后裔群体。比如张姓中，很多都是以张良作为自己的祖先，历代张姓名人很多都是张良的后裔，以张良为始祖的张氏族系，是一个非常庞大的群体。再如苏姓，以"三苏"为始祖，尤其以苏轼为始祖，也是一个十分庞大的族群。而某些奸臣小人，却很少有较大的后裔族群。中华姓氏中这一多一少的现象，十分明显。从某种意义上来说，这是中华姓氏所独有的文化现象。虽然这种独特的文化现象，使姓氏家谱的真实性有所存疑，但姓氏中的历史内涵和文化内涵是一个问题的两个方面，二者互为表里，互为补充。中华姓氏的这两个独特现象，实际上是中华民族凝聚、发展、壮大的重要"密码"所在。

（三）民族内涵

中华民族的主体是汉族，汉族的前身是华夏族。先秦时期华夏族以中原为主要居住地，在此与相关族群融合，这些民族包括位于中原并与华夏族群杂居的少数族群，也包括生活在中原周边地区的东夷、西羌、北狄、南蛮等少数族群，通过战争、通婚、杂居、交流等形式，逐渐融合扩大，形成了以华夏族，乃至后来的汉族为主体的中华民族。中华姓氏的来源，恰好也是中华民族交融扩展的最好见证。最具代表性的案例，是北魏孝文帝实行的拓跋贵族汉化政策。这次民族融合的中心在洛阳，以洛阳为郡守的河南郡，成为许多姓氏的郡望堂号，这些姓氏实际上是少数民族融合汉化的历史见证。在中国历史上，除了先秦时华夏与少数族群的融合、魏晋南北朝时民族间的融合，还有一次重要的融合，是从金元直到明清所形成的族群融合。金朝是由女真人建立的，清朝是由满族人建立的，女真就是满族的前身。女真人最重要的姓氏是完颜，很长时间就是汉姓，甚至简化为单字的完姓。清朝灭亡后，许多满族人亦姓汉姓、为汉族，从而逐渐融入以汉族为代表的中华民族大家庭之中。

李济《中国民族的形成》主要是从人体测量的数据、古代城墙构筑的年代和姓氏源流三个方面，来研究现代中国人的族系来源，得出了中国人是由五个大的民族单位和四个小的民族单位所构成的结论。他通过对张、陈、朱、胡、郭、李、刘、王、吴、杨十个大姓的族系来源成分的分析，认为中国民族的主要源头是黄帝、匈奴（突厥）、通古斯（契丹、女真）三个源头。实际上中华姓氏的来源，还有许多的细节需要进行认真的探究和考证，这些研究也一定会为中华民族的形成过程提供一条较为清晰的线索。

（四）政治内涵

新时代最大的政治是"以中国式现代化全面推进强国建设、民族复兴伟业"。[①]"促进政党关系、民族关系、宗教关系、阶层关系、海内外同胞关系和谐，促进海内外中华儿女团结奋斗，为全面建成社会主义现代化强国、实现中华民族伟大复兴汇聚磅礴伟力，是新时代爱国统一战线基本任务的重点内容，是新时代统战工作高质量发展的方向目标。"[②]在此目标下，中华姓氏的政治内涵表现在两个方面：一是各个姓氏中的名人家族中的家风家训，代表的正是家族文化中的正能量。每个家族都有道德高尚的名人，他们就像一个灯塔，指引着家族中的后来者向着正

---

① 《将新时代改革开放进行到底——从七十二次中央深改委（领导小组）会议读懂习近平的改革之道》，《人民日报》2024 年 7 月 16 日第 1 版。

② 石泰峰：《完善大统战工作战局（学习贯彻党的二十届三中全会精神）》，《人民日报》2024 年 8 月 5 日第 6 版。

义之路前行。吴姓中的堂号有"至德堂",表现的是吴氏先祖太伯、仲雍为成全父王、成就大业而主动让国的至德壮举。"至德"是德行的最高境界,激励着吴氏族群努力效仿。杨姓中有堂号"四知堂",讲的是东汉太尉杨震拒绝受贿,以天知、地知、你知、我知的"四知"告诉人们,人在做天在看,要自我约束,好自为之。"四知"的故事,也成为杨氏子孙谨守的座右铭。每个姓氏都有这样的榜样,家风家训中的道德伟力,成为各个姓氏汇聚而成的民族文化风尚,推动精神文明建设走向新的高度。二是以国家统一为标志的民族复兴。国家统一,是中国历史永恒的主题。国家统一,也是中国梦实现的重要前提。姓氏文化中的"黄帝"主体现象,姓氏文化所体现的血浓于水的亲情,是任何说教都无法替代的。姓氏寻根所体现的宗亲认同、血脉认同,实际是最终的民族认同、国家认同的前提,也是由文化认同走向经济认同,最终实现政治认同的必由之路。

（五）经济内涵

中国的改革开放,得益于港澳台地区和海外华人对大陆的直接投资。1978 年,港澳台地区与海外华人的寻根意识初醒,恰好正值改革开放大门打开,寻根与发展就有机地融合在一起。东南沿海之所以成为改革开放的热门地区,也与前来寻根的同胞的家乡与祖籍地关系密切。据统计,1979—1994 年,外资直接投资 955 亿美元,其中港澳台地区与海外华人资本投资达 655 亿美元,占比 69.63%。此后的相当一段时间内,华人资本在外资中所占比例始终在六七成。这些华人资本的投资主要集中在广东、福建、浙江等东南沿海地区,因为这里不但有交通区位的优势,而且还是侨乡。华人的地域性会馆与姓氏类宗亲组织成为推动文化与经济发展的主要平台。资本介入的重点,一是对姓氏名人文化遗存的保护建设、文教设施的建设,二是投资建厂,姓氏寻根与经济发展有机地融合在一起。从 20 世纪 90 年代开始,姓氏寻根由寻近根到寻远根,即寻找姓氏祖根地,也由东南地区到中原,尤其是近些年,大型的姓氏寻根文化园区的建设成为宗亲捐资的新动力，姓氏寻根与地方经济发展、与地方知名度提高的有机结合，成为极为罕见的姓氏中的经济内涵，在姓氏文化的发展史上是不多见的。

姓氏文化的五大内涵，决定了姓氏文化的综合性、厚重性与现实性。姓氏文化与炎黄文化的有机融合，使以炎黄为代表的远古文化符号与当代族群有机地融合在一起，也使"炎黄子孙"的称谓更加厚实，更具说服力，同时为中华姓氏寻根提供了巨大动力。

二、炎黄记忆与寻根文化

炎黄子孙是一个历时性概念，是晚近才出现的，但其核心意蕴在中国古史传说时代已初露端倪。春秋之前部族之间虽然没有公认的始祖，但战国时已有夏商周祭祀黄帝的明确记录。《世本》开始列出黄帝后裔谱系，以及黄帝与颛顼、帝喾、帝尧、帝舜之间的裔承关系。司马迁作《史记》，首书黄帝，重在一统世系，民族一元，从此华夏各族始祖有了先后顺序。由炎帝、黄帝两个氏族组成的华夏族群，当为秦汉间所称中国人的三个重要来源之一，华夏族群亦为此时炎黄子孙的核心意蕴。后来原本活动于黄河中上游地区的华夏族群之后裔，与位居黄河中下游地区的东夷族群和长江中下游地区的苗蛮族群之后裔，在相互交往中实现族群融合，共称为汉人，并为此时炎黄子孙的核心意蕴。

自春秋战国或有托称炎黄后裔者，至 20 世纪 30 年代，凡中华民族都是炎黄子孙这一观念得到国人认同，历经三千多年。炎黄子孙在不同时期有不同的核心意蕴和标志性符号。其演变脉络从最初的血缘认同到文化认同和国家认同，最终涵盖血缘认同、文化认同、国家认同。炎黄子孙概念之生成、演变，将炎黄记忆传统与当下炎黄记忆建构活动联系起来，使炎黄记忆传统的当代表达有了充足的历史依据。炎黄子孙把炎黄作为标志性记忆符号而从事的记忆活动，早在传说中的炎黄时代即开始，并在五千多年的历史进程中相继孕育而形成炎黄传说、炎黄姓氏、炎黄文献、炎黄遗存、炎黄祭典等记忆文本。

中华姓氏主要起源于炎黄，尤其是黄帝在中华姓氏起源中占据着绝对的主导地位，炎黄姓氏文化是炎黄记忆历来最为直接的表达。中国人的宗族观念根深蒂固，同姓同宗是一种很强的联系纽带。在宗法制度和宗族观念盛行的几千年中，中国人十分重视姓氏，这是根源意义上的文化认同，也是一种民族凝聚力的表达。世界上天地万物都有其根源，而文化寻根是人类的天性。姓氏寻根，就是中国人的血脉文化寻根，可以说是一种根源意义上的文化认同，是人性寻根中最基本最重要的内容。每当我们谈到中华民族的共同祖先，人们总是会想到炎黄二帝，这是因为，当今占中国人口九成以上的姓氏中绝大多数的寻根，可以追溯到炎帝和黄帝。当然，同时期还有蚩尤，他是南方"九黎"民族大多数后裔公认的共同祖先。其实还有比炎黄二帝和蚩尤更早的中华民族的共同祖先，那就是被誉为"人文始祖"的伏羲氏。传说伏羲氏时代以龙命官，以龙为尊，所以，有时候全体中国人又都自诩为"龙的传人"。当人们追溯姓氏来源的时候，自然而然地就呈现出当下的炎黄记忆，体现出血脉根源意义上的文化认同。

三、寻根理论与概念研究

伴随 20 世纪 80 年代开始的改革开放，寻根成为与改革开放并行的热门词。以文学寻根为主带动了文艺界的民族文化热，以姓氏寻根为主带动了海外华人的族群寻根热，以历史文化研究为主带动了全社会的传统文化热，以相互交织的人群寻根带动了寻根文化旅游热，这些热潮最终可以归结为文化寻根与族群寻根两大主流，并形成了若干特征。与文学寻根同时兴起的地域文化热、炎黄文化热，在全国各地此起彼伏。陕西黄陵、河南新郑的黄帝祭拜活动，湖北随州、湖南炎陵、陕西宝鸡、山西高平等地的炎帝祭拜活动，均在海内外产生了较大影响。从 80 年代兴起的"寻根之旅"，成为海外华人认识中国大陆的重要路径。河南、陕西、山西、山东等地，在以炎黄为主的人文始祖资源和姓氏文化资源方面均具有历史优势。相关活动的举办，对于当地的经济发展和改革开放也具有重要意义。

关于寻根理论概念的研究，也取得了丰硕的成果。如由寻根引发的对"根文化"资源的认识，在各省的研究中相关称谓有所不同。福建利用得天独厚的侨乡优势，提出了"同根文化"的概念；山西利用晋南地区的人文始祖文化优势，提出了"根祖文化"的概念；河南则利用人文始祖和姓氏文化优势，很早就提出了"祖根文化"的概念，这个概念最早是围绕着豫闽台一脉相承的关联而提出的，以后在姓氏文化、炎黄文化等方面均被长期使用。但从资源特征而言，从长期的寻根实践来看，中原文化有着"根文化"的本质特点。2002 年，张新斌在历史文化资源开发就是生产力的命题中，特别强调："河南历史文化中特有的'根文化'，在增强海内外华人凝聚力以及实现祖国统一方面发挥了特有的作用。"①"根文化"的概念提出后，不但被学界所接受，而且在相关的政府文件中得到正式使用。从 2006 年开始，在信阳的寻根实践中，当地创造性地提出了"根亲文化"这一概念。这一概念不是学术界讨论的结果，而是在政界率先使用的。在"寻根河南"30 周年之际，张新斌对根亲文化进行解读时说，根亲文化是在寻根多年实践的基础上，在对河南根文化资源认识的前提下而形成的，是对根文化的最新认识。他认为，根亲文化的第一层含义，就是"寻根找亲"。后来他又提出，根亲文化与寻根文化、根文化关系密切，三者既有联系又有区别。根亲文化理念在寻根文化、根文化理念的基础

---

① 张新斌：《寻根文化热潮的三大特征及发展态势》，《中原文化研究》2015 年第 4 期。

之上逐步形成而非同步形成，正是反映了三者之间的联系与区别，三者不是一个替代关系，而是一个问题的三个方面、一个潮流的三个层面。在根亲文化的"寻根找亲"层面之外，又提到了"因根而亲"的前提。

在姓氏寻根研究中，从区域角度而言，数字的统计与概括是非常重要的。谢钧祥是最早对河南姓氏家底进行盘点的学者之一。他在 20 世纪 90 年代通过对中国科学院依人口数量多少而排列的一百大姓的祖根进行研究，认为起源于河南或部分源头在河南的姓氏占 73 个，因此得出结论，我们可以毫不夸张地说，当今海内外多数华人的祖根大都在今天的河南。在 1999—2004 年间，张新斌团队通过对河南根文化家底的盘点，提出在中国科学院排列的三百大姓中，有 171 个祖根在河南，98 个姓氏郡望在河南；一百大姓中祖根在河南者达 77 个，另有 20 个姓氏在起源过程中与河南有关。而依中国科学院 2006 年姓氏排序，祖根在河南者有 78 个。这种数字概括，在其他省域是没有的，说明河南姓氏寻根文化是河南文化中的闪光点。

四、中华姓氏寻根实践

中华姓氏寻根实践兴起于 20 世纪 80 年代，随着台湾作家张毅的小说《源》改编成电影和中国改革开放初兴，福建、广东相关的寻根活动随之而起，中原的寻根活动，应该比东南沿海地区稍晚，但与炎黄文化的关系更为密切。中华姓氏的寻根活动，至今已有四十余年的时间，以"寻根河南"最具代表性，其阶段性特点如下。

第一阶段（1981—1990）：寻根河南的起步期。这一阶段为海外华人到河南寻根，呈现出个体性、偶发性的特点。如香港的方润华将禹州方山作为方氏的祖根地，马来西亚的邓威廉对中华邓氏祖地邓州的寻根。同时姓氏研究也刚刚兴起，在陈氏、谢氏、郑氏、林氏的研究方面，推出了初步的成果。

第二阶段（1991—2001）：寻根河南的初兴期。这一阶段为海外华人到河南寻根，呈现团队性、主动性、连续性的特点。如1991年全欧客属总会客家宗亲245人到洛阳寻根，1992年和1994年海外郑氏宗亲到荥阳大规模寻根，1993年海外林氏宗亲527人到卫辉寻根等。河南学术界出版了由谢钧祥主编的《中原寻根》一书，这部集体成果在河南姓氏文化研究方面具有奠基意义。

第三阶段（2002—2010）：寻根河南的繁荣期。这一阶段，以海内外宗亲大规模寻根活动与世界性寻根联谊大会在河南召开为代表。2004年、2006年中华姓氏文化节在周口连续举办两届。2006年，河南新郑黄帝故里拜祖大典首次由省部级主办，开始成为河南每年"祭拜季"的标志性活动。2009年，首届中原根亲文化节在固始举行，"闽台祖地"的品牌逐渐叫响海峡两岸。2009年，中共河南省委统战部与河南省社科院联合编撰，由中州古籍出版社正式出版的《中华姓氏河南寻根》（四卷本）成为河南姓氏文化研究的标志性成果，受到海外华人的欢迎。

第四阶段（2011年至今）：寻根河南的鼎盛期。这一阶段，相关理念被省和中央有关文件采纳，"老家河南"的品牌叫响全国，省内姓氏研究机构得到很大的扩展，海内外华人广泛参与，姓氏祖地建设得到极大强化。河南省姓氏文化研究会自1995年成立以来，在这一阶段得到持续扩展，二级学会达到百余个，相关活动丰富多彩。濮阳的张姓祖地建设、卫辉的林姓祖地建设、鲁山的刘姓祖地建设、潢川的黄姓祖地建设、息县的赖姓祖地建设、淮滨的蒋姓祖地建设、荥阳的郑姓望地建设、偃师的丘姓望地建设等，都达到了一定的高度。张新斌主编的《寻根河南》，也为河南寻根近40年的历程作了回顾和总结。

五、"根在中原"的结构过程

中华姓氏根在中原，在"根在中原"①诸结构性要素中居于核心地位。这是黄帝故里故都在新郑、全球客家始迁于河洛和闽台同胞祖根地在固始三个要素的结构动力。而中华姓氏根在中原，又由万姓同根、根在淮阳，姓氏始祖黄帝后裔遍中原两个次级结构性要素构成。

"三皇之首"太昊伏羲氏建都宛丘（今河南淮阳），有开创中华姓氏之功。相传淮阳民间自春秋时期便于每年农历二月二至三月三，举行祭拜人祖爷伏羲的太昊陵庙会。"伏羲与中华姓氏文化研讨会"于 2004 年 6 月 2 日在周口召开，"中华一脉，源自伏羲，万姓同根，根在淮阳"成为该次研讨会的共识。随后中华姓氏文化节、全球华人公祭太昊伏羲大典相继举办，"一年一祭，两年一节"在淮阳成为定制。

河南新郑，自古就有"三月三，拜轩辕"的传统民俗，而新郑作为黄帝故里，始见于西晋皇甫谧《帝王世纪》。综合历代文献记载整理出版的《黄帝故里》，认为古今文献所记"轩辕之丘"、黄帝的诞生地，就是今河南新郑。新郑"黄帝故里拜祖大典"，作为全球华人认祖归宗的盛大庆典，重拾"三月三，拜轩辕"传统民俗，实现了传统习俗在当代的接续，以群体仪式活动复活中华民族对黄帝故里的历史记忆。

在河洛文化研究中，"根在河洛"之根，曾被解释为华夏文明之源、炎黄文化之根等，河洛成为"客家先民首次南迁圣地"，则是对"根在河洛"多元意涵的选择性解释。中原姓氏南迁入闽，始于西晋永嘉乱后的"八姓入闽"。此后大规模入闽者，有唐初光州固始人陈元光父子和唐末光州固始人王审知兄弟。由于陈元光、王审知都是光州固始人，故五代十国之后，福建即有"闽人称祖者，皆曰自光州固始来"之说。固始通过举办一年一度"固始与闽台渊源关系研讨会"及豫闽台姓氏源流

_____

① 尹全海：《"根在中原"的结构过程》，《中州学刊》2020 年第 8 期。

研究会，为固始作为闽台同胞的祖根地提供坚实的历史依据和学术共识。通过举办一年一度的"中原根亲文化节"及豫闽台姓氏宗亲联谊活动，唤醒闽台同胞对"光州固始"的祖根记忆。

"根在中原"，系由中华姓氏根在中原、黄帝故里故都在新郑、全球客家始迁地在河洛、闽台同胞祖根地在固始四个要素结构而成。其中，中华姓氏根在中原，是"根在中原"的核心要素，不仅中华第一姓伏羲风姓源于淮阳、姓氏始祖黄帝子孙遍布中原，散居世界各地的客家人、河洛郎也始迁于中原，因此更是黄帝故里故都、全球客家始迁地、闽台同胞祖根地三个要素的结构动力。新郑从文献所见的"黄帝故里"到人文始祖黄帝出生、建都之地，寓意炎黄文化根在中原。"河洛"从华夏文明之源、炎黄文化之根等多重意蕴，到集中呈现"全球客家，根在河洛"，意在追记客家先民始于中原。固始从福建人的祖先记忆符号"光州固始"，到当下闽台同胞寻根谒祖之地，印证台湾同胞祖根地在中原。至于中原和根亲文化结合在一起，生成的"中原根亲文化"，一方面是"根在中原"的固化与升华，并由此成为全球华人始祖认同的排他性表达；另一方面，伴随着中原根亲文化的传播与认同，中原文化的根文化特征更加强化和凸显，成为中华传统文化在中原大地的地域性呈现。

中华姓氏经历数千年的发展和酝酿，基本构造完全形成于秦始皇统一中国之时，也就是说，从秦朝开始，现代意义上的中华姓氏体系已经形成。但在秦代以前，姓与氏是分开的，姓在于"别婚姻"，氏在于"分贵贱"。姓的产生时间较早，或因生而姓，或与以族徽为代表的图腾崇拜有关。秦汉以来，都有文献专门汇集姓氏，如《世本·氏姓篇》、汉代史游《急就篇》、唐代林宝《元和姓纂》、宋代邵思《姓解》、元代马端临《文献通考》、明代陈士元《姓觿》等。袁义达、邱家儒《中国姓氏大辞典》（2010）收录汉字姓氏 23813 个，目前正常使用的姓氏大概有四千余种。

中华姓氏的得姓（命氏）方式相当复杂，中华姓氏的源流变迁也极为繁复，在不同的时期，名、姓、氏的称谓情况也存在着很大的差异。上古时期有大量的氏族，由氏族名称而形成了族氏。夏王朝还没有形成完整的姓名体系，而商代已出现了现代姓名的姓前名后的结构。两周时期是姓名结构的转变时期，战国时姓氏已经基本普及，形成了与现代意义十分接近的姓氏。

从历代谱书来看，中华姓氏是以黄帝为主体的，黄帝在中华姓氏起源方面占据着绝对优势地位。黄帝族系的姓氏是中国姓氏的主体，可以分为黄帝—颛顼、黄帝—帝喾两个系统，不但是夏、商、周王朝谱系的源头，塑造了黄帝主体民族架构，还为此后的少数民族融合预留了较大的空间，成为中华民族形成、融合过程中的核心主线。当前中国二十大姓中有十九个源自黄帝，充分体现了中华民族对黄帝文化的认同。中华姓氏与炎黄文化有机融合在一起，具有历史、文化、民族、政治、经济等多重重要内涵，决定了姓氏文化的综合性、厚重性与现实性。寻根浪潮兴起于改革开放之初，从东南沿海发展到中原内地，以"河南寻根"最具有代表性。因为独特的姓氏源头资源，河南姓氏根文化迅速繁荣，通过中华姓氏根在中原、黄帝故里故都在新郑、全球客家始迁地在河洛、闽台同胞祖根地在固始四个要素结构而成的"根在中原""老家河南"的品牌叫响全国。

🔎 思考题

1. 中华姓氏的得姓（命氏）方式有哪些？
2. 中华姓氏是如何由古代族氏向现代姓氏转变的？
3. 为什么说黄帝是中华姓氏的主体？
4. 寻根文化有什么现实意义？

拓展阅读

1. 司马迁：《史记》，中华书局 1982 年版。
2. 陈絜：《商周姓氏制度研究》，商务印书馆 2007 年版。
3. 吴镇烽：《金文人名汇编》，中华书局 1987 年版。

第七章　炎黄与中华龙文化

中华龙文化是中华优秀传统文化的重要组成部分，有着广泛的民族文化基础和数千年的文化根基。考古发现的许多龙文化遗存，显示着中华龙文化的产生、发展有着复杂的历史背景和深厚的文化底蕴。中华龙作为一种传承至今并被普遍认同的文化意识观念，其最初的形成并不是古代文人虚构的神话故事，而是与中国文明的起源和形成有关。炎黄二帝与龙文化的关系也非常密切，中华龙文化现象，最早就产生于炎黄时代，距今已经有六千多年了。

第一节　炎黄与中华龙文化的起源

在传统的文献记载中，中华龙是一种长身大口，大多数有角和足，且具有变幻莫测之能的神性动物。龙作为一种神被记录下来，这种神话传说绵延了数千年，逐渐成为中华民族的象征。对于中华龙文化起源的讨论，历来众说纷纭，结论不一，如感生始祖的传说、始祖的动物名号、族名与徽号，以及龙作为图腾来解释等。

一、炎黄时代的龙文化现象

龙是炎黄时代崇拜的神物，经常被用来进行比附和象征，古代文献记述的炎黄时代的龙文化现象很多。如西晋皇甫谧《帝王世纪》说炎帝之母妊姒，在华阳游玩时，因感应神龙而孕育了炎帝，将炎帝的出生归于感生神话，与龙联系了起来。

除了古代文献的记载，在民间传说故事中，炎帝与龙的联系也很多。如炎帝生下来就有龙颜，其母女登曾在宝鸡姜水东岸的九龙泉为炎帝洗澡，然后乘青龙到蒙峪石洞隐居；之所以叫九龙泉，也是因为炎帝在此出生和洗澡而出现了九条小龙；炎帝曾要求龙王施雨均匀，使各地雨露均沾，所以他去世后，各地龙王都要求将其葬在所辖之地，最后湖南酃县（今炎陵县）龙王得偿所愿，并在炎陵山下洣水河边留下了龙脑石、龙爪石等遗迹。

黄帝的出生也与龙有关，据《竹书纪年统笺》记载，黄帝的母亲叫附宝，因感应闪电围绕北斗枢星大放光明而怀孕，生下了黄帝，其母感孕过程虽然与龙无关，但黄帝生下来之后却"龙颜有圣德"。关于黄帝具有某些龙形体态的说法还有很多，比如轩辕有黄龙体、黄帝有龙形、黄帝日角龙颜等。

黄帝不但出生与龙有关，在生活中还能驾驭龙为自己服务。如《韩非子·十过》："昔者黄帝合鬼神于泰山之上，驾象车而六蛟龙，毕方并鎋，蚩尤居前，风伯进扫，雨师洒道，虎狼在前，鬼神在后，腾蛇伏地，凤凰覆上，大合鬼神，作为清角。"黄帝在泰山祭祀时，曾用龙和象驾车，驱使飞禽走兽，大会天下鬼神。上古时期传说人治、神治合一，龙虽有神性特征，却可以为黄帝服务。再如《史记·孝武本纪》："黄帝采首山铜，铸鼎于荆山下。鼎既成，有龙垂胡髯下迎黄帝。黄帝上骑，群臣后宫从上龙七十余人。龙乃上去，余小臣不得上，乃悉持龙髯。龙髯拔，堕黄帝之弓。百姓仰望黄帝既上天，乃抱其弓与龙胡髯号。"从这段文字的记载来看，黄帝用首山之铜铸鼎后，有神龙下迎黄帝飞升，此龙鼎成乃下，又可以负载七十余人飞升上天，显然具有神性，但又为黄帝所驾乘。

从这些文献记载来看，炎黄时代的龙文化现象，大致可以分为以下三种情况。

一是将龙作为氏族部落的名号，或族名、徽号。如《竹书纪年统笺》记载有应龙攻伐蚩尤，应龙部族应该与龙有联系，龙是该氏族部落的名号，或族名、徽号。飞龙氏、潜龙氏、居龙氏、降龙氏、土龙氏、水龙氏等氏族部落也以龙作为名号，或族名、徽号。将龙作为氏族部落的名号，或族名、徽号，并且将部族首领的形象与龙联系起来的现象，显示炎黄时代的这些氏族部落已经将自身作为龙的化身，彰显自身强盛的状态与美好的愿望。

二是将龙与始祖的形象或活动联系起来，龙象征神。如炎帝之母感应神龙而怀孕，炎黄二帝均有龙颜，黄帝驭龙大合鬼神及乘龙飞升等，都属此类。在此类文献记载中，或者直接称之为"神龙"，或者描述了龙的感应、飞升等神迹，显然是将其作为神来看待的。

三是将龙作为一种神物（具有神性的动物）进行记述。如《易经·文言》《易经·乾》《左传·昭公十九年》的记载显示，龙是一种实际存在的动物，而且这种动物的出现，是一种吉祥的征兆。商代甲骨文中也将龙作为一种农业神进行记述，而且注意到了龙与上天降雨现象的联系。商代晚期进行占卜，求龙、降雨，应与当时的农业生产活动有关。

流传下来的先秦文献中既将龙作为一种能降雨的有神性的动物，也记述了多个氏族部落将龙作为自身的名号，或族名、徽号，还记述了龙是重要首领黄帝、禹的化身，陶唐氏、夏后氏都与龙有关系。而据西汉司马迁《史记》等文献来看，龙是一种神物，是神的化身。汉代已将炎黄时代的龙神圣化了。甲骨文及先秦文献记述表明，炎黄时代存在着龙，黄帝、太昊、共工、大禹等都与其关系密切，他们被认为是龙的化身，是龙作为中华民族象征的历史文化渊源。

二、史前时代的龙形遗存

从商代甲骨文中已经出现了"龙"字来看，中华龙文化的起源也应该在更早的史前时期。考古已经发现了先秦时期数量众多的龙形图案遗存，新石器时代某些具有龙纹特征的动物纹像，似乎也与龙纹存在着渊源关系。

濮阳西水坡遗址的发现，对探索中国文明起源、龙的起源与研究中国古代史、美学史、宗教史、天文历法等都有重要意义。1987 年于该遗址发现的一座距今约 6000 年、形式奇特的墓葬中，有一具成年男性骨架，大体呈头南足北的仰卧直肢姿势，在人骨架的东西两侧用蚌壳摆塑了类似龙、虎形状的图案，头北尾南，与人骨架的头脚方向相错。龙形蚌壳位于人骨架的东侧，长 1.78 米，头北面东，昂首弓背，前爪扒，后腿蹬，尾作摆动状。虎形蚌壳位于人骨架的西侧，长 1.39 米，头微低，张口露齿，长尾下垂，四肢交递，与龙形蚌壳背相对，相距约 1.5 米。虎形蚌壳几乎是写实的，虽然也有艺术处理，但没有局部的添加和大的变形，从对称逻辑来讲，龙形蚌壳也应该是写实的，两者都是现实中存在的动物形象。[1] 有些观点认为，从龙形蚌壳的特征来分析，大概是鳄。[2] 鳄是一种凶猛而不易驯服的动物，据考古发现，在公元前 2000 年以前，扬子鳄的生存范围可达黄河流域。西水坡大墓中摆放这类凶猛动物的塑形，应该是先民动物崇拜观念的产物。

距今六千多年的北首岭遗址，位于陕西省宝鸡市金台区金陵河西岸，是一处内容较丰富、保存较好的新石器时代仰韶文化村落遗址。北首岭遗址出土的陶器种类很多，有盂、罐、壶、鼎、盘、钵、碗、杯、

---

[1]　刘志雄、杨静荣：《龙与中国文化》，人民出版社 1992 年版，第 28 页。

[2]　朱乃诚：《炎黄时代的图腾与龙及中华龙文化的起源与形成》，《信阳师范学院学报（哲学社会科学版）》2019 年第 5 期。

甑等。其中一件蒜头壶上，出现了"水鸟啄鱼纹"[1]。该纹样为身躯细长、呈弧形盘曲于陶壶肩部的鱼，头呈方形，圆睛，头两侧有暴鳃，头与背部均有斑点状花纹，腹部为 U 字形迭弧状花纹；背有两鳍，腹有一鳍，尾分三叉。蒜头壶可能是一种酒器[2]，水鸟啄鱼纹也许与宗教活动有关。鱼纹的出现，应该源于渭水流域先民在原始宗教氛围中的鱼崇拜观念。

襄汾陶寺遗址位于山西省襄汾县陶寺村南，出土了新石器时代龙山文化彩绘蟠龙纹陶盘。该盘内壁施黑陶衣为地，并用朱红彩绘制出一蟠龙纹。龙纹在盘的内壁和盘心作盘曲状，头在外圈，身向内卷，尾在盘底中心。蟠龙尾抵于颔下，红鳞纹遍饰周身；豆状圆目，张巨口，利齿上下两排，长舌外伸，身体饱满而外张。从身、尾、目的形状和它口吐长信的特征看，很像蛇，但从方头、巨口、露齿看，又与鳄接近。这显然不仅仅是来源于某一种动物的形象，而是集两种或两种以上动物的特征于一身，考古学者一般认为新石器时代龙山文化彩绘蟠龙纹陶盘的彩绘图案是蛇形龙的形象。

新石器时代的红山文化，出土了许多石器、陶器和玉器，玉器上有大量的动物形象。内蒙古赤峰市翁牛特旗出土的"墨玉龙"，呈钩曲形，口闭吻长，鼻端前突，上翘起棱，端面截平，有并排两个鼻孔，颈上有长毛，尾部尖收而上卷，形体酷似甲骨文中的"龙"字。这件玉器中间有一个小孔，可能是用于悬挂或者佩戴的。同样出土于内蒙古翁牛特旗的"黄玉龙"，造型与"墨玉龙"基本一致，只是鼻端不平，鼻孔不圆，是两条断线。两者头部不同，躯体完全一致，有可能玉环仅是玉器形制，而不表示动物躯体。两件玉器中的吻、鼻、鼻孔，以及颈脊耸起的长鬣与猪的特征近似，这两件玉器的原型可能是猪。也有学

---

① 石兴邦：《北首岭遗址》，见《中国大百科全书·考古学》，中国大百科全书出版社 1986 年版。

② 李陈奇：《蒜头壶考略》，《文物》1985 年第 4 期。

者认为这是两种器型，其原本的象征含义，既不是猪，也不是龙，而是熊。

1998 年在安徽含山凌家滩遗址 M16 号墓葬中发现的一件环形动物玉雕，吻部突出，上下唇微启，橄榄形眼，上下一对獠牙位于嘴角根部，上獠牙齿尖位于眼后，额部隆起，双耳位于头顶，并耸向后方。这件玉器虽然被称为"玉龙"，但与凌家滩遗址出土的玉雕虎造型的作品进行对比，可以发现首部表现的是虎首，因整器为环形，身躯蜷曲，容易使人误认为其蜷曲的身躯为龙的身躯，而将其上的刻纹误认为龙身上的鳞片，其实应是表现虎背上的或是身躯上的鬃毛。

这些龙形遗存分布在不同的地区，属于不同的文化类型，有着各自的特征和形态，彼此之间并没有什么关联，大概都是以独立的形式产生并发展下去的，在商代以前的岁月里并行于世，并不存在合并、交融的现象，但可能都与龙纹存在着渊源关系，这也说明龙的起源是多元的，只是经过长时间的并行、共存之后，全部相对稳定地延续到商文化中，由多元归集为一个中心。[①]

三、龙形态的演进变化

在文献记载中，炎黄时代关于龙的传说虽然很多，但很少涉及龙形态的描述。司马迁《史记》中也仅有"垂胡髯"的说法，未见与身形相关的文字。而今天所熟知的龙形象，至少在南宋画家陈容作的《云龙图》中就已经出现，图中描绘了一条在云雾间腾空舞动的蛟龙，龙首昂起，纵跃而下，周身云雾翻涌，龙形扭曲，弯曲扭摆，腿爪翻转，龙爪卷起，爪端尖利，长须飘动，鳞片颤抖，姿态盘旋矫健。这显然与记载中炎黄时代的龙形相去甚远，说明龙的形态在不断演化。

---

① 刘志雄、杨静荣：《龙与中国文化》，人民出版社 1992 年版，第 54~56 页。

　　早在商代的甲骨文和金文中，就可以见到龙的字样，说明在中国文明早期龙已经存在了。从象形文字的角度来看，甲骨文中的龙字应该是龙形的象形之作。甲骨文中的龙字虽然多达七十余种，字形差异较大，但都明显呈现出动物形态；具有共同的特点：长身而屈，巨头大口，绝大多数有角，有些有足。[①]

　　《周易》作为中华民族智慧的结晶，阐述了天地世间万象变化，其中的乾卦和坤卦，都有关于龙的描写。刨除星象、智慧等因素，单从生物形态的角度而言，《周易》中龙的形态，可以在田，可以在渊，也可以在天，或潜、或跃、或飞、或卷，生存环境多样，形态也富于变化。

　　到了春秋战国时期，涉及龙的言论变得更为丰富。如《庄子·天运》载孔子曰："吾乃今于是乎见龙。龙，合而成体，散而成章，乘乎云气而养乎阴阳。"《庄子》中记载的孔子这段言论，是用来比喻老子的，龙能作为喻体，显然是当时人所熟知的，但孔子眼中的龙形，是可以聚散变化、乘云气而养阴阳的虚幻之体，并非实质的动物形态。又如《韩非子·说难》："夫龙之为虫也，柔可狎而骑也；然其喉下有逆鳞径尺，若人有婴之者，则必杀人。"按照《礼记·月令》的说法，春天之虫鳞，夏天之虫羽，秋天之虫毛，冬天之虫介，夏秋之间为四季之中，其虫裸，所以虫是动物的总称。《韩非子》说龙为虫，即指它是一种可以骑乘的动物，只是喉下有逆鳞，不可轻触。再如《论衡·龙虚篇》引孔子曰："龙食于清，游于清；龟食于清，游于浊；鱼食于浊，游于浊。"其说法和《韩非子》相近，将龙视为一种实体动物，和龟、鱼并列，可以游于水。

　　到了西汉，司马迁在《史记·老子韩非列传》中记载孔子与弟子说："鸟，吾知其能飞；鱼，吾知其能游；兽，吾知其能走。走者可以为罔，游者可以为纶，飞者可以为矰。至于龙吾不能知，其乘风云而上

---

① 刘志雄、杨静荣：《龙与中国文化》，人民出版社1992年版，第8页。

天。吾今日见老子，其犹龙邪！"与《庄子》中的记载相比，《史记》中孔子对龙的描绘，虽然也有乘风云而上天的说法，但没有了聚散变化、乘云气而养阴阳的虚幻特征，而只是与日常生活中的鸟鱼走兽有所不同罢了。与司马迁的记载不同，刘向《说苑·辨物》强调龙体形态的变化万端，能大能小，能明能暗，能短能长，能粗能细，能飞能潜，显然不是现实中的飞禽走兽，但对神龙肖像的具体描绘，仍然处于缺失状态。

到了东汉，对龙形外貌的具体描绘开始出现在文字中。如王充《论衡》说世俗画龙时马首蛇尾。班固《汉书·东方朔传》："臣以为龙又无角，谓之为蛇又有足，跂跂脉脉善缘壁，是非守宫即蜥蜴。"另据李时珍《本草纲目》记载："龙者鳞虫之长。王符言其形有九似：头似驼，角似鹿，眼似兔，耳似牛，项似蛇，腹似蜃，鳞似鲤，爪似鹰，掌似虎，是也。其背有八十一鳞，具九九阳数。其声如戛铜盘。口旁有须髯，颔下有明珠，喉下有逆鳞。头上有博山，又名尺木，龙无尺木不能升天。呵气成云，既能变水，又能变火。"王充说龙形马首蛇尾，班固认为龙形似蛇，王符则对龙形进行了穷形尽相的描绘，将驼、鹿、兔、牛、蛇、蜃、鲤、鹰、虎九种动物形态集于龙之一身，基本形成了后世对龙的形体建构。

四、龙图腾

1903 年严复翻译英国学者甄克思《社会通诠》一书时，把 totem 译作"图腾"，并在该书译本按语中指出图腾是群体的标志，旨在区分群体，他还认为中国古代也有与澳大利亚人和印第安人相似的图腾现象。图腾概念引入中国之后，我国学术界开始对古代文献记载的炎黄时代的一些文化现象作图腾解释，才使得对炎黄时代的研究涉及了许多图腾问题，并使之逐渐成为 20 世纪上半叶我国史学界开展探索的一项重要内容。

　　将龙作为图腾，最早是由闻一多在《伏羲考》中提出的。伏羲与女娲的出土画像，一般是人首蛇身的二人两尾相交，故事传说的基本轮廓是兄妹配偶，中心母题是洪水来袭时，兄妹二人得救后结为夫妇，成为人类始祖。关于伏羲女娲的人首蛇身像，有石刻，也有绢画；有单人像，也有两蛇交尾像。除了出土画像，在文献记载中也有关于伏羲女娲人首蛇身的说法，如王逸《楚辞章句》中有"女娲人头蛇身"，王延寿《鲁灵光殿赋》中有"伏羲鳞身，女娲蛇躯"，后者描绘的是鲁恭王刘余灵光殿内壁画像，说明在西汉时期伏羲女娲人首蛇身的故事就已经成为壁画题材，其传说渊源当在更早，《山海经》中就有关于苗民蛇首人身的记载。总体而言，图像和文字关于蛇首人身的描绘，大致出现在战国至魏晋之间，而上古帝王伏羲、女娲的史料记载，此时也最为活跃，因此伏羲、女娲人首蛇身的说法可能性极大。

　　从逻辑上来讲，在半人半兽形的人首蛇身之前，应该还有全兽形的蛇神。古代文献记载中的二龙相交、腾蛇游雾，以及将两蛇相交误作两头蛇等，其共同故事来源，可能与伏羲、女娲人首蛇身一样，都是荒古时代的图腾遗迹。如果说蛇是现实中的生物，古代文献记载中的龙，有鳞像鱼，有翼似鸟，有角似鹿，绝不是现实存在的生物，只是一种由不同图腾糅合而成的综合体。炎黄时代的部族名号，有不少是以动物命名的，如黄帝部落有熊、罴、貔、貅、䝙、虎等氏族部落，少昊部落有凤鸟氏、玄鸟氏、伯赵氏、青鸟氏、丹鸟氏、祝鸠氏、睢鸠氏、鸤鸠氏、爽鸠氏、鹘鸠氏等氏族部落，太昊部落有飞龙氏、潜龙氏、居龙氏、降龙氏、土龙氏、水龙氏、青龙氏、赤龙氏、白龙氏、黑龙氏、黄龙氏等氏族部落，这些动物名号被人们作为图腾现象来解释。图腾崇拜不相同的各族，由于各种原因联合成为一个大的整体，交叉居住在同一个地区，但是这个融合后的联合集团，在对图腾祖神举行祭祀仪式时，疑难问题就出现了，到底该祭祀哪一个图腾祖神呢？相传黄帝统一中原后，召集各部落联盟，商讨部落联盟统一的图腾（即崇拜的偶像、徽记），以统一意志、统一行动。原来各大部落都有各自的图腾，黄帝集团有熊部落的图腾是熊，西南各部落的图腾为虎，南方各部落的图腾为蛇，东方各部落的图腾为鱼，还有的部落的图腾是鹰、猴、鹿、马，等等。于是以蛇图腾为主，吸收了形形色色的别的图腾，加上了兽类的四脚、马的头、鬣的尾、鹿的角、狗的爪、鱼的鳞和须……形成了我们现在所知道的龙。

从商代青铜器的动物性纹饰来看，考古实物的具体表现与传世文献的详细记载有着惊人的一致性：商代之前的动物性纹饰以写实为主，商人则通过变化和组合创造了包括龙纹在内的怪异动物形象。[①] 如角对于龙具有特殊意义，唐代段成式在《酉阳杂俎》中说龙头上有尺木，无尺木则不能升天。商代青铜器龙纹均为双角，其他鸟兽人图像上也有角，说明角不是龙所独有的，而是创造者加上去的。再如龙的局部具有不同的动物特征，东汉王充在《论衡》中就说龙像马首蛇尾，其形象显然是捏合而成的，商代青铜器的屈体龙纹、爬行龙纹和蟠龙纹，都带有其他动物特征的移植现象。商代青铜器纹饰往往布满全器，甚至底部也有纹饰，是为满足宗教需求而产生的，"铸鼎象物"，"百物而为之备"，经过变化组合创造出的怪异动物形象虽多，而龙纹在其中占据着最重要的地位。

第二节　中华龙文化的形成

虽然说龙的起源是多元的，但是作为在中国传承至今并且被普遍认

---

① 刘志雄、杨静荣：《龙与中国文化》，人民出版社1992年版，第66~88页。

同的"中华龙"及"中华龙文化"——一种被普遍认同的文化意识观念的最初形成，不应是古代文人虚构的故事，而是在特定的地区、特定的时间、具备了特定的社会背景才形成的，并且具备了能流传后世、被普遍认同、具有丰富内涵的文化。

一、龙文化意识的产生

龙文化意识的形成是指当时社会上对龙有一种普遍的认同感，这种认同感的产生，可能与龙的使用相关。在某个固定的族群中，人们能够利用龙，而且这个族群在当时社会上有一定的地位和影响，受到人们的尊重，由此对这个族群使用的龙形成了普遍的认同感，且这种龙文化意识伴随着社会的发展而传承下来。这种在社会上有一定地位并被普遍认同而传承下来的龙形象的出现，标志着龙文化意识在中国历史上开始形成。从此，这种在社会上有一定地位并被普遍认同而传承下来的龙形象及龙文化现象，延绵几千年而至今不衰。

龙与王室文化相结合，成为王室文化的组成部分，是中华龙文化形成的主要社会背景。中华龙文化的最初形成，是在陶寺文化早期，大致在 4400—4150 年前的中原地区。山西省襄汾陶寺遗址发掘墓葬 1300多座，其中大墓只有 6 座，而出土的 4 件彩绘蟠龙纹陶盘都见于大墓中，表明只有大墓的墓主人才有资格随葬彩绘蟠龙纹陶盘，而且每墓只有 1 件，说明彩绘蟠龙纹陶盘的规格很高，蟠龙图案非同一般纹饰，在当时社会上应具有特殊的含义。陶寺的 6 座大墓，规模大，随葬品丰富、精致，不仅有彩绘陶器、彩绘漆木器，而且大都还有木俎、木匣、成套大型石厨刀，以及石磬、土鼓、鼍鼓等大型礼乐器随葬。大型礼乐器的组配形式，通常是 1 件石磬、2 件鼍鼓、1 件土鼓。使用大型组合礼乐器随葬的现象，在商代见于王陵或王室大墓。由此可以推测：陶寺遗址这 6 座大墓是当时王室成员的墓葬，彩绘蟠龙纹陶盘仅限于王室成员使用，表明在陶寺文化早期已经形成了龙文化意识。可以说，在陶寺文化早期，龙的含义得到了升华，开始成为王室的一种文化因素，龙的形象也脱离了动物实体的形态，并且逐渐向威严神秘而神圣的象征性形象演化。

龙文化意识的产生，与对龙的崇拜有关，而龙崇拜源自图腾崇拜。从河南南阳汉画来看，原始部族对图腾的信仰主要表现为：图腾是本族祖先，也是保护神，具有巨大的力量，需要每年举行祭祀。[①] 不同的部族有不同的图腾，龙的形象是原始人所崇拜的各种图腾动物的综合。炎黄时代关于部族领袖的感生神话、龙形特征，以及驭龙乘龙等传说，说明龙具有异于常人的力量或能力。原始社会的先民面对威严、恐怖和神秘的大自然，天上有云雾、雷电、风雨等，地上有蟒蛇、鳄鱼、猛兽等，往往会对他们的人身安全造成不可预知的侵害，自然会感到不知所措、无能为力。在万物有灵的原始观念下，人们渴望有能掌控世界、消除灾害的神灵。各部族的图腾都与这种生存意愿有关。比如，东夷族在龙图腾出现之前普遍存在着鸟图腾和蛇图腾，因为在毒蛇猛兽横行肆虐的年月里，能够躲避地上毒蛇猛兽伤害的只有天上的飞鸟，它们也就自然成为吃尽毒蛇猛兽苦头的人们的崇拜对象，所以众多风姓部落都以鸟为图腾，如云鸟氏、青鸟氏、丹鸟氏等。[②] 龙并不是实际存在的生物，而是集合了众多天象、物象的长处与特征的象征物，是众多部落图腾信仰力量的综合，已经成为一种神奇无比的、能控制一切的象征物。尽管有关龙的起源众说纷纭，各种龙的原型都有独立的发生、发展系统，但它们的含义惊人地一致——在原始宗教观念中，龙是具有沟通天地、影

---

① 刘灏：《上古时代的"图腾"与神龙文化的形成》，见《大汉雄风——中国汉画学会第十一届年会论文集》，高等教育出版社 2008 年版，第 385 页。
② 余全有：《龙文化探源》，《天中学刊》2000 年第 3 期。

响云雨之能的神灵之物。[①] 这种力量的象征，不但有助于解决原始先民的生存恐惧，也非常切合王权统治的政治需求，自然而然成为王室文化的一部分，使龙慢慢从神奇动物演变为帝王象征。

二、龙形象的文化内涵

从原始宗教文明时代至今，龙文化一直存在于宗教、政治、文学、艺术等各个领域。龙文化意识在产生之后，就开始了漫长而复杂的文化建构过程，并逐渐赋予龙多种文化内涵，直至其成为中华民族的象征。龙文化是中华文化的独特标志，龙文化精神也是中华民族的精神象征，其内涵大致包含了以下四个方面。

（一）神灵象征

龙作为一种创造性的动物，具有非凡的神力，是原始宗教观念的产物，象征着掌管自然的神灵。天气对于古代农业生产具有极其重要的作用，旱涝决定农作物的生长与收成。在当时人们的认知中，龙是一种能够掌控天气、行云布雨的神兽。所以，人们祈雨的对象就是龙，祈求风调雨顺，五谷丰登。商代的龙形玉当称作"珑"，是旱天求雨时用的礼器，可知商人已有龙可致雨的观念。商代甲骨文中还有向龙卜问未来天气晴雨状况的内容，也是这一观念的明确反映，《周易·乾卦》中的"云从龙，风从虎"就是对于这种认知的总结。龙影响云雨河泽的神通与它天神使者与助手的身份相结合，就产生了黄帝与应龙的神话。《山海经·大荒北经》："蚩尤作兵伐黄帝，黄帝乃令应龙攻之冀州之野。应龙蓄水，蚩尤请风伯、雨师纵大风雨。黄帝乃下天女曰魃，雨止，遂杀蚩尤。魃不得复上，所居不雨。"黄帝在和蚩尤作战的过程中，曾命

[①] 张鹤、张玉清：《中国龙文化的形成发展和中外文化交流》，《河北师范大学学报（哲学社会科学版）》2008 年第 2 期。

令他的部下应龙通过蓄水的方式攻击对方,《广雅·释鱼》说应龙有翼,可见应龙在这个神话传说中,是一条长着翅膀、能操控雨水的龙。

龙作为一种神性动物,除了掌管云雨之外,还具有升天的技能,可以成为沟通天地的使者。因为龙是沟通天地的使者,古籍所载传说中的一些天神人主索性以龙为坐骑,乘龙往来于天地之间。如《山海经》中记载的神人有夏后开,也叫夏后启,他位于西南海之外,赤水之南,流沙之西,可以乘两龙携三嫔飞天,并将天上的乐曲《九辩》《九歌》记录下来;还有鸟身人面的东方句芒、左耳有蛇的西方蓐收、兽身人面的南方祝融等,都可以乘两龙。前文所引《韩非子·十过》"昔者黄帝合鬼神于泰山之上,驾象车而六蛟龙"一段文字是晋平公的乐师师旷所讲述的远古传说,说从前黄帝在泰山之上与鬼神会合,驾驶着象车而有六条蛟龙相伴,木神毕方站在车旁边,蚩尤在前面开路,风伯在前面清扫,雨师为他洒水清洗道路,虎狼在前面守卫,鬼神在后面扈从,腾蛇匍匐在地,凤凰飞翔在上,创作出了清角乐调。黄帝乘龙飞升的古史传说还见于《史记》。《大戴礼记》说颛顼乘龙到达四海:北至幽陵,南至交趾,西济流沙,东至蟠木。

由于龙具有沟通天地的使者身份,所以自然要担负起引导或负载人的灵魂升天的任务。龙负载墓主人灵魂升天的图像以1973年湖南长沙子弹库楚墓出土的帛画"人物驭龙图"最为典型。图中男子高冠宽服,头上罩有盖伞,手抚佩剑,驭龙而行;龙身躯颀长弯作舟行,头上独角高树,上唇长卷,有足有鳍,尾分两叉,又摆颈昂首作飞升状;龙尾上立一鹤形飞鸟,龙身下有一游鱼并行。这座墓葬的墓主人是一位40岁左右的男性,画中男子当为墓主人形象,整个帛画的主题很明显是龙负载墓主人的灵魂升天。[①]

①　张鹤、张玉清:《中国龙文化的形成发展和中外文化交流》,《河北师范大学学报(哲学社会科学版)》2008年第2期。

　　龙既然是通天的神兽，它就能给人带来神的关照与庇护。当天下太平、经济繁荣之际，龙就会出现，以显示祥瑞，因而龙也带有吉祥的含义。《礼记·礼运》说麟、凤、龟、龙是四类动物之王，称为四灵，圣人取法天地，如果把四灵作为家畜，饮食就会有所取材。龙如果成为家畜，鳞族部下就会随之而来；凤如果成为家畜，羽族部下也会随之而来；龟如果成为家畜，可用以占卜，就可以预先察知人情。上古时代祭祀礼器上的动物造型和祭祀巫术中的动物实体都具有通天神兽的身份，其中又以龙的神格为最高，因而自古以来龙就被人们视为最聪明的动物。

　　龙既然是一种动物，自然要生育后代、延续族群，所以又有龙生九子的说法。明代徐应秋《玉芝堂谈荟·龙生九子》说龙生九子，各有所好。龙生九子的说法不一，一般而言：老大囚牛是众多龙子中性情最温顺的，它不嗜杀、不逞狠，专好音律，龙头蛇身的它耳音奇好，能辨万物声音，它常常蹲在琴头上欣赏音乐，因此用来装饰琴头；老二睚眦，平生好斗喜杀，刀环、刀柄装饰了睚眦的形象后，更增添了慑人的力量，它不仅装饰在沙场名将的兵器上，更大量地用在仪仗和宫殿守卫者的武器上，从而更显得威严庄重；老三嘲风，形似兽，平生好险又好望，用于殿台角上的走兽，不仅象征着吉祥、美观和威严，而且还具有威慑妖魔、清除灾祸的含义，使整个宫殿的造型既规格严整又富于变化，达到庄重与生动的和谐、宏伟与精巧的统一，它使高耸的殿堂平添一层神秘气氛；老四蒲牢，盘曲而好鸣好吼，用于洪钟上的龙形兽钮，它居住在海边，一向害怕庞然大物的鲸鱼，当鲸鱼一发起攻击，就吓得大声吼叫，所以人们把蒲牢铸为钟钮，而把敲钟的木杵做成鲸鱼形状，以使钟声悠远嘹亮；老五狻猊，形似狮子，平生喜静不喜动，好坐，又喜欢烟火，用于佛座上和香炉上的脚部装饰，明清之际的石狮或铜狮颈下项圈中间的龙形装饰物也是狻猊的形象，使得守卫大门的中国传统门狮更为峥嵘威武；老六霸下，又名赑屃，形似龟，平生好负重，力大无穷，常用于驮碑，传说霸下上古时代常驮着三山五岳，在江河湖海里兴风作浪，大禹治水后搬来顶天立地的特大石碑，叫霸下驮着，沉重的石碑压得它不能随便行走；老七狴犴，又名宪章，形似虎，平生好讼，又有威力，用于狱门上部那虎头形的装饰，除装饰在狱门上外，还匍匐在官衙的大堂两侧，维护公堂的肃穆正气；老八负屃，似龙形，平生好文，常被雕成石碑两旁的文龙，它们互相盘绕着，看去似在慢慢蠕动，和底座的霸下相配在一起，更觉壮观；老九螭吻，又名鸱尾、鸱吻，龙形的吞脊兽，口阔噪粗，平生好吞，用于殿脊两端的卷尾龙头，有镇邪避火的作用。

（二）部落象征

龙作为部落的象征，主要体现为图腾崇拜。在原始的部落氏族时代，每个部落氏族都有自己的图腾。而人类在部落氏族时代的总趋势是由孤立、分裂走向联合，由原来的氏族部落走向部落联盟。在漫长的演变过程中，强盛的部落吞并弱小的部落，大型部落合并小型部落，在部落不断融合过程中，原有的部落氏族图腾或趋于消亡，或融入其他部落的图腾中。在部落联盟中，往往存在着信奉不同图腾的氏族，经过众多图腾间的并融与组合，于是，在大型部落中就形成了一个共同信奉的图腾。

龙作为一种融合性的大型部落图腾开始出现并且成为部落的象征，除了黄帝统一中原部落后创造龙图腾的说法之外，还有一种说法认为，最早崇拜龙图腾的部落是伏羲氏，太昊伏羲是龙图腾部族最早的一个重要祖先。[1]《左传·昭公十七年》《三皇本纪》都说伏羲有"龙师"的称号。《御批通鉴纲目》引孔安国的说法，说上古时代，黄河里面出现了一个长着马头而龙身的异兽，身上的毛卷曲，有斑点和花纹，伏羲氏见到以后受到了启发，画出八卦的符号，又根据龙马身上的花纹发明了渔

① 黄淑娉等编：《中国历代史话》，北京出版社1992年版，第136页。

网，使人类文明进入渔猎时代。所以伏羲部落信奉龙图腾，以龙为部落标志，以龙命名官职。相传伏羲人首蛇身，也与此相合。

伏羲氏出生于雷泽附近，雷泽不大可能在甘肃天水，史书上记载伏羲氏是东夷族人，而东夷族的活动区域主要在今淮河流域，所以伏羲氏的活动范围也应在淮河流域，即今山东东南部、河南东部、安徽西北部一带。三代之前的淮河流域是一片水乡泽国，应该在今山东、河南交界处，后来伏羲氏的活动范围逐渐向西南转移，其活动中心移到了淮阳。淮河流域的东夷族中，在龙图腾出现之前普遍存在着鸟图腾和蛇图腾，如蛇首人身的女娲氏可能是一个崇拜蛇图腾的母系氏族的首领。以鸟为图腾的风姓部落有云鸟氏、青鸟氏、丹鸟氏等，伏羲氏部落在鸟、蛇图腾的基础上综合了各种图腾的不同特点，逐渐发展成龙图腾。[①]

(三) 帝王象征

秦汉时期龙的意义发生了转折性变化，从之前带有神性的动物慢慢演化成为帝王的象征。随着社会的发展，封建王朝开始出现，封建君主专制集权政体逐步确立。君权神授、君权神圣等观念开始萌发并被统治者所利用。为了宣示自己统治的合法性并增加统治的神秘性，帝王向臣民宣称自己统治天下的权力是上天授予的，神圣不可侵犯，并且会世代传承。与此同时，为了使统治的神秘性、神圣性有一个具体的体现，封建帝王选择在臣民心中拥有尊贵地位的龙来表达自己统治的神秘性和神圣不可侵犯的属性，宣称自己是真龙天子，是龙的化身，代上天行使统治人间的权力，四海八荒都要认可、臣服于这种统治的正统性。于是帝王身穿龙袍，使用各种带有龙形象的物品，居住的皇宫内也使用带有龙凤等多种珍奇瑞兽图案的器物，以此来巩固自己在臣民心中真龙天子的地位，并且严禁除帝王以外的任何人擅自使用龙形图案，使龙形图案成

[①]　余全有：《龙文化探源》，《天中学刊》2000年第3期。

为封建帝王的专属象征。此时，龙由部落氏族象征转变为封建帝王的专属象征。

　　龙成为天子的象征是从秦始皇开始的，祖龙是《史记》中对秦始皇的称呼。公元前211年，火星侵入心宿，象征帝王有灾。有颗陨星坠落在东郡，有人在上面刻了"始皇帝死而土地分"，秦始皇听说后，派御史前去挨家查问，没有人认罪，于是把居住在那块石头周围的人全部抓来杀了，焚毁了那块陨石。后来秦始皇巡行天下，秋天时使者从关东走夜路经过华阴平舒道，有人手持玉璧拦住使者，并说："今年祖龙死。"使者问他缘由，那人忽然就不见了，放下玉璧离去。使者捧回玉璧向秦始皇陈述了所遇见的情况。秦始皇沉默了好一会，说："山里鬼怪本来不过能预知一年的事。"当时已是秋季，秦始皇说今年的日子已不多，这话未必能应验。到退朝时他又说："祖龙就是人的祖先。"故意把"祖"解释成祖先，祖先是已死去的人，因此"祖龙死"自然与他无关。但南朝宋裴骃《集解》引苏林的说法，把龙与君相联，用祖龙指代始皇，后来成为共识。

　　到了汉代，经过汉高祖、汉武帝的利用、认同、强化，形成了完整的以龙为代表的帝王文化。汉高祖刘邦主动将自己的出身与龙联系在一起，编造了一系列的龙种神话。《史记·高祖本纪》："其先刘媪尝息大泽之陂，梦与神遇。是时雷电晦冥，太公往视，则见蛟龙于其上。已而有身，遂产高祖。"刘媪息于大泽之陂时，神人所乘两龙降临尘世，投胎于刘媪；投胎之时，风雨大作，这是天地交合的具体表现；神人所乘两龙亦于刘媪上方作交合之状，以象征阴阳交合、男女构精，于是刘媪终于有娠，而高祖当为神人转世。所谓蛟龙，应该是交龙，指相交的雌雄二龙。[①]《史记》中还记载刘邦出生之后，不但"隆准而龙颜"，而且

---

① 　刘志雄、杨静荣：《龙与中国文化》，人民出版社1992年版，第273~274页。

"醉卧，武负、王媪见其上常有龙"，甚至"其气，皆为龙虎，成五采"，又在反秦时编造了"赤帝之子"的神话，使自己全面成为龙的象征，开创了真龙天子的先河。

统治者将自己和龙相联系，不过是借此提高自我身份，用来麻醉人民。要达到这个目的，就必须形成对龙的使用垄断，将其变成帝王的独特标识，这一点在服饰上表现得最为突出。根据《通典》记载，东汉明帝永平中规定，三公、诸侯的服饰还可以用山龙九章，九卿以下就只能用华虫七章了；唐代时孙茂道甚至提出，君臣服冕都用龙饰，尊卑相乱，所以臣下要用云麟代替龙。元代统治者出于政治的需要，开始垄断龙纹的使用，不断通过行政命令进行干涉，规定五爪龙为皇家专用。明代朱元璋以动物纹饰区分官职地位，据《明会典》记载，洪武二十四年（1391）规定，文官绣禽，以示文明：一品绯袍，绣仙鹤；二品绯袍，绣锦鸡；三品绯袍，绣孔雀；四品绯袍，绣云雁；五品青袍，绣白鹇；六品青袍，绣鹭鸶；七品青袍，绣溪敕；八品绿袍，绣黄鹂；九品绿袍，绣鹌鹑。武官绣兽，以示威猛：一品、二品绯袍，绘狮子；三品绯袍，绘老虎；四品绯袍，绘豹子；五品青袍，绘熊；六品、七品青袍，绘彪；八品绿袍，绘犀牛；九品绿袍，绘海马。同时规定官吏服饰不准使用玄黄紫三色，绣龙凤纹。蟒纹实际上是少一爪的龙纹，明代虽然用蟒衣赏赐功臣，却禁止臣民私造穿用，甚至不允许向皇帝奏请蟒服。清代的蟒服使用较为宽松，五爪龙纹的瓷器也允许在民间流传。统治者虽然对民间使用龙纹作诸多限制，自己却在衣食住行等方面大肆滥用，借通天神兽来维护政权神圣，使龙成了帝王的标识。

（四）民族象征

近代以来，随着列强入侵、西学东渐、民智大开，以及封建君主专制制度的衰落及消亡，龙也从封建帝王的专属象征中解放出来，成为中国及中华民族的象征。身处列强入侵所带来的苦难中的国家和民族，急需一种图腾式的象征来凝聚和振奋民族精神，深受几千年龙文化影响的中国人便以龙为国家民族的象征，振奋民族精神，抵抗外侮，争取国家独立和民族解放。龙所象征的自强不息的精神，成为近现代无数仁人志士的寄托，他们正是以龙的自强不息精神为寄托，走上救国之路，自强不息的精神遂成为国家民族的象征，也使龙形象上升到了国家民族象征的地位。

中华儿女之所以以龙的传人自居，除了龙崇拜的因素，也跟炎黄二帝有很大关系。炎帝的出生与神龙关系非常密切，根据王符《潜夫论》和皇甫谧《帝王世纪》的说法，炎帝的母亲是有蟜氏之女，在华阳游玩时，因感应神龙于常羊，生下了炎帝。黄帝的出生可能也与龙有关，《竹书纪年统笺》记载，附宝是因感应大电绕北斗枢星而怀孕生下了黄帝。黄帝生下来之后有很多龙的特征，如有龙颜、有龙形等。有人认为，龙是对于自然力的一种拟声化的表现。远古时代的先民，对于乌云漫天、电闪雷鸣、大雨瓢泼之时相伴而来的隆隆雷声，会感到本能的畏惧与恐慌，认为是某种神物发出的隆隆声响，并以"隆"声来称呼神物。这个神物的具体形象，有人认为是蛇，有人认为是牛马，还有人认为是云霞等，经过历史的演进，人们把模糊形象的某一部分加以整合、加工，于是就形成了龙的最初形象。从这个角度上来讲，附宝孕育所感应的雷电，也可能带有神性动物的因素，与龙的形象相当接近，所以黄帝出生后才会有诸多龙的特征。

在原始部落的图腾崇拜和图腾信仰中，图腾和祖先的关系极其密切。在祖宗神话产生前，图腾神话已盛极一时，图腾物被人崇拜得五体投地，女人借助与图腾物的关系，在神话上居了生育人类的首功，然而图腾神话也向人们显露，尽管人类为女人所生，但要是没有图腾物的神秘力量，女人的生育将成无本之木，男人于是利用图腾神话，将图腾物与祖先画上等号，说那图腾物就是祖先的化身，祖先的鬼魂便一下子成了神圣的偶像，所以先祖的形象总是怪诞的，如楚祖祝融据说是一只鸟，伏羲氏据说是一条蛇，《山海经》里的神灵大都如此，都是男人们神化自我在神话中的投影。[1] 可以说，图腾崇拜已经孕育了最早的集团祖先的观念，人类对自己真正的祖先的确认，从动植物等自然物到人，确实经历了长久的认识过程。[2] 以龙作为部落或者部落联盟的图腾，既包含了原部落的祖先信息，也形成了新的祖先形象。炎黄二帝作为中华民族的人文始祖，与龙的关系如此密切，因此后世逐渐形成了炎黄子孙、龙的传人等说法。中华大地上，到处可以看见龙，从划龙舟、舞龙灯，到龙的绘画、龙的雕刻、龙的旗帜等。龙，深深扎根于中国人的心中，成为中华民族的象征。

少数民族中也有以龙为祖先的神话传说，借龙来提高本族的尊严和凝聚力。《后汉书·南蛮西南夷列传》记载，哀牢夷有一位妇人，名字叫沙壹，居住在牢山。妇人在水中捕鱼，触碰到一块乌沉木，有了异样感觉，随后怀孕，十个月后，生下十个男孩儿。后来，乌沉木化作巨龙，从水中上岸。沙壹听到巨龙讲："你为我生的儿子，在哪里？"九个儿子看到龙，惊慌失措，四散逃走，只有小儿子没有逃，背对着龙坐在地上，龙用舌头舔舐小儿子。母亲讲话犹如鸟语，把背称为"九"，把坐称为"隆"，叫小儿子为"九隆"。及至九隆长大成人，他的哥哥认为九隆曾被父亲舔舐，而且九隆聪明狡黠，遂共同推举九隆为王。后来，哀牢山下有一对夫妇，生下十个女儿，九隆兄弟娶为妻子，他们的后人不断繁衍。哀牢人在身上刻画龙纹，衣服后面拖有一条尾巴。九隆去世，后嗣继承王位，世代传承。

---

① 田兆元：《图腾神话与祖先神话的传承流变》，《上海社会科学院学术季刊》1995 年第 3 期。

② 蔡家麒：《自然·图腾·祖先——原始宗教初探》，《哲学研究》1982 年第 4 期。

第三节　炎黄文化与中华龙文化的交融

　　炎黄文化和中华龙文化关系密切，都是中华优秀传统文化的重要组成部分，与中华文明的起源和发展息息相关。自古以来，中华儿女就以龙的传人自居，二者在中华文明形成发展的历史进程中交汇融通，成为中华民族重要的文化资源。

一、炎黄文化和中华龙文化在中华文明起源上的交融

　　炎黄时代是中华五千多年文明的起源和萌芽时期。华夏民族在形成过程中，逐渐确立了炎黄二帝的历史地位，最终使其成为中华民族的人文始祖。炎黄时代的许多发明创造，涉及物质文化和精神文化的诸多方面，如农业、医药、制陶、纺织、冶铜、舟车、文字、音乐、绘画和星历等，这些辉煌创造成为炎黄时代进步的标志，说明原始经济和文化开始步入发展的阶段。中华民族进入文明时代的历史始于五帝，五帝时代早期国家的建立，标志着中华民族文明历史的诞生。五帝时代之后的夏代是中华文明的发展时期，因此从文明发展历史进程的角度而言，炎黄时代所创的物质文明和精神文明显然是中华文明形成不可或缺的重要源头。

　　龙是中华民族的图腾，是中华文明和中华民族多元一体的象征，也是维系全世界华人的精神纽带。作为中华文明的核心密码，龙是中国文化的突出符号，时至今日，龙的形象已渗透到中华文化的各个层面，包括建筑、民俗、文学、艺术等，龙成为一种文化的凝聚和积淀。在传世文献记载和民间故事传说中，中华龙与五帝时代许多部族关系密切。炎帝不仅出生与龙有关，还具有龙颜的特征。黄帝除了龙颜特征外，还曾驱使应龙，乘龙飞升，龙传说也与黄帝有关。帝尧陶唐氏、共工氏、夏

禹等都以龙为图腾。从某种意义上来讲，龙本身就是炎黄等部族崇拜、运用、比附、象征的神物。龙形象中所蕴含的主要文化内涵，如神灵象征、部落象征、帝王象征、民族象征等，也都有炎黄文化的因素。从这些记载和传说而言，龙产生于炎黄时代，并成为中华文明的核心密码，也与中华文明的形成进程有着密切关系，是中华文明的重要源头之一。

二、炎黄文化和中华龙文化在中华儿女认同上的交融

中华儿女之所以常以炎黄子孙自居，就源于炎黄的人文始祖地位。在《国语·周语下》中，太子晋劝谏周灵王时提到，鲧、禹与夏人之后，以及共工、四岳与各姜姓国，皆黄、炎之后。事实上，从先秦时期开始，中华姓氏文化中的炎黄主体现象就非常显著。司马迁在《史记·五帝本纪》中说，虞夏商周汉都属于黄帝系统。后世帝王都声称他们是黄帝的后裔，几乎所有的姓氏都将自己的远祖追溯到炎黄二帝。而接受了华夏文化的少数民族，如匈奴、鲜卑等，也声称自己是黄帝子孙、炎黄子孙。如辽朝大臣耶律俨《皇朝实录》称契丹为黄帝之后，《辽史·太祖纪赞》和《世表序》主张契丹为炎帝之后，自认为契丹是炎帝苗裔。清末反抗满族统治的早期革命党人，用"炎黄子孙、黄帝子孙"做口号争取汉人的支持，激进的革命派认为"炎黄之裔，厥惟汉族"，温和的改良派则认为"中国皆黄帝子孙"。面对西方列强的侵略和蚕食，包括少数民族人士在内的有识之士号召打破族群界限，以"炎黄子孙"为旗帜凝聚中华。在面对外国强敌侵略、国家处于危难的情况下，"炎黄子孙、黄帝子孙"的概念，成为以祖先崇拜为基本文化的中国人构建民族凝聚力的符号。抗日战争时期，"炎黄子孙"的称谓在抗战烽火中定型为中华民族的指代符号，成为号召与激励海内外华人共同抗战的一面旗帜。

龙的传人也是中国人的自称，因为龙虽然本来是华夏族的图腾，但后来逐渐演变成了中华民族的个性象征，成了始祖文化的一部分。有学

者认为，在中华文化的历代传承中，因为黄帝等文化祖先以龙作为文化标识，"龙"与"文化祖先"在文化符号上具有可以互换的特点，所以中华民族有时又被称为"龙的传人"。①在安东尼·D.史密斯所列出的关于族裔共同体的六个主要特质中，"一个关于共同祖先的神话"仅次于"一个集体性的适当名称"，排在第二位，他认为，"对族裔认同来说，重要的是虚构的血统与想象的祖先"。②炎黄二帝作为中华民族的人文始祖所催生的炎黄子孙概念，与龙作为中华民族的个性象征所催生的龙的传人的身份认同意识，都是中华儿女祖先认同的重要表现，而且两者又在人文始祖的龙文化印记中交融在一起。

三、炎黄文化和中华龙文化在中华民族精神上的交融

民族精神是一个民族在历史长期发展中孕育而成的精神样态。它是在民族的历史发展中形成、存在于民族的深层意识之中、决定民族精神面貌的最基本、最简单、最普遍的信念。炎黄是中华民族的人文始祖，龙是中华民族的人文象征，炎黄文化和中华龙文化都是中华优秀传统文化的重要组成部分，二者所体现出的民族精神也有共同之处。

（一）和合

炎黄精神的和合体现在炎黄二帝处理人与人、族与族、人与自然等之间关系时所表现出的虚怀若谷、包容宽厚、相互协作的品德上。如黄帝在诸侯相侵伐的动荡时代，通过战争手段先后融合了炎帝和蚩尤等部族。但成为天下共主之后，黄帝并未对战败者赶尽杀绝，而是表现出一种宽容博大的胸怀和气度，通过"抚万民，度四方"使黄河流域各部落

①　王宪昭：《"中华文化共有符号记忆"系列之一龙图腾：中华民族的共同文化记忆》，《中国民族教育》2003 年第 6 期。

②　［英］安东尼·D.史密斯：《民族认同》，王娟译，译林出版社 2018 年版，第 30~31 页。

相融合，走向联盟、统一的局面。龙图腾的形成，也是黄帝和合精神的显著体现。相传黄帝统一中原后，吸收各大部落各自图腾的局部特点，创造出我们现在所知道的龙。龙并非现实存在的动物，而是一个动物联合体，它具备多种动物的生理特征，具有多源性，但这种多样性的差异统一在一个特定的内涵之中，充分体现了和合的精神。

（二）创新

所谓炎黄精神，就是以炎帝为首的姜炎族和以黄帝为首的姬黄族及其后裔在与自然和社会的斗争中，在摆脱愚昧和野蛮、追求先进和文明的过程中，逐渐形成的实干、创新、务实、进取、和合、献身等伟大精神。[1] 其中创新精神主要体现在炎黄时代的诸多伟大发明创造上，史传炎帝发明了耒耜、粟谷、医药、纺织、琴瑟等，黄帝与其臣子的发明创造达二三十种之多，不仅涉及人们日常生活衣、食、住、行等方面，而且包括法律制度等多个层面，因此可以说创新是炎黄时代的主旋律。龙作为一种象征性符号，本身就是创新的产物，其形成之后的形象也不是固定不变的，每个时代都有不同的特征，如商周龙神秘莫测，春秋战国龙变化多端，秦汉龙威武刚劲，魏晋南北朝龙飘逸洒脱，唐代龙华美富丽，宋明龙威严至尊，数千年间龙的体态变化无穷。这种创新精神是中华民族的传统品格，正是这种大智大勇、百折不挠的创新精神，才使中华民族一步步走到今天，而且愈走愈强。

（三）厚生

炎黄时代的发明创造，无不攸关氏族、部落的前途命运，与族民的生死存亡相联系，带有浓郁的厚生意识。如发明耒耜，是为解决族民吃饭问题；规定"日中为市"是为促进经济发展；发明琴弦，是为丰富族民的精神文化生活；养蚕缫丝，是为改善族民的服饰衣着；发明房屋宫

---

① 霍彦儒：《试论炎黄精神及其当代价值》，《信阳师范学院学报（哲学社会科学版）》2018 年第 5 期。

室，是为改善族民的居住条件；发明舟车，是为了便于族民行走天下；仓颉作书（文字），是为了便于族民交流和记事；等等。炎黄时代的每一项发明创造，都与族民的生存生活息息相关。中华龙文化中也具有浓郁的厚生意识，龙作为图腾，正是因为它具有神奇的力量和仁厚的功德才受到族人的崇拜。在传说中，我们的祖先总是在重大事项和关键时刻得到龙的指引、帮助和保护，如伏羲氏受龙图而画八卦，黄帝得苍龙而辨于东方，应龙以尾划地助禹治水，等等。所以龙作为祖先神是具有福佑子孙功能的，它作为农业神，也都一直体现着厚生的精神。中华文明根植于农耕文明，龙作为一种掌管云雨的神灵，对农业生产至关重要，如古人向龙祈雨。因此，在厚生爱民这一点上，炎黄精神和龙的精神也是相通的。

　　炎黄文化和中华龙文化都是中华优秀传统文化的重要组成部分。在传世文献中，关于炎黄时代的记忆传说，龙是无法回避的一个话题，炎黄二帝的出生和活动，均与其密切相关。从考古发现来看，各种原龙纹也经常出现在史前时代，成为龙纹形成的诸多渊源。龙图腾、龙形象、龙文化等，都是在历史长河中逐渐形成的，是中华文明的密码，也是中华民族的象征。中华龙具有多重含义，在历史演进中成了神灵、部落、帝王和民族的象征，并且与炎黄文化的关系密切。从中华文明起源来看，炎黄文化和中华龙文化都是中华文明多个源头的重要组成部分，共同形成了中华文明的基因密码。可以说，炎黄文化和中华龙文化作为中华优秀传统文化的根源文化重要组成部分，影响了中华民族的基本精神面貌，二者所体现出的民族精神，在和合、创新、厚生等方面也是相通的。

思考题

1. 中华儿女为什么以龙的传人自居？

2. 龙文化有哪些象征意义？

3. 中华龙文化中蕴含着什么样的民族精神？

拓展阅读

1. 刘志雄、杨静荣：《龙与中国文化》，人民出版社 1992 年版。

2. 鲁谆、王才、冯广裕主编：《龙文化与民族精神》，上海人民出版社 2000 年版。

3. 朱乃诚：《中华龙：起源和形成》，生活·读书·新知三联书店 2009 年版。

4. 王震中：《龙的原型与神性》，见《重建中国上古史的探索》，云南人民出版社 2015 年版。

第八章　炎黄与民俗文化

　　民俗文化作为中华优秀传统文化的组成部分，直接参与了人类社会秩序的建设。作为一种生活的积淀，它对民族文化的形成、发展具有巨大的影响作用。[①] 炎黄二帝是中华民族的人文始祖，炎黄文化积淀着中华民族深层的基因，为凝聚海内外中华儿女、维系国家团结统一、促进中华民族伟大复兴提供了源源不断的精神力量。中华民族在长期的历史发展进程中，以炎黄为中心，逐渐形成了一些广为流传的民间传说和民间习俗。

第一节　炎　黄　传　说

　　民间传说是围绕客观实在物，运用文学表现手法和历史表达方式构建出来的，具有审美意味的散文体口头叙事文学。这里的客观实在物，可以是一个历史人物、历史事件，也可以是一个地方古迹或风俗习惯。[②] 民间传说具有极强的解释性，同时因为民间传说的时间、地点、人物、事件相对固定，决定了它在一个相对固定的范围里传承，从而增加了传

---

① 陈华文：《民俗文化学（新修）》，浙江工商大学出版社2014年版，第28页。
② 刘守华、陈建宪主编：《民间文学教程》，华中师范大学出版社2002年版，第126页。

说的真实性，有利于我们理解乡土文化和民族精神。以下从炎帝传说、黄帝传说和嫘祖传说三个方面来阐释。

一、炎帝传说

炎帝传说是以炎帝为中心形成的传奇故事，在陕西宝鸡、湖北随州、湖南炎陵、山西高平、河南柘城和甘肃仇池等地广泛流传。这些传说与地方风物、社会风俗等相结合，形成了一个相对完整的炎帝文化空间，成为中华民族宝贵的文化遗产。炎帝传说内容丰富，主要涉及炎帝的出生、发明创造、身后显灵及其死亡等方面。在漫长的历史发展过程中，炎帝文化已经与当地民众的生产生活融为一体。

（一）神农种谷

山西高平的东北有座大山，远远看去，山顶像一只卧着的羊，人们就把那座山叫羊头山。相传，炎帝就住在这座羊头山上。那个时候，人们以狩猎、采集野果、捕鱼等为生，经常食不果腹，日子过得很苦。炎帝看到黎民百姓的苦楚，于心不忍，暗暗发誓要让大家过上丰衣足食的生活。为此他日思夜想，有一天，炎帝梦见一位老人对他说："不要发愁，虽然很难经常捉到动物，但是可以学学麻雀，学麻雀吃草籽！"炎帝醒来就去找麻雀，这里瞅瞅，那里看看，突然一群麻雀飞走了，他走到麻雀待过的地方一看，原来是一片狗尾巴草地，仔细一瞧，发现地上落有好多籽儿，抓一把放到嘴里细嚼感觉甜甜的。他把地上的草籽全拾起来，拿回去撒在地里。第二年春天，地里长出了绿油油的小草苗。夏天，小草苗长高了，秋天，长出了狗尾巴穗子。穗子渐渐地由绿变黄后，炎帝把穗子摘下来，把草籽搓了下来，分给人们，带领大家去撒播。这草籽就是谷子。

后来，羊头山的人们为纪念炎帝，把他尊称为神农，把颗粒饱满、色泽金黄的小米称为"神农米"。直到现在，羊头山上还能隐隐约约地看到神农城的遗址，还有神农井、五谷畦和神农家。人们还盖起了神农庙，庙会期间老百姓成群结队到庙里焚香祭拜，怀念神农的功德。

（二）木桩定时辰

太阳刚刚升起，神农和乡亲们就到达了狩猎的地方，大家齐心协力打好木桩正要挂网，神农突然发现太阳的照射给木桩投射出一道影子，那影子比木桩还长。神农觉得奇怪，就蹲在那儿仔细查看：太阳慢慢地升高了，木桩的影子却渐渐地缩短了；太阳到了头顶的时候，木桩只剩下短短的一节影子……神农看得如痴如醉，竟忘了再去狩猎，乡亲们也是莫名其妙，不知他想干吗。

为了搞清楚影子的变化，神农在自家院子里打了一根木桩用心观察，最终发现了影子的变化规律。他把太阳从出山到落山照射在地上的木桩影子划分成十二段，用来区分一天的时间，称为十二个时辰。要想知道是什么时辰，一看木桩的影子就可以知道。乡亲们这才明白，原来神农是在用木桩定时辰！

（三）神农造琴

神农教会民众耕种以后，庄稼一年比一年长得好。每到秋天收获的季节，人们就燃起篝火，围绕篝火跳起欢快的舞来。但是神农总感觉缺点什么。

有一天，神农看见一只凤凰歇息在梧桐树上，时不时地发出鸣叫，叫声十分好听。在凤凰的带领下，其他鸟也鸣叫起来，形成了十分动听的乐曲。神农很好奇：为什么只有栖息在梧桐树上的凤凰叫得最好听呢？他想一定和树有关。于是，他砍了一棵梧桐树，去掉两头，留中间的一段来做琴，以绳丝为弦，反复试验，一直试验了七七四十九天，终于做成了五弦琴，第一弦为宫，其次是商、角、徵、羽。从此，人间有了美妙的音乐。

二、黄帝传说

黄帝传说是围绕黄帝讲述的传奇故事，在河南新郑、陕西黄陵、甘肃天水、山东寿丘、湖南长沙、河北涿鹿等地广泛流传。黄帝传说的内容主要涉及黄帝出生、姓氏由来、尊师、发明创造、神仙考验、神授法术及升天成仙等方面。

（一）有熊氏的来历

很久很久以前，在具茨山一带，住着一个少典族部落。部落的首领少典身材魁梧，箭法高超，经常携弓带箭去林中射猎鸟兽，每次都满载而归。但是有一次，他射猎了半天却只猎获了几只山鸡野兔。无奈的他只好往回赶，狩猎人有个规矩：日到中午就得往回走，通常不在山野过夜。心情沮丧的少典坐在一棵大树下吃点干粮，想休息一会儿再走，结果睡着了，迷蒙之中感觉有什么东西推他的手臂，猛地惊醒，看到一只大熊站在面前。这是一只比普通熊大得多的大熊，经常狩猎的人都知道它是熊群的领袖，人们称它为熊将军，平时极少见到它。

熊将军见少典醒来，连忙跪在地上叩头。少典以为它祈求猎物，就扔了一只野兔给它。它却不理，还是叩头。熊将军见少典不懂它的意思，就调转身子卧伏在他旁边，轻吼着摇摇头，示意他骑在它身上。少典明白了，就背起弓，拿着箭，带上猎物，骑到熊将军的背上。

熊将军驮着少典一路狂奔，进入一条阴森的大峡谷后才渐渐地放慢了脚步。遮天蔽日的参天大树让峡谷充满了神秘，也让熊将军全身战栗起来。它一边走，一边四处张望，似乎怕什么东西会随时出现。就这样，又走了几里路，终于在一片平坦的青石上停了下来。青石旁有一棵高数十丈的白果树，熊将军靠在大树上，摇摇头，又轻声吼叫，示意少典爬到树上。少典背着弓箭，攀缘树干而上。熊将军站在树下仰望着他，见他一直爬到树顶后，围着大树走了一圈，又跪下叩了几个头后离开了。

　　少典在树上住了一夜。第二天黎明时分，少典看见青石上有两道亮光闪烁，仔细一看才看清那是一头巨兽。巨兽身躯庞大，全身毛色乌黑，静静地站在那里，好像在等候着什么。天亮时分，从峡谷的另一头走出一群熊来，领头的正是那个熊将军。只见熊群走到巨兽前一齐趴在地上，任它摆布。巨兽走进熊群，迅速地扑杀了两只熊。等它吃完，熊群才战战栗栗地离开了。

　　少典目睹这一惨相，终于领悟了熊将军的心意，那就是请求他除掉这头巨兽。他居高临下，拉满弓，连发三箭皆中但未中巨兽要害。巨兽负伤，大声狂叫，树木都被震得哗哗作响。少典朝巨兽连喊几声，巨兽看到了少典，疯狂扑到树下朝他怒吼，少典急忙拉满弓，嗖的一箭射中巨兽的喉咙，只见中箭的巨兽狂蹦乱跳，折腾了好大一阵才死去。

　　过了一会儿，熊将军走过来，用爪触摸巨兽的尸身，确认它死了后仰天大吼。顷刻间，数百头熊从峡谷奔来，齐声大吼，声震峡谷。然后，熊群一齐下跪，朝大树叩头。熊将军也走到树下，再次朝少典下跪，示意少典下来。少典从树上下来骑上熊背。熊将军把他送回到之前歇息的那棵树下。少典成了熊的救命恩人。从此，当他需要熊的帮助时，就去那棵大树下学熊连吼三声，就会有熊出来供他差遣。

　　有一年，箕山的狼部落向北扩展，与少典部落发生了冲突。少典部落被打败，损失惨重。无奈之下，少典又到那棵大树下学熊叫三声，数千只熊从深山老林里奔来。少典带着这些熊一起征战，最终赶走了狼部落，夺回土地，重建家园。少典因此把部落名称改为熊部落。部落的人感觉有熊的帮助可以无敌，经常对外部落的人夸耀说："我们有熊。"久而久之，大家都称他们为"有熊氏"或"有熊部落"。后来，熊部落逐渐强大，发展成有熊国，少典就成了有熊国的国君。

　　（二）黄帝观北斗

　　轩辕黄帝生来就很聪明，他非常注意观察自然物候的变化与人们生产生活之间的关系，还把观察的结果灵活运用到生产生活和战争中，因此他总能解决很多问题，逢凶化吉。

话说有一次在与蚩尤对战时，蚩尤佯装失败，往蚩尤城方向跑，轩辕黄帝带领队伍在后面紧追不舍，可就是追不上。原来是蚩尤设好了计，正围着蚩尤城转圈儿呢。由于天黑，又对地形不熟，轩辕黄帝和士卒们晕头转向，分不清东西南北了。蚩尤利用地形优势，到处攻打轩辕黄帝的队伍，使得黄帝的队伍损失惨重。轩辕黄帝想带领队伍冲出去，可是连续冲了几次，都因为分辨不清方向而失败。他不由得仰天长号："蚩尤残暴，难道天不助我？"忽然他看到了之前经常观察的北斗星，豁然开朗：蚩尤城在东南，我们在西北，如果以北斗为方向，不就冲出去了吗？于是，他立即让士卒跟着他朝西北方向冲杀，果然很快就将蚩尤的人马甩到了后面，突出重围，回到轩辕城。

后来他想，晴天可以观察北斗星，阴天怎么办呢？他又想了整整三十六个昼夜，终于制造出了在任何天气条件下都不会迷失方向的指南车，为日后的胜利打下了坚实的基础。

（三）黄帝令仓颉造字

古时候，人们结绳记事，大事儿打个大结，小事儿打个小结，横着的绳子代表记物，竖着的绳子代表计数。久而久之，绳子越结越多。轩辕黄帝统一中华之后，感觉这种记事方法不够用了，就让文官仓颉想办法解决。仓颉用心观察自然现象和动植物等的特点，见到啥画个啥。见到太阳，画个圆圈，见到月亮，画个圈儿，见到老虎画个虎的样子。

话说黄帝与蚩尤大战的时候，人马在历山脚下被冲成两半。蚩尤占了主峰，黄帝带的人马被截在历山的东边，大将力牧被围在历山的西边。黄帝急忙召集众将商量对策，突然听到喜鹊喳喳叫。喜鹊叫了几声后，把一块树皮扔在地上就飞走了，院里人急忙捡起树皮交给黄帝。黄帝一看，树皮上画了一座山，山顶上又画了一个大圆圈儿。他寻思是力牧约他在明天太阳出来的时候一起去攻打蚩尤。第二天，天还没有亮，黄帝就带领众将做好准备出发了，可是当他们来到历山时连蚩尤的影儿都没找到。正在犯疑，突然听到历山西边杀声连天。他明白了，蚩尤的人马正在围杀力牧。黄帝赶紧带着人马从背后杀过去。经过一场血战，总算把力牧救了出来，可是损失惨重。跟力牧一说，黄帝才意识到把那封信的内容"月亮出来的时候"误作"太阳出来的时候"了。因为日、月符号没有分开而导致了一场重大的损失。于是黄帝让仓颉创造可以用于区分日、月的符号。

从那以后，仓颉天天看太阳、看月亮，慢慢地看出了门道：太阳一出来就是"〇"，月亮虽然有时候是"〇"，但是有时候是"☾"，有时候是"☽"；太阳里有黑点，月亮里有阴影。于是，他就在"〇"加一个点表示太阳，在半圆的月亮里画个阴影表示月亮，以示区分。仓颉也从这件事里受到启发，又根据动物、植物等的形象创造了各自的符号。那些符号就是我们象形文字的来源。

三、嫘祖传说

嫘祖传说是以嫘祖为中心形成的传奇故事，主要在湖北、山西、河南、山东、四川、湖北和浙江等地流传。嫘祖传说内容丰富，主要包括嫘祖身世传说、形象传说、发明创造传说、遇难传说及显灵传说等。

（一）嫘祖访玉仙

太古时期，人们以兽皮和树叶来抵御寒冷。后来，轩辕黄帝和西陵氏嫘祖结为夫妻，聪明能干的嫘祖发现了养蚕、抽丝、制衣的方法，人们才有衣可穿。

话说嫘祖带领一群女子剥树皮、织麻网、扯兽皮，为部落的人们制作衣物。为了得到更多制作衣物的材料，嫘祖走遍了山川河流。这一天，她来到了五指岭下。这里树木苍翠，山清水秀，嫘祖来到溪边歇息。忽然，远处传来一阵有节奏的嗡嗡声。循着声音，她一路溯溪而上，转了一个大弯后，她看见河谷的崖壁上有个山洞，那嗡嗡声正是从那个山洞里传出的。她沿着石壁上的小路来到洞口，看到一个年轻的女子正在劳作。女子身上的穿戴是她从来没有见过的，那衣服飘飘的，与兽皮完全不同。她一下子就看呆了，不知不觉地走到了女子的身边。

嫘祖仔细地上下打量，问这个女子："你是在做什么呀？"

女子说："我在抽丝缠丝。"

嫘祖又问："抽丝做什么呢？"

女子回答说："做我身上的这个呀！"边说边指着自己身上的衣服。

嫘祖一听惊奇极了，接着问："那这丝是从哪儿来的呢？"

女子说："蚕吐的。"

"那蚕在哪里呢？"

"蚕在山上呀。"说罢，女子就带着嫘祖往山上走，只见那漫山遍野的桑树上爬满了白色的蚕。

女子指着蚕说："这些蚕虫吃树叶，吐银丝，百日结茧，茧可以抽丝织布做衣服。"

嫘祖一听高兴极了，忙问："你叫什么名字？有没有人给你帮忙？"

女子说："我叫玉仙，还有两个妹妹，一个叫翠霞，一个叫雨姑。妹妹们每天上山采蚕茧，但是不爱抽丝织布。"

嫘祖一听立即说："那我可以看你织布，跟你学吗？"

女子一听也很高兴，带着嫘祖去她织布的地方，给她讲织布的工具、织布的方法等。嫘祖看完了说："你真了不得！我要回去了，过几天我带人来跟你学织布，可以吗？"

女子说："尽管来学！"

嫘祖高高兴兴地回去了，向黄帝仔细描述了她的见闻。黄帝听了也是又惊又喜，当即挑选了数十名心灵手巧的女子，带着她们跟嫘祖一起去找玉仙。在五指岭下的山洞里，他们看到了从采蚕茧到抽丝、织布、做衣服的全过程。黄帝高兴地对她们说："你们姐妹真了不得！现在嫘祖要担负起为部落民众制衣的重任，希望你们能鼎力相助，并把抽丝制衣的本领传授给天下人，让天下人都有衣可穿！"

在玉仙三姐妹的帮助下，嫘祖她们很快学会了整个制衣的过程，做了无数的衣裳。又在她们共同的努力下，女子们逐渐学会了制衣的方法。渐渐地，家家户户都有衣可穿了。后人为了纪念玉仙姐妹抽丝织布制衣的伟大功绩，便在玉仙纺丝洞前修建庙宇，把玉仙姐妹奉祀为神。

（二）嫘祖传技

话说嫘祖跟随黄帝走南闯北，战天斗地。有一天，她来到了一个叫西阴的村子。这个村子桑林遍布，太阳升起时，树荫竟然能遮住村庄，西阴由此得名。嫘祖在桑林散步时突然感觉困乏，就在树下休息。迷迷糊糊中听到沙沙的响声，以为是下雨了。嫘祖睁开眼看到晴空万里，并没有下雨，很是疑惑。她仔细观察，发现树上有很多虫子在吃桑叶，嫘祖让侍女把虫子带回去养起来。一天，嫘祖看虫时随手把杯子放到旁边，侍女倒水时惊讶地发现杯中有一个白色的"果实"，就连忙去捞，竟然捞出一缕又细又长的丝线来，而且越拉越长。于是嫘祖和侍女把树上小小的白色"果实"都收集起来，浸泡抽丝，并用织葛的方法把它织成衣料，做了一件大袍献给黄帝。黄帝穿上之后，情不自禁地赞叹："这真是上天赐给我们的神虫啊！"天赐之虫，是为"蚕"。为了让天下的老百姓都能穿上这种衣服，黄帝让嫘祖将养蚕和织造的技术传播开来。

一天，黄帝与嫘祖从西阴村一路走到阳城的一个村庄，发现村边的山上长满了桑树，但是村民不认识也不知道怎么利用桑树。嫘祖就留下来教人们辨认桑树、种桑树、养蚕、摘蚕茧、抽丝、织丝，以及做衣服。当地的民众终于学会了种桑养蚕制衣的方法，也都穿上了新衣。

（三）嫘祖缫丝

湖州自古就有很多蚕神传说。相传，轩辕黄帝和西陵嫘祖成婚后，一天，他们正在石桌旁边聊天边喝着薄荷汤，一阵风吹过，从树上吹下来一个雪白的蚕茧，正好落在嫘祖的碗中。嫘祖见白色的茧子在碗中飘来飘去，很奇怪，就用手去捞。由于碗里水滚烫，嫘祖没能一下子将蚕茧捞起，只抽出了一些蚕丝。她灵机一动，就想着如何用这些如同麻纱的细丝制作衣衫。于是，嫘祖和宫女们一同观察蚕的特点，将茧运回住处反复尝试，终于织成了世上第一块丝绸。为了让大家都能学会制绸方法，嫘祖把部落的姑娘们都召集在一起植桑养蚕，手把手传授织绸技术，将缫丝织锦的手艺传到民间。由于嫘祖教民养蚕，为民造福，后人都尊奉她为"蚕神""嫘祖娘娘"。

嫘祖传说反映了人们认识自然、利用自然、与自然和谐共处的朴素理念，更蕴含了勇于探索创造、爱民奉献的精神，是中华优秀传统文化的重要组成部分，是进行道德教育的优秀范本，对于构建和谐社会有重要的文化价值和意义。

第二节　与炎黄有关的民间习俗

民间习俗是一种在历史过程中创造，在现实生活中不断重复，并得到民众认同的、成为群体文化标志的独特的生活方式。[1] 各习俗之间相互影响，并随着时代的发展而不断变化。[2] 经过历史的沉淀，在河南、山西、陕西、湖南、四川、浙江、湖北、甘肃等地，以炎黄为中心，形成了极具地域色彩的民俗文化。这些民俗文化以传说为载体，依托民俗实践，直接参与民众的日常生产生活，成为地方文化认同的重要组成部分。

---

[1]　陈华文：《民俗文化学（新修）》，浙江工商大学出版社 2014 年版，第 4 页。
[2]　钟敬文主编：《民俗学概论》，上海文艺出版社 1998 年版，第 6 页。

一、与炎帝有关的习俗

与炎帝有关的习俗主要是围绕炎帝产生的、与民众生产生活相关的各类风俗习惯，至今仍在山西、陕西、湖南、湖北、河南等地流传。炎帝作为中华民族的始祖之一，在民间信仰中具有多重神格，是关系农业丰收、日常祸福的重要神祇。

在山西东南部，炎帝被视为五谷之神。每年入伏的第一天，家家户户都要煮疙瘩汤。在炎热的夏天，人们把带皮的五谷混合在一起磨面，然后捏成疙瘩煮着吃，认为这样就可以获得五谷的神力，从而无病无灾。秋季天气转凉时，家家户户糊窗纸避寒，但都会在窗纸中间留一个小洞。因为秋收还没有完成，五谷老爷炎帝还在地里没有回来。等秋收结束了，十月初一那天才把窗户全部糊严实。为了感谢五谷老爷，各家各户都会在阴历十月初十用软米和黍蒸糕，捏成元宝、羊、灯盏等面塑敬奉炎帝。

山西高平地区的民众把炎帝作为雨神祭拜。高平地区的降水多为季节性降水，水量分配极不均衡，春季降水少，春旱时有发生。降雨主要集中于夏季，极易发生秋旱，对农业生产极为不利。为了生存，也为了满足农业生产的需求，当地民众赋予炎帝雨神身份，使炎帝成为掌管地方降雨的重要神祇。高平的祈雨习俗中，通常的仪式都是恭恭敬敬烧香祈祷。高平长畛村却是逼雨，长畛村求雨的仪式大概是：先由村里的妇女用红、黄、蓝、黑、紫五种颜色的纸为炎帝裁制衣服。在求雨当天，由 12 名妇女组成的队伍趁夜色去五谷庙里给炎帝像穿衣服，并把炎帝像抬入轿子中，一路鸣锣开道，迎接到长畛村炎帝庙。举行完祭拜仪式后，如果过了三天仍未下雨，民众就会把炎帝像抬到山坡田边或地里暴晒，直到下雨解旱为止。长畛村民众之所以敢以惩罚的方式祈雨，是因为炎帝的岳母是高平市神农镇长畛村人。传说炎帝的岳母是一位解毒能手，当时的人认为刚收获的五谷大都是有毒性的，炎帝的岳母就用针把谷子扎个眼，把麦子中间的筋抽出来，把豆子劈成两半，从而把五谷中的毒液排出，成为人们的日常主食。现在小米有个眼、麦子有道沟、豆子有道棱，据说都是当时解毒留下的痕迹。当地民众就仗着有这么一位了不起的女性而对她这位女婿采用惩罚的方式来求雨，从侧面反映出中国传统人情社会中的"伦理关系"，也进一步彰显了传说的地方性。

山西有诸多的炎帝庙，每座庙一年至少有一次庙会活动，其中高平庄里村是炎帝陵所在地，每年的四月初八，都会举办盛大的五谷庙庙会。当地流传着一首民谣："四月八，神农活，炎黄子孙都记得，祖先种地都靠他。"主办庙会的首领要从附近的七村八社里面选举出来，被选者一定是德高望重的人，受到民众的极大尊敬。庙会上社首要组织炎帝巡游活动，人们抬着炎帝塑像到周围各个村落巡游，炎帝所经之地，都有民众跪拜。巡游把炎帝的恩泽带到所有村庄，炎帝所到之地必会风调雨顺，五谷丰登。

在陕西宝鸡，相传农历正月十一为炎帝诞辰日，七月初七是炎帝忌日。每年炎帝诞辰日和炎帝忌日，宝鸡当地群众都会自发地赶庙会，去神农庙、炎帝陵、炎帝祠、天台山等处，祭拜炎帝。当地流传着"炎帝初生时是火球"的传说，把炎帝作为火神形象祭拜，民间盛行社火习俗，主要体现在闹社火、放焰火、烧香山、耍火龙等民俗活动中。每年正月十五前后都要闹社火，为的就是纪念炎帝。当地社火以一定的形式扮演历史人物和戏曲故事，以马社火、车社火、芯子社火、背社火等形式展演。与"崇火"习俗相对应的是当地的"尚红"习俗。当地民众会在岁时节日贴红对联、挂红色饰物求吉；在婚礼中穿红色衣服图吉，家里添丁时在门头上缀红以忌生人，在葬礼上缀红或系红布条以避邪；修房盖屋动土时悬挂红布求吉等。

在山西东南部地区，各类祭祀活动中都有蒸面羊，即用面蒸成形态各异的羊，卧羊、群羊、独羊、站羊等，用豆子作眼，用麦粒作嘴，在羊的身上披满谷子，象征来年农业丰收、事事如意。当地的人们有过春节祭祀炎帝的习俗。高平地区的人们过年时都要去庙里把炎帝接回家和家人一起过年。年节习俗通常从腊月二十三就开始了，腊月二十三祭灶王爷，腊月三十午饭是高粱面、晚饭有鱼肉果蔬等十大碗。腊月三十供桌上要摆放蒸面枣山、蒸面羊等供品，饭前要上香、敬酒、放鞭炮，请祖先回家过年，并祈求祖先护佑后代日子红火，一切如意。正月初一，天不亮就开始祭祀，供桌上要有蒸面羊和满满一碗小米。正月初二至初五，天天上香供奉，供品里蒸面羊和小米必不可少，处处体现出对炎帝的感念。每年七月十五，高平地区的人们都会蒸"谷祭"、面羊、面塑小人等去自家田地中祭祀五谷老爷。"谷祭"是圆锥形，用谷穗、叉子、木锹环绕，顶尖是鸽子。叉子和木锹象征可以扬土、赶鸽子的工具，面塑小人在当地俗称"看谷姥"。祭祀仪式是把祭品摆好，磕头，放鞭炮，以祈祷粮食丰收。

在山西东南部，孩子过满月时，要蒸面羊。高平地区通常是蒸十三只羊，一只大羊、十二只小羊，大羊小羊均呈圆弧状，但两条羊腿不能连在一起，用一条红绳将十三只羊拴起来。孩子的姥姥、舅舅家要送五只大小不同的面羊，表示与羊为伍。在最大的那只羊头下戴一把锁，用红线把三个铜钱套在羊脖子上。还要捏一块拴羊石把羊拴住，寓意把孩子拴住了，孩子就能平安长大。等孩子十五岁时举行开锁仪式，孩子姥姥要蒸十五只面羊象征十五岁。与满月不同的是面羊头没有锁，也没有拴羊石。开锁仪式结束时孩子要拿着一只面羊跑，表示成人了。可以用面羊从邻居家换一点儿盐，寓意从此可以走上社会体会人生百味。

高平一带婚姻礼仪里，蒸一大十二小共十三只面羊，用红绳拴着，羊腿要圆圆实实地粘在一起，一方面代表财富，另一方面寓意婚后的生活会圆圆满满、红红火火。姥姥会蒸十二个面羊，一只大羊和一群小羊用红绳子串起放在篮子里，用红布盖着，送给出嫁的姑娘。面羊已经成了吉祥如意的符号，融入人们的日常生活之中，成为一种精神信仰和寄托意愿的象征物品。

在丧葬礼仪里，山西东南部的人们，往往会在死者入棺前，要把事先准备好的带皮的五谷撒在棺材里，据说铺得越多对死者的后人越好。也要往坟里撒五谷，表示对死者的敬意。封土后将整个坟地都撒上没有脱皮的五谷，表示死者落地归根，有利于子孙后代的繁衍生息。

山西高平等地特别讲究修房盖屋的仪式，有打地基前祭祀炎帝的习俗。开工之前，在地基上敬献贡品，撒满五谷，祈求炎帝保佑人畜兴旺。仪式结束后，才能大兴土木。房屋封顶前要写画梁，通常写开工及完工日期、房主及工匠姓名，用五色线绑一束黍穗、几粒红枣和铜钱系在画梁上，以驱邪镇宅，永续平安。上梁时往家里和院里撒五谷寓意吉祥。

湖北随州地区炎帝的祭祀以"社稷"为主，也就是祭祀土地神和谷神。当地认为谷神是炎帝的儿子"稷"。随县北部一个山洞被当地人认为是神农的出生地，每逢有干旱、疾病，民众就去那里焚香祭祀，祈求平安。

从以上与炎帝相关的民俗可以看出，民众除了把炎帝作为农神、火神、雨神加以崇拜之外，还把他当作保护神，认为他可以掌管民众日常的一切。炎帝已然成为文化符号，融入当地民众的生产生活中。民间信仰的功利性也使得炎帝形象兼顾多重身份，以不同的形象满足着民众最淳朴的愿望，民众则怀着虔诚的信仰对炎帝报以最大的敬意。

二、与黄帝有关的习俗

与黄帝有关的习俗主要是围绕黄帝产生的民间风俗习惯，至今仍在河南、陕西、浙江、山东、甘肃、湖南、河北等地流传。

在黄帝故里河南，"三月三"黄帝庙会是自古以来形成的习俗。"二月二，龙抬头；三月三，生轩辕"这句俗语流传了上千年。每年二月二"龙抬头"时，新密黄帝宫古庙会就开始了，当地的人们都会来庙里祈愿、逛庙会。庙会期间有当地独特的打盘鼓、踩高跷、跑旱船、扭秧歌等民间文艺展演，还有物资交易等。相传"三月三"是轩辕黄帝统一天下、成就伟业的吉日。每到这一天，新郑及附近民众就会自发到千户寨乡始祖山主峰顶的轩辕庙祭拜。庙会上，除了祈福和祝愿，舞龙、舞狮、捏面人、吹糖人、划旱船、皮影戏等民俗活动也颇受欢迎。始祖山半山腰有一嫘祖洞，洞内供奉的是轩辕黄帝的元妃嫘祖。嫘祖洞外左侧不远处有一小龛叫求子龛，当地已婚妇女通常在庙会期间去祭拜求子。

除了轩辕庙，河南还有很多祭拜黄帝的圣地：新密东部曲梁镇轩辕丘相传是黄帝的出生地；新密中东部刘寨镇轩辕黄帝宫流传着黄帝战蚩尤和黄帝在云岩宫建都的传说；新密南部具茨山边界是黄帝访贤问道的主要活动地区，这里有黄帝拜相风后岭、大槐山黄帝问道处、崆峒山黄帝访广成子处、灵崖山黄帝拜天祭祖处等，都是当地民众登高缅怀先祖的地方。

每年的清明节，陕西黄陵举办公祭轩辕黄帝活动，轩辕黄帝的陵寝黄帝陵，位于陕西省黄陵县城北桥山山顶正中，是黄帝的衣冠冢。传说轩辕黄帝乘龙升天时，人们不舍得他离开，从他身上拽下衣帽、靴子、宝剑等葬在当地，以示永久怀念。清明节时，当地民众会自发去瞻仰轩辕庙，拜谒黄帝陵，通常请一炷高香，恭恭敬敬地三拜九叩，虔诚地祭拜伟大先祖，祈愿中华民族繁荣昌盛，祈求先祖护佑家人平安。祭祀后，人们通过参观陵区的形式进一步感受伟大先祖的魅力。陵区古柏树群里有八万多棵树，"黄帝手植柏"处的"轩辕柏"据说是黄帝亲手栽种的；去黄帝陵的神道旁，竖着下马石碑，上刻"文武百官至此下马"八个大字，彰显了轩辕黄帝的威仪；黄帝陵入口有守护神"天鼋神鼊"，传说天鼋是中华民族古老的图腾，是一种神异的龙，背有"河图"，知天地鬼神及世间万物之兴衰，被黄帝封为守护神，是智慧和王权的象征，据说抚摸龙角可消灾避难。

浙江缙云的民众对黄帝十分崇敬，当地人认为缙云仙都是黄帝驾龙升天的地方。缙云这座小城，以黄帝之号"缙云"为名，街道用黄帝之名"轩辕"命名，当地还有很多跟黄帝有关的美食，例如缙云烧饼、缙云黄茶、缙云爽面等。

缙云烧饼，又名轩辕饼、桶饼，是浙江缙云县的一种传统小吃。传说轩辕黄帝曾在缙云仙都的鼎湖峰架炉炼丹，饿了就用山泉和面，揉成面团贴在炼丹炉内壁。烤出的饼色泽金黄，香酥可口。当地百姓闻香而动，开始仿制炼丹炉烧烤面团，最终创造出了独特的烧饼桶和闻名于世的缙云烧饼。

缙云黄茶，传说轩辕黄帝于仙都鼎湖峰铸鼎炼丹，飞天之时，灵草沾染了金丹的仙气，绿叶变成金枝。春天到来时，茶树萌发出金黄色嫩芽，当地百姓采摘黄芽炒干，用开水冲泡饮用可以除百病。百姓感念黄帝的赐予，把这种黄色的干叶称作黄茶。

缙云爽面，是缙云人抽拉的手工面，因细长如索而被称为"索面"，当地素有"长寿面"之称。相传黄帝在鼎湖峰炼丹的同时，广泛传播中原文化。当地百姓为感谢他，一起为黄帝君臣制作"索面"。黄帝品尝后感觉索面柔韧爽滑，不由自主地连声说："爽！爽！爽！"自那以后，缙云人将"索面"改称为"爽面"。缙云人在做索面时会加鸡蛋，有煮熟剥壳的白蛋和油煎鸡蛋两种，当地人为女儿挑选女婿时，如果满意就用油煎鸡蛋，不满意就用剥壳鸡蛋。

缙云一带，为了辟邪，有为初生婴儿认亲娘、亲爸的习俗。通常，父母都会为孩子认一位亲娘或亲爸，作为儿女的保护神。仙都鼎湖峰高大雄伟，又因为轩辕黄帝于仙都鼎湖峰铸鼎炼丹，飞天成仙，当地很多人就把黄帝认为孩子的亲爸。认亲的人通常在初一、十五，或选一个黄道吉日，赶到鼎湖峰下认亲、祭拜、许愿和还愿。

农历九月初九被认为是黄帝乘龙升天的日子，当地政府在重阳节主持公祭活动，民间祭祀通常在清明节。民祭与官祭的时间不同，仪式程序基本相同，都设有主祭、陪祭、参祭等，祭祀礼仪都设有撞钟、恭读祭文、献黄酒鲜花、敬献三牲五谷、乐舞祭拜等，礼成后有丰富的民俗活动。人们在祭祀黄帝后，都会参加庙会，观看舞龙、舞狮、叠八仙、登罗汉、迎花灯、踩高跷、面具舞、腰鼓、采茶戏等表演。

在河北徐水，每年三月初一在釜山举行黄帝庙会，除了祭祀、文艺展演，庙会也成了当地的物资交流大会。在山西曲沃，蒙城黄帝庙会在村门外东南方半里处的黄帝庙中举办，庙会期间，有晋南著名的蒲剧班连台演唱，大门外的场地上有杂技班、琴书班进行表演。从蒙城村东门外至黄帝庙前，沿途二三里搭满商棚，也被称为"柴火大会"。

从以上习俗可以看出，人民群众逐渐把对伟大先祖黄帝的崇敬与怀念，融入当地古朴的生产生活之中。

三、与嫘祖有关的习俗

与嫘祖有关的习俗是围绕嫘祖产生的、融入当地民众生产生活的风俗习惯，主要在河南、四川、山西、湖北、山东、浙江等地流传。

嫘祖故里河南西平是"嫘祖文化之乡"。相传，农历三月初六是先蚕娘娘嫘祖的生日。每到这一天，十里八村的民众便会自发地聚集到董桥村东举行庙会活动，通过祭祀、唱大戏、做寿面等活动表达心愿，祈盼五谷丰登、家人平安。新中国成立前，西平县会在二十四节气的小满举办蚕桑节，拜谢蚕神。[1] 此外，人们因蚕蛾多子和嫘祖中华民族母亲的双重身份，赋予嫘祖高禖的神职功能，一些已婚妇女会在庙会期间拜神求子。

---

[1]　高沛、高蔚主编：《中国嫘祖文化之乡——河南西平》，中国文联出版社2015 年版，第 48 页。

湖北远安县每年农历三月十五举办嫘祖庙会节。在远安的传说里，嫘祖农历三月十五出生于远安县嫘祖镇雷家冲。每到嫘祖诞辰，以远安为中心，方圆数百里的民众都会自发地聚集在嫘祖镇举办庙会。除了祭祀，还有采桑小调、皮影戏、花鼓戏、锣鼓山歌等民间曲艺的展演，以及生产生活商品的交易。

远安有著名的"蚕神三祭"，分首祭、大祭和末祭三大部分。农历二月初二举行首祭，祭祀前，要打扫蚕室，给桑树披红等。蚕农要在蚕房焚香三日，向嫘祖祈求蚕卵孵化顺利。祭祀结束后，蚕妇们便开始孵化蚕种。农历三月十五举行大祭，大祭是蚕神三祭中最为隆重的一场，这一天为远安嫘祖的生日。祀时，蚕妇们扎着绿色或红色的头巾，先在自家桑树系上红绸，然后带着祭品赶庙会。末祭通常在蚕农自家院里举行，主要目的是还愿。

嫘祖和蚕神一样，在四川被誉为栽桑养蚕的始祖。目前，四川盐亭县民间祭祀嫘祖的节日有三个，分别是每年正月初八蚕日、二月初十先蚕节和九月十五酬蚕节，在当地俗称西陵祭。其中以二月初十先蚕节和九月十五酬蚕节为重。

人们把每年二月初十，嫘祖生日这天举行的祭祀称为"春礼"，也称"先蚕节"活动。众人抬着嫘祖的"銮驾"游城，祈祷蚕桑丰收，平安幸福。祭祀举行时，蚕农们会到各庙宇、崖龛进香烧纸。祭蚕神的贡品也独具特色，在金鸡、高灯一带，人们为蚕神献上红鞋，因为人们感念蚕神嫘祖教民养四处奔波的辛苦。庙会期间，除了祭祀祈福之外，还可以买卖农副产品，观看舞蚕龙、耍桃子龙等民俗展演。在当地，祭祀嫘祖的庙会已经融祭祀、交易、文化展演为一体，是当地民众调剂生产生活的重要活动。

舞蚕龙是盐亭民间祭祀嫘祖的独特民俗活动。蚕龙长二丈许，由白色绸缎精缝而成，蚕头硕大像锅盖。与一般的舞龙不同，舞蚕龙的是女性，舞龙妇女脚穿厚底短扣靴子，身穿绿色衣服，舞龙时，一字长蛇阵排开，伴着锣鼓，踏着节奏，跳跃腾挪、盘旋缠绕。人们通过舞蚕龙活动，祈求风调雨顺、国泰民安。

耍桃子龙是盐亭民间祭祀嫘祖的重要民俗展演活动。桃子龙由龙头、七节桃子形状的龙身和龙尾组成，共九个部分，各部分不相连。耍桃子龙的都是女性。耍桃子龙时，需配合伴奏，以小碎步、跑跳步、小跑步等步伐配合扭、挥、仰、跳、摇等舞蹈动作舞龙。因为桃子龙是各舞各的，所以就需要舞龙者高度配合。同时也因为桃子龙比其他龙小，各舞各的，也让民众有更多的机会参与。耍桃子龙时，很多民众会跟着舞龙队跑，一起狂欢。

每年九月十五，举行"秋礼"，也称酬蚕节，酬谢蚕神。人们通过祭祀、舞蚕龙、点天灯、唱大戏、祭蚕神庙会等祭祀活动，祈求蚕桑丰收、国泰民安。

山西夏县尉郭乡西阴村的民众把正月二十五看作嫘祖的生日，这一天会举行祭祀活动，欢庆嫘祖诞辰，祈求平安。相传嫘祖娘娘曾于阳城云蒙山教民养蚕，山西阳城也有祭祀嫘祖的习俗。

综上，尽管嫘祖信仰在不同的地区、以不同的形式、在不同的时间展现，但都生动再现了先蚕嫘祖在民众心目中所处的地位，以及对先蚕嫘祖的感念之情。嫘祖传说及其衍生的民间信仰仪式已经深入民众的日常生活、行为模式和思想观念中，成为民众生产生活的一部分。

第三节 炎黄民俗文化传承的价值和意义

民俗文化承载着个体的独特记忆，也因为集体记忆强大的向心力与凝聚力，而不自觉地打上了群体性特征的烙印。与炎帝、黄帝和嫘祖有关的民俗文化已然成为传播地民众生产生活的调节器。人们在传承民俗文化的同时，也在不断缅怀先祖们的丰功伟绩。习近平指出："我们悠久的历史是各民族共同书写的。早在先秦时期，我国就逐渐形成了以炎黄华夏为凝聚核心、'五方之民'共天下的交融格局。"①炎黄民俗文化作为中华文化的重要组成部分，具有深刻的历史内涵和广泛的社会影响力。

一、涵养了中华民族的精神世界

炎黄文化是中国古代文化的重要组成部分，代表了古代中国人民的智慧和创造力。炎黄民俗文化不仅为中华民族提供了独特的文化认同和集体记忆，对中华文明的发展和进步起到了至关重要的作用，也使现实生活充满了民族情趣，是一种活着的历史文化。

炎黄民俗文化增强了中华民族的集体认同。炎黄民俗文化通过各种形式，传递了中华民族的共同价值观、信仰、风俗习惯等，强化了中华民族的集体认同。例如，炎帝和黄帝的传说、农历春节、端午节等传统节日，以及传统的手工艺等，都以文化符号的形式传承至今，成为中华民族的集体记忆和共享情感。这种集体认同感是中华民族团结、奋进的重要精神支柱。

炎黄民俗文化强化了中华民族的道德观念。炎黄民俗文化在规范社会秩序、促进社会和谐、引导人们行为等方面起到了重要作用。同时，它也强调人与自然、人与社会的和谐相处，这种和谐观念同样适用于现代社会，对于构建和谐社会具有重要的指导意义。

炎黄民俗文化展现了中华民族的审美情趣。民间的泥塑、刺绣、剪纸等，都体现了炎黄先民的审美情趣。这些民俗艺术简洁大方、古朴自然，既具有鲜明的民族特色，也体现了中华民族对于美的事物的独特追

---

① 《在全国民族团结进步表彰大会上的讲话》，《人民日报》2019 年 9 月 28 日第 2 版。

求和理解。

炎黄民俗文化引领了中华民族的行为规范。炎黄文化始终在引导着中华民族的行为准则。无论民间的人生仪礼、乡规民约还是现代的法治精神，炎黄文化都通过其独特的文化表现形式对中华民族的行为规范产生了深远的影响。

二、与社会进步和发展同步

从炎黄二帝的传说到古代中国的历法，从炎帝的医药学说到黄帝的文字发明，这些文化成就都为中华文明的发展提供了深厚的基础。炎黄民俗文化不断推动社会进步和发展，它为社会提供了强大的精神动力、物质基础、制度保障，它包含了丰富的历史和文化内涵，为社会的进步和发展提供了重要的推动力，同时促进了不同地域、民族之间的文化的交流和发展。

炎黄民俗文化与社会的物质进步同步。炎黄时代是一个渔猎社会向农耕社会转变的时代，这个时期出现了许多重大的发明和创造，这些发明和创造不仅极大地提高了社会生产力，促进了社会物质财富的积累和丰富，也推动了社会的进步和发展。炎黄文化历史悠久、内涵丰富，具有很高的旅游价值和市场潜力。通过传承和开发炎黄文化，可以带动地方经济和社会发展，促进区域经济繁荣和文化繁荣。

炎黄民俗文化与社会的精神进步同步。炎黄文化强调的是道德、礼仪、仁爱、忠诚等传统美德，这些观念在中华民族的历史上一直被传承和发扬。在此基础上，炎黄文化不断推动中华文化的形成和发展，为中华文化的多样性和繁荣作出重要贡献。

炎黄民俗文化与社会的制度进步同步。炎黄时代是一个家族制度和宗法制度逐渐形成和完善的时代，这些制度的建立和沿革为社会秩序的稳定提供了重要的保障。同时，炎黄时代的战争和征服也加速了民族的融合和地域文化的交流，推动了社会制度的进步。

炎黄民俗文化的传承和发展也促进了社会的和谐与进步。习近平强调"要更好推动中华文化走出去，以文载道、以文传声、以文化人，向世界阐释推介更多具有中国特色、体现中国精神、蕴藏中国智慧的优秀文化"①。在当今世界范围内，中华文化的普及和传承已经成为一个趋势，而炎黄民俗文化则是这一趋势的重要组成部分。中华文化的多样性和丰富性，以及炎黄民俗文化的独特性和魅力，为社会的和谐与进步提供了重要的推动力。

三、增强了中华民族的凝聚力

炎黄文化强调家族观念和和合思想，这些思想观念深入人心，使得中华民族在漫长的历史进程中始终保持着强大的凝聚力。炎黄民俗文化作为中华文化的重要组成部分，在增强中华民族的凝聚力方面具有不可替代的作用。

首先，炎黄民俗文化为中华民族的认同感提供了强大的精神支柱。炎黄文化为中华民族的传统文化奠定了坚实的基础，这一传统在后来的历史进程中被不断继承和发扬。无论是从炎帝的医药学说到黄帝的文字发明，还是从儒家思想到道家思想，炎黄文化所倡导的理念和价值观念都成为中华民族文化的重要组成部分，这种文化的认同感增强了中华民族的凝聚力。

其次，炎黄民俗文化增强了中华民族的归属感。在炎黄时代，各个地域的文化开始相互交流和融合，形成了具有一定共性的地域文化。这些地域文化在后来的历史进程中不断发展和演变，但是仍然可以追溯到

① 《习近平在中共中央政治局第三十次集体学习时强调　加强和改进国际传播工作展示真实立体全面的中国》，《人民日报》2021年6月2日第1版。

炎黄文化。当今的文化寻根热是与中华民族的归属感连在一起的。

再次，炎黄民俗文化为中华民族的发展提供了动力。炎黄文化所倡导的道德观念、价值观念和审美观念等，成为中华民族的精神动力。这种动力不仅推动了中华民族的经济社会发展，也促进了中华民族的文化创新和发展。

最后，炎黄民俗文化的传承和发展也促进了中华民族的团结和融合。炎黄民俗文化所展现的中华传统文化被广泛应用于社会生活中，成为世界各国了解中国和中华文化的重要窗口，有助于增进相互之间的了解和友谊。

思考题

1. 炎黄传说的特征是什么?
2. 炎黄信仰的表现及文化价值是什么?

拓展阅读

1. 王震中:《嫘祖传说的演变与中国丝绸文明》,《民族大家庭》2023 年第 2 期。
2. 王震中、姚圣良:《论中华民族凝聚力的构成要素》,《民族研究》2022 年第 3 期。

第九章　炎黄文化遗存

　　文化遗存指人类在社会活动中所遗留下来的遗迹和遗物。遗迹即不可搬动者，如宫殿、房基、矿井、城堡、坟墓、路土等；遗物为可搬动者，如各种生产生活用具或装饰品等。中华优秀传统文化的传承既要靠口耳相传与文艺表现，也要靠历史文化遗存直接展示，后者所能够提供的历史场域、视觉震撼、切身感悟，更能引起受众的情感共鸣和文化认同。历史生成且保存至今、用作炎黄记忆的人造物像或被赋予特殊意义的自然之物，可以称之为炎黄遗存。[①] 炎黄遗存附载了大量的历史信息和文化内涵，至今具有重要的现实意义。

　　炎黄文化遗存，可划分为两种。一种是指炎黄时代（距今 7000—5000 年）炎黄族群在其活动范围遗留的物质文化遗存，一般表现为考古发掘出土的遗址、遗迹和遗物，然而这是需要进行考古与历史相结合的论证的，其难度甚大。另一种是炎黄时代之后所建造的与人文始祖炎黄有关的陵墓、庙宇、祭祠和所追寻的故里等。本章主要就后一种遗存加以论述。

---

① 尹全海：《炎黄记忆传统的当代表达——炎黄学叙论》，《信阳师范学院学报（哲学社会科学版）》2018 年第 3 期。

第一节　炎黄文化遗存的现状

炎黄是中华民族的人文始祖，自汉代以来，历代几乎都有祭祀炎黄的活动，因此兴建了大量的陵庙、殿堂和庙宇等。目前具有代表性的炎黄文化遗存，以炎黄遗迹为主，大多是国家祭祀或民间祈福的场所，分布在广阔的中华大地上，承载着丰富的炎黄记忆。

一、炎帝文化遗存

炎帝故里目前有六地之争，分别是：陕西宝鸡、湖南会同、湖南炎陵、湖北随州、山西高平、河南柘城。事实上，炎帝神农可能并不单指一人，而是对这一时期多个早期华夏族杰出部落首领的统称，这些部落的活动，从姜水之岸（今陕西省宝鸡市境内）不断向外扩大范围，迁徙并活跃于山东、湖北、湖南、山西等地，陕西宝鸡、山西高平、湖北随州、湖南炎陵等地都留下了炎帝陵，各地均是炎帝故里。

（一）陕西宝鸡炎帝祠

最早记载炎帝、黄帝诞生地的传世文献《国语·晋语四》记载："昔少典娶于有蟜氏，生黄帝、炎帝。黄帝以姬水成，炎帝以姜水成。成而异德，故黄帝为姬，炎帝为姜。二帝用师以相济也，异德之故也。"根据《水经注》和《明一统志》的记载，古姜水大概是渭水中游的一个支流，在今陕西宝鸡地区。

宝鸡地区素有敬奉炎帝的传统，渭河南有浴圣九龙泉，泉上有唐建神农祠，祠南蒙峪口有常羊山，常羊山有炎帝陵，其传统可以追溯到先秦时期。《史记·封禅书》："秦灵公作吴阳上畤，祭黄帝；作下畤，祭炎帝。"此时祭祀尚未建祠，宝鸡正式为炎帝修祠建庙始于唐代。据明清之际的《凤翔府志》和《宝鸡县志》记载，神农庙一在县东郊，一在县南郊九龙泉上，所以后人在九龙泉修建气势宏大的神农祠，以示纪念。但据乾隆三十年（1765）《重修神农祠九龙泉碑记》的记载，神农祠当时已经破败了。以此推测，其建祠年代比较久远，相传为唐代。

从1991年起宝鸡易地重建炎帝祠，位于宝鸡市渭滨区差门乡（神农乡）境内常羊山上，是神农炎帝的陵寝，为拜祖祭祀的主要场所，主要游览建筑有神农门、羊脚亭、炎帝陵大门、炎帝行宫、羊首亭、"神农城池""华夏始祖"牌坊、祭坛广场、炎帝大殿、炎帝塑像、大型彩绘、墓前石阶、陵墓等。炎帝祠皆秦汉风格，青砖棕瓦，仿木结构，主建有大殿、配殿、钟亭、鼓亭、回廊、院门，附建有石桥、石栏、石灯、龙潭、华表等，均精雕细作而成，桥下水常清，阶上盘龙舞，俨然王宫气魄。祠院在公园绿树掩映、山环水绕之下，更显得雄伟古朴、庄严肃穆。

（二）山西高平炎帝陵

古上党地区地处黄河腹地、太行山脉西南边缘，气候湿润，林木葱郁，是远古时期人类聚居生息之地。此处有关神农炎帝传说的遗迹、遗址、祭祀性建筑、碑碣等，常见于传世文献的记载中。如《山海经》中提到的炎帝之少女精卫所在的发鸠之山，郭璞就认为在上党郡长子县。北齐天保二年（551）残碑、唐武周朝天授二年（691）羊头山清化寺碑文等，都提到了炎帝的功绩。有关炎帝尝百谷、得嘉禾、兴农耕的遗迹，主要分布在百谷山、羊头山两处。

百谷山位于长治市区与潞城、壶关、平顺的交界处。北宋《太平寰宇记》、明弘治《蜀州志》都说神农于此尝百谷，所以后来建有神农庙。在百谷山周围的长治市辖区内，还有关村炎帝庙、柏后神农庙、东长井炎帝庙、色头村炎帝庙、熨斗台炎帝庙等十余处炎帝文化遗迹。

羊头山位于高平市、长治市、长子县交界处，晋《上党记》说山上有神农庙、神农井，北魏《风土记》说神农城下有神农泉，北宋《太平寰宇记》说羊头山东南有炎帝陵。羊头山神农城及山下的庄里村炎帝陵和五谷庙、故关村炎帝行宫、下台村炎帝中庙等，组成了神农炎帝文化古建筑群，排列有序，规模可观。

高平炎帝陵即位于山西晋城高平东北 17 公里处的庄里村，俗称"皇坟"，陵后有庙，谓之五谷庙。该庙坐北面南，建筑规模宏大，四周有城墙，分为上下两院，在其中轴线上，分列为舞台、献台、山门、南道、正殿。原来庙内碑石林立，约有四五十通碑。现仅存正殿五间、东西厢房十几间。在东厢房的后墙上，有"炎帝陵"石碑一通，是明万历三十九年（1611）申道统所立。正殿面阔五间，进深六椽，悬山式屋顶，琉璃脊饰，为元代所建，明代时曾进行过较大的维修。屋顶正中脊刹上，正面刻有"炎帝神农殿"，背面刻有"大明嘉靖六年"的题记。殿内神台高约一米，刻有龙、麒麟、鹿、花卉等浮雕图案，雕刻精美，为宋金遗物。殿内神台上原有暖阁，塑有炎帝及夫人后妃像，现塑像不存。东西两边的山墙上绘有精美的壁画，壁画的内容可能是神农种五谷、制农具、尝百草等，现不存。

（三）湖北随州炎帝神农故里

相传烈山之石室为神农（烈山氏）诞生之地，烈山及其附近是神农氏族生息的地方。据南北朝《荆州记》记载，随郡北界的历乡村有神农社，北宋《元丰九域志》也说历乡村有神农庙，但由于战争频繁，随州炎帝神农遗迹累遭摧毁，所剩无几，现仅存的"炎帝神农氏遗址"碑为明万历丁丑年（1577）知州阳存愚所立。

随州炎帝神农故里坐落在湖北随州厉山镇，兴建修复了炎帝神农殿、烈山大宗祠、圣贤殿、功德殿、神农庙、安登泉、百草园、观天坛、神农九井等，还有姜河新潮、九岭晴岚、烟寺晚钟、山村夕照、古洞青雪、断岩缩雾、龙凤旗杆等景观。炎帝神农故里风景区主要包括"寻根谒祖朝圣区""圣迹观光体验区""农耕文化展览区"和"自然生态景观区"。随州从 2009 年起开始举办以中华儿女寻根谒祖为核心，以体验炎帝神农的农耕文化、医药文化、贸易文化、原始艺术文化为根本的"世界华人炎帝故里寻根节"，成为海内外中华儿女寻根祭祖、旅游观光的胜地。

（四）湖南株洲炎陵县炎帝陵

长沙子弹库出土的楚帛书论楚先世，有"炎帝乃命祝融以四神降"等记载，说明周代南方民族已将炎帝奉为宗神。晋皇甫谧《帝王世纪》说炎帝死后葬于长沙，南宋罗泌《路史》说炎帝葬于长沙茶乡之尾的茶陵，南宋王象之《舆地记胜》说炎帝墓在茶陵县南一百里康乐乡白鹿原，这说明炎帝葬长沙之说，被历代所接受。据《酃县志》记载，西汉末年绿林、赤眉军兴起，邑人担心乱兵发掘，遂将陵墓夷为平地。北宋乾德五年（967），立庙陵前，肖像而祀，同时诏禁樵采，置守陵户。炎帝陵位于湖南省株洲市炎陵县鹿原镇鹿原陂，西濒斜獭水。北宋以降，历代不辍祭祀，不失修葺。清雍正十一年（1733），陵庙重修，形成了炎帝陵殿"前三门—行礼亭—正殿—陵墓"四进格局的基本形制。1954年除夕之夜，因香客祭祀焚香烛，引燃殿内彩旗，不慎失火，致使炎帝陵正殿和行礼亭被焚。"文化大革命"期间，陵殿及其附属建筑遭破坏，除陵墓外，全部夷为平地。其陵殿修复工程于1986年6月启动，至1988年10月竣工。修复后的炎帝陵，主体建筑按清皇宫建筑格局布置。毗邻陵墓北面的御碑园，东西两侧有碑廊，中间有九鼎台、回归碑，北面是回音壁，壁上镌刻《神农功绩图》。在炎帝陵殿周围，还修复或新建有咏丰台、天使馆、圣火台、功德坊、神农桥等一批附属建筑，维护了邑有圣陵、鹿原陂等摩崖石刻，以及龙脑石、龙爪石、洗药池等自然景观。

（五）河南柘城炎帝朱襄氏陵

《辞源》引《吕氏春秋》注释说朱襄氏是炎帝的别号，《吕氏春秋·古乐》中也有朱襄氏治天下的说法。在《汉书·古今人表》中，朱襄氏是炎黄之前的上中仁人，《庄子·胠箧》没有提到朱襄氏，朱襄氏为炎帝别称的说法可能有争议。光绪二十二年（1896）版《柘城县志》说有巢氏之后数世有朱襄氏定都于朱，《古史考》也说朱襄氏都于邑地陈（指陈州），《寰宇记》说柘城为朱襄氏之邑，即当时陈州的柘城，即今天商丘市柘城县。

柘城炎帝朱襄氏陵位于河南省商丘市柘城县城东大仵乡朱堌寺村，黏土结构，墓周边用青石叠砌，陵前有"炎帝朱襄陵"碑刻一通，香池一个，牌楼4座。传说明惠帝朱允炆避难逃至仵家集（大仵集），常往陵前朱堌寺烧香祭祖，并在陵前亲植皂角树一棵，今犹枝繁叶茂，亭亭如盖。

二、黄帝文化遗存

黄帝是五帝之首，被称为中华民族的人文始祖。许多古文献，包括甲骨文、金文的称名习惯一样，黄帝不仅是指一个具体的人名，也是一个远古氏族部落的代称。文献或称黄帝为黄帝氏，指黄帝氏实际就是以黄帝为首领的氏族部落集团。在《山海经》里，"黄帝"只是诸帝之一，直到春秋战国时期才被定为一尊。周人的古史系统经过三次建构，才将黄帝尊为祖先，并最终演化成中华民族的人文始祖。黄帝出生地有河南新郑、陕西黄陵、河南灵宝、浙江缙云、甘肃天水等说法，主张不一，这可能跟黄帝部族的迁徙有关。

（一）河南新郑黄帝故里

新郑为黄帝故里的说法，见于很多文献记载，如《大戴礼记》《史记》《帝王世纪》《大明一统志》《清一统志》。清顺治十六年（1659）《新郑县志》有"轩辕庙在县西大隗山之巅"的记载，明隆庆四年（1570）又于祠前建轩辕桥，清康熙五十四年（1715）新郑县令许朝柱于祠前立"轩辕故里"碑，今已不存。

新郑黄帝故里位于河南省新郑市轩辕路1号，经过多次扩建改造，从北至南依次有拜祖广场、故里祠、中华姓氏广场区，构成了"天、地、人"三大板块，有黄帝鼎坛、汉阙、姓氏墙、故里祠、许愿墙、黄帝像、轩辕桥、黄帝纪念馆等景观。《庄子·徐无鬼》说"黄帝将见大隗乎具茨之山",《水经注》也说黄帝曾登具茨之山,相传因黄帝之臣风后曾在此修炼而得名,至今在具茨山还有风后顶、力牧峰、常先口、大鸿兽等地名,峰顶上建有中天轩辕阁。郑州市区炎黄广场上竖立炎黄二帝塑像,并刻碑文记述二帝功德。春秋时期的历史典籍中就有三月三登新郑具茨山朝拜黄帝的记载,唐代以后渐成规制,由官方主拜或由民间自办。"新郑黄帝拜祖祭典"从 2018 年起在新郑市举行,并被列入国家级非物质文化遗产名录。

（二）陕西黄帝陵

最早记载黄帝陵的文献是《史记》,《五帝本纪》中有"黄帝崩,葬桥山",《封禅书》中也有"祭黄帝冢桥山"的说法。清顾祖禹《读史方舆纪要》说沮河由西向东呈 U 形绕桥山而过,站在山上朝下看,东边有河,西边亦有河,就像水从山底穿过,故此山名桥山,黄帝陵因山而得名桥陵。也有说桥山在远古时代为有蟜氏居地,称作蟜山,后来演变成桥山。关于黄帝陵的位置,还有河南灵宝、甘肃庆阳、北京平谷、山西临汾等不同说法,但陕西省黄陵县桥山早在唐代已被确定为国家级祭祀黄帝大典的场所。据目前所见祭祀黄帝的"御制祝文",自明太祖起,几乎历代皇帝均遣使赴原中部县（后改名黄陵县）桥山黄帝陵致祭。桥山黄帝陵寝面南,墓前有碑亭,南侧有汉武仙台,古有登陵道通向黄帝陵,距陵 400 米处神道旁,有明嘉靖年间立碑,上刻"文武官员至此下马"八个字,桥山东麓建有黄帝庙（又称轩辕庙）。据明、清碑石记述,唐代宗大历年间庙初建于桥山西麓,宋太祖开宝年间移庙于东麓,元、明、清各代屡有修葺。

黄帝陵位于陕西省延安市黄陵县桥山镇,现今黄帝庙由庙区和庙前区两部分组成。庙院呈长方形,其建筑沿南北轴线依次排列有庙前广场、山门、诚心亭、碑亭、大殿,东侧有碑廊,西侧有接待室和文物陈列室,庙院内有黄帝手植柏、汉武帝挂甲柏等千年古树,碑廊内保存着刻有北宋以来历代帝王致祭黄帝的御制祝文和保护黄帝陵庙的圣旨、法令等的石碑。庙前区由入口广场、印池（龙池）、轩辕桥、桥北广场、龙尾道、庙前广场至庙门，以及两侧相关的景观组成。公祭轩辕黄帝典礼是每年清明节海内外中华儿女在桥山共同缅怀中华民族的人文始祖轩辕黄帝的祭祀活动，以"颂扬黄帝功德，传承民族记忆，守护精神家园，构建和谐中华"为主题，包括击鼓鸣钟、敬献花篮、恭读祭文、乐舞告祭、拜谒祖陵等内容。

（三）河南灵宝黄帝铸鼎原

黄帝铸鼎的典故出自《史记·封禅书》："黄帝采首山铜，铸鼎于荆山下。"荆山有两种说法，一是河南灵宝，一是陕西西安。在铸鼎塬附近出土的唐贞元十七年（801）虢州刺史王颜撰文、华州刺史袁滋籀书"轩辕黄帝铸鼎原碑铭并序"，是目前发现的记载黄帝铸鼎最早的碑刻。

黄帝铸鼎塬位于河南省灵宝市阳平镇。据《阌乡县志》记载，汉武帝曾在此建鼎湖宫，以后各朝代均有建筑，因历史上烽烟不断，灾荒频仍，屡建屡毁。清吴乘权《纲鉴易知录·五帝纪》中也有类似记载，说明铸鼎塬祭祀黄帝活动由来已久。修复重建的主要遗迹有献殿、始祖殿、长廊、墓冢、祀功柱、阙楼等，后人还铸造了象征天神、地神、祖宗的天、地、人三尊大铜鼎。现灵宝荆山下有黄帝陵、鼎湖湾、灵宝黄帝铸鼎塬等景区，灵宝铸鼎塬聚落遗址群包括北阳平、西坡、东常、轩辕台等五十多处仰韶时期的文化遗址。

（四）浙江缙云黄帝祠宇

根据《史记》记载，黄帝征伐天下时，东至于海，西至于空桐，南至于江，活动范围广泛，后来官职皆以云命，为云师。唐李吉甫《元和郡县志》说黄帝炼丹于缙云山。传说黄帝跨江南巡，曾在此地铸鼎炼丹，缙云氏一部南迁定居于此后将此山命名为缙云山。缙云清明祭祀黄帝大概从东晋开始，黄帝祠宇原名缙云堂，大约建于东晋成帝咸和至咸康年间（326—342），盛行于唐宋，其后屡有兴废。

黄帝祠宇位于缙云仙都景区鼎湖峰下，重建后以八个部分的轩辕黄帝史迹展览馆为主，整个景区包括仰止亭、驭龙亭、轩辕殿、缙云堂、游龙轩、龙腾阁、怀祖堂等。唐李阳冰任缙云县令期间，数次祭祀黄帝，并篆"黄帝祠宇"四个大字刻于石碑之上。"黄帝祠宇"碑原在仙都玉虚宫中，残碑现藏于缙云县城隍庙内，黄帝祠宇门楼前的新碑，是根据旧拓片所制。

三、嫘祖文化遗存

关于嫘祖的文献记载很多，如《史记·五帝本纪》说黄帝娶西陵之女嫘祖为正妃，《汉日仪》说北齐始祀黄帝元妃嫘祖为先蚕神，等等，主要讲述她为黄帝妻、养蚕等事迹。嫘祖是中华先祖女性中的杰出代表，首倡婚嫁，养蚕纺织，为华夏文明作出了巨大的贡献，也留下了很多神话传说和文化遗存。

（一）四川盐亭嫘祖陵

嫘祖陵是"中华女祖第一陵"，位于四川盐亭县现嫘祖镇青龙山，坐北朝南，以山为陵，以墓为心，头顶蓝天，前望云海，气魄宏伟。相传盐亭古为西陵之地，当地人世世代代敬奉"先蚕"嫘祖。青龙山出土的唐开元年间的嫘祖圣地碑，记述了嫘祖生殁之地及其功绩。蚕丝山位于盐亭县，有丰富多彩的嫘祖故事，如彩凤投怀生嫘祖、天虫家养织丝绢、含茧化丝、蜘蛛结网、王凤采果奉双亲、四方奔走教民养蚕、蜀女化蚕马头娘、嫘祖遇旋风发明缫丝车、织绢岭午梦获渔梭、龙泉藏丝洞、紫霞坪试养家蚕、水丝山建缫丝房、吉树坡初识天虫、扎草人驱鸟护蚕、遇仙猫灭鼠、西陵宫嫘祖赠丝衣、见丝帛轩辕西行、黄帝西陵纳元妃、衣落山金二伯射黄帝、轩辕西属请岐伯等，妇孺尽知，口耳相传。还有与嫘祖名字有关的人文遗址、自然景观和纪念性建筑，如嫘祖墓、蚕丝山、藏丝洞、丝姑庙、嫘祖殿、嫘祖宫等。每年农历二月初八,一些地方还保留着过"先蚕节"、舞蚕龙庆嫘祖寿诞的民俗。

(二)湖北宜昌嫘祖庙

宜昌嫘祖庙坐落在长江三峡西陵峡口的西陵山巅,嫘祖圣地西陵山早在宋代就已铭文列为峡州古迹,明代西陵山已是古木参天,具有相当规模。嫘祖庙也叫西陵山庙,兴建于明代,后来毁于日军侵华战火。宜昌地处远古西陵国疆土,是西陵部落分布的中心区域。每逢农历三月十五(相传是嫘祖的生日)举行庙会祭祀嫘祖,世代延续。在西陵山附近,至今仍有几处与嫘祖名字有关的自然景观,如嫘祖峰、古轩辕洞、玄嚣洞等。在西陵山庙旧址重建的嫘祖庙,从外看像似三层,实际四层,从下到上,分别是瞻仰嫘祖殿堂、嫘祖业绩展、《嫘祖颂》歌舞、僭楼览胜等,该庙多层重檐,棱角刺天,悬挂风铃,随风飘动。

四、群体文化遗存

炎黄时代是传说中的部落大融合时期,在阪泉、涿鹿等地留下了炎黄时代人物群体活动的文化遗存。阪泉之战遗址究竟在何处,是一个长期悬而未决的史学问题,至今仍有山西阳曲、河北涿鹿、北京延庆、河北怀来、河南扶沟等争论。

唐李泰《括地志》说阪泉也叫黄帝泉,在妫州怀戎县东五十六里,涿鹿故城在妫州东南五十里,是黄帝之都。涿鹿之战大概发生在今河北涿鹿一带,周围有黄帝城、黄帝泉、蚩尤寨、蚩尤泉、蚩尤坟、桥山、釜山、定车台等多处与黄帝、蚩尤有关的地名和遗迹。

黄帝城据说是黄帝杀蚩尤之后,于涿鹿山下平地之上所建的都城,位于涿鹿县矾山镇西,遗址呈不规则正方形,城墙系夯土筑成,南、西、北城墙尚在,东城墙浸于轩辕湖中。城西南有一村寨,相传黄帝与炎帝战于阪泉之野,曾在此竖七色旌旗,排兵布阵,故称七旗里,因地处阪泉上游，又称上七旗。城东南一里处，有一眼古泉，传说它是轩辕黄帝濯浴龙体的地方，故称"濯龙池"，当地人称"黑龙池""黄帝泉"。

蚩尤三寨位于涿鹿县矾山镇西南数里的一处黄土崖上，有三座犄角互峙、紧相毗连的土寨残垣，传说是黄帝与蚩尤大战时蚩尤部落安营扎寨的地方，按地势分为南、中、北三寨，从南到北一字排开。寨下的蚩尤泉，据说是当年蚩尤部落人马饮水之处。

为了纪念黄帝、炎帝和蚩尤，现今又在黄帝泉北建成了中华三祖堂，分别由大门、平面祭坛、三祖堂组成。主体工程三祖堂仿照现存最早保存最好的唐朝建筑佛光寺建造，整个大殿开间七间，进深三间，全部采用木质结构。殿内有黄帝、炎帝和蚩尤的塑像，四壁绘着"涿鹿大战""合符釜山""定都涿鹿""阪泉大战"四幅大型壁画，殿前有广场。中华三祖堂成为海内外中华儿女寻根谒祖的场所。

除了上文所提到的关于炎帝、黄帝、蚩尤、嫘祖等人的文化遗存，另据历代方志所载，唐宋以后，各地出现很多用作纪念三皇五帝的庙宇，还有许多分散各地的先农坛、先蚕坛、先医坛、传心殿等，这些也是民间祭祀、祈福之所，同样是十分珍贵的炎黄遗存。被人们赋予特殊意义的自然之物，如河北涿鹿的蚩尤松、黄帝泉，陕西宝鸡的神农窟、神农泉，河南新郑的具茨山、鸳鸯台，陕西黄帝陵前的黄帝手植柏、湖南炎陵西北山巅的洗药池、四川盐亭嫘祖湖、陕西宝鸡清姜河、湖北随州的厉山等自然之物，也承载着丰富的炎黄记忆，如人们一提到厉山，就会想到神农出生的地方，有关炎帝记忆随即被唤醒，故这些自然之物亦可理解为炎黄遗存。[①]

---

① 尹全海：《炎黄记忆传统的当代表达——炎黄学叙论》，《信阳师范学院学报（哲学社会科学版）》2018 年第 3 期。

第二节　炎黄文化遗存的产生原因

炎黄是远古传说时代的代表人物，是中华民族的人文始祖。中华儿女素来有慎终追远的历史传统，因此留下了大量脍炙人口的关于炎黄的传说。根据文献记载，从汉代以来，人们已经开始祭祀炎黄，因此兴建了大量的陵墓、殿堂、庙宇等人文建筑，并将一些山川、河流等自然之物也赋予人物传说，因此形成了分布广泛的炎黄文化遗存。炎黄文化遗存既有历史形成的，也有当今建构的，产生原因比较复杂，主要有以下三个方面。

一、奉祀祖先

慎终追远、昭祖扬祢是中华民族的精神信仰和文化传统。祖先崇拜来源于原始社会的鬼神崇拜，但其崇拜对象是固定的，而且与崇拜者血脉相连，因此人们定期祭祀祖先亡灵，认为可以蒙获福佑。此传统可以直溯三代之时，《诗经》《礼记》中都有关于祭祀的描述，《左传》认为国之大事在祀与戎，司马迁在《史记》中提出事天地、尊先祖而隆君师是礼之三本。宗庙祭祀历来为国之重典，祭祖文化贯穿了中华文明的始终，是其历久而弥新的重要基因。祭祖，对个体和家族而言，是祭祀某个家族和宗族的祖先，对国家和民族来说，则是祭拜这个民族和国家的祖先。《国语·鲁语上》："有虞氏禘黄帝而祖颛顼，郊尧而宗舜。夏后氏禘黄帝而祖颛顼，郊鲧而宗禹。商人禘舜而祖契，郊冥而宗汤。周人禘喾而郊稷，祖文王而宗武王。"有虞氏拜祭的尧和颛顼、夏后氏拜祭的鲧和颛顼、商人拜祭的冥和契、周人拜祭的后稷等，是有血缘传承的祖先神灵。有虞氏和夏后氏禘祀的黄帝，以及商族和周族禘祀的帝喾等，是没有血缘关系的远古英雄。历代王朝的统治者除了供奉祭祀自己的祖先外，还将传说中的伏羲、女娲、神农、黄帝、炎帝、颛顼、尧和舜等，都列入祭祀范围。将宗族祖先和民族祖先共同祭祀，是中国祭祖文化"家国同构"的一个特有现象。

炎黄作为中华民族的人文始祖，自古以来就是国家祭祀的重点对象。对于祖先祭祀而言，祭祀空间是极为重要的组成部分，是后世子孙寄托精神的物质载体。炎黄文化遗存，很多就是祭祀炎黄的空间设施。如明朝弘治《蜀州志》说，人们在神农尝百谷的山上建庙来祭祀他。再如黄帝死后，人们为了表达对这位人文始祖的怀念之情，便在桥山起冢为陵，立庙祭祀。陵，从阜从夌，为帝王坟墓专用。庙始见于西周金文，本义就是指供祭祖宗神位的地方。根据《说文解字》，庙是尊先祖的，所以叫宗庙。从古至今的炎黄文化遗存，大都具有陵墓、庙宇、殿堂等空间设施，而且建筑目的极其明确。比如为了挽救文化遗产，也为了给海内外中华儿女提供寻根祭祖的场所，自20世纪80年代后期开始，多地政府陆续对炎黄遗址进行整修、扩建、重建、新建，建成陵、庙、殿、堂、馆、阁、亭、台等纪念建筑，不一而足。在炎黄文化遗存地，人们往往会连续举办祭祖或拜祖大典，如陕西黄陵的清明公祭轩辕黄帝典礼、河南新郑的黄帝故里拜祖大典、浙江缙云的海峡两岸共祭轩辕黄帝大典、陕西宝鸡的清明恭祭华夏始祖神农炎帝典礼、湖北随州的炎帝祭典、湖南株洲的炎帝陵祭典、河南西平的嫘祖拜典、四川盐亭的嫘祖故里酬蚕节等，通过拜谒人文始祖炎黄等，共同祈福华夏繁荣昌盛。在各地的炎黄文化遗存中，不管是古已有之的陵墓殿堂，还是如今新建的塑像广场，其目的都是为了纪念其人、颂扬其事，这些祭祀建筑和祭祀典礼、民俗活动相结合，共同构成了炎黄文化遗存的祭祀空间。

二、祈福消灾

炎黄文化遗存的产生原因，除了奉祀祖先的需求外，还跟人们祈福消灾的信仰有关，源于祖先神崇拜的观念。《礼记·郊特性》认为，天地为万物之母，人类皆由祖先繁衍而来，所以苍天和祖先都应得到祭祀。将祖先当作神灵来祭祀，是认为祖先死后仍有灵魂，灵魂不灭，所以能和神灵一样感知一切，只有对其虔诚祭祀，祖先才能施惠于后人。与此同时，人们对死后的世界并不了解，在灵魂不灭的观念下，对死者也存在着恐惧，怕其祖先灵魂受苦，或祸及子孙，如《左传》中子产就说过"鬼有所归乃不为厉"的话，所以要防止祖先死后灵魂化为恶鬼祸害子孙，也必须进行定时祭祀。从《礼记·祭法》有虞氏禘黄帝而郊喾、祖颛顼而宗尧来看，先祖不仅有与自己有血缘传承关系的先人，也包括和自己没有直系血缘关系的圣贤。所以祖先崇拜自有其限制，只有那些作出过重大贡献的逝者才有资格被奉为保护神并为后人所祭拜。炎黄作为中华民族的远古英雄和人文始祖，在夏商周三代已经被列为国家祀典对象而世代享有祭祀。①古往今来，人们在祭祀炎黄始祖时，也带有祈福消灾的愿望，同样促进了炎黄祭祀空间的形成，催生了炎黄文化遗址。

以湖南株洲炎帝陵为例，在明代君主告即位祭文中，几乎都以祈求福佑结尾。如明代官方正式祭祀炎陵，除告即位之外，还有祈求保佑的目的，而且致祭官员也相信炎帝神灵死而不灭，诚信祈求，必有所应。明万历四十八年（1620）吴道南在《重修炎陵庙记》中说重修炎帝陵庙，除了思圣人、报功德之外，还有为民祈福的诉求，并且一再强调，炎帝虽逝世千年，但厥灵仍在，爱护黎民，有求必应。②

再以河南新郑癸卯年黄帝故里拜祖大典为例。大典共有九项仪程，其中第九项是祈福中华，拜祖台中心徐徐展开一幅奔腾不息的黄河画卷，来自社会各界的祈福嘉宾手持吉祥祝福印章在画卷上盖印，随后向

---

① 李秋香：《秦汉祖先神信仰构建与族群文化认同》，《中原文化研究》2014年第 4 期。
② 曲英杰主编：《炎黄汇典·祭祀卷》，吉林文史出版社 2002 年版，第262 页。

黄帝敬奉河南黄土、云南红土、新疆白土、辽宁黑土、安徽青土"五色土"，以及藜、稷、菽、麦、稻"五谷"，祈福祖国繁荣昌盛，祝愿世界和平和睦。祈福中华是新郑黄帝故里拜祖大典的固定仪式，是官方借由拜祖活动来表达美好的希望和祝愿。事实上，当地民间长期流传着"三月三，拜轩辕"的谣谚，每年农历三月初一到初六，具茨山山上拜祖先香火极盛，山下庙会热闹非凡，延续着祈福消灾的民俗传统。

类似的描绘很多，如河南淮阳太昊陵庙会，声势之大、会期之长为中原地区庙会所独有，每年自农历二月二日始，至三月三日止，会期一个月，大凡祭祖朝香者，都要从家乡带来一把泥土，进香之后，添洒在伏羲陵墓上，寓意子孙繁荣昌盛，寄托了广大人民一种祛邪、避灾、祈福的美好愿望。再如四川盐亭酬蚕节，在农历九月十五日嫘祖逝世之日举行，当地百姓自发举行舞蚕龙、点天灯、烧遍香、唱大戏、祭蚕神庙会等民间祭祀活动，祭祀先蚕嫘祖，感恩蚕母保佑、祈求蚕桑丰收。

三、发展经济

如果说炎黄文化遗存在古代的产生多是出于宗教因素，当今新建炎黄文化遗存则增加了发展经济的诉求。在文化搭台、经济唱戏的社会背景下，各地建成了大批炎黄文化风景区，促进了当地旅游业的发展。

河南新郑黄帝故里风景区，虽然相传早在汉代就建立了轩辕庙，历代都有修复和新建，但清康熙五十四年（1715）新郑县令许朝柱在祠前所立"轩辕故里碑"已不复存在。1990年重修了轩辕故里大殿和厢房，1996年在具茨山峰顶修建了中天轩辕阁，又经过2002年和2007年两次大的扩建，才形成了今天的新郑市黄帝故里景区。郑州黄河游览区落成的炎黄二帝巨型塑像，更是从1987年发起"筹建炎黄二帝巨型塑像的倡议"开始，直至2007年历时20年才最终完成。新郑市旅游部门的景区监测数据显示，2019年"十一"期间，黄帝故里景区接待游客3.8

万人次，具茨山景区接待游客 3.7 万人次，为全市旅游收入作出了重要贡献。

湖南株洲炎帝陵景区，据《酃县志》记载，陵墓早在西汉末年已经夷为平地，在宋乾德五年（967）于茶陵县城南移建了炎帝陵，又在宋孝宗淳熙十三年（1186）重建了炎帝庙，明、清、民国期间多次修葺，但经过 1954 年除夕的火灾和"文化大革命"期间的破坏，除陵墓外，其余建筑全部被夷为平地。修复后的景区分为祭祀区、拜谒区、缅怀区三大功能区，由炎帝陵殿、神农大殿、神农园、阙门、华夏广场、福林、圣德林、皇山碑林、炎帝陵牌坊等八十多处自然和人文景观组成，形成了今天的整体格局。据炎陵县融媒体中心报道，2023 年春节假期，炎帝陵景区累计接待游客人数超 6.1 万人次，实现旅游收入 150 余万元。

湖北宜昌明代就修建有西陵山庙，但 1940 年毁于日本的侵略。虽然早在 20 世纪 80 年代末当地就提出了恢复西陵山景区、建立嫘祖纪念馆的动议，但直至 1993 年才开始动工，次年落成。如今的嫘祖庙是纪念性建筑，成了一座纪念中华民族之母的嫘祖纪念馆。2023 年的远安嫘祖文化节，直接以"癸卯年湖北·远安嫘祖文化旅游节"命名，举办了嫘祖音乐节、春日露营集市等一系列活动，明确打出了旅游招牌。

陕西黄帝陵景区，自汉武帝元封元年（前 110）亲率十八万大军祭祀黄帝陵以来，桥山一直是历代王朝举行国家大祭之地，因是历代帝王和名人祭祀黄帝的场所，所以保存相对完好，汉代至今的各类文物仍有留存。现存仅祭祀保护碑刻就有 124 通，陵前的"黄帝手植柏"距今五千余年，相传为黄帝亲手所植，是世界上最古老的柏树。黄帝陵景区由庙区和庙前区两部分组成，后者是 1992 年开始的黄帝陵整修一期工程建设成果，由入口广场，印池（龙池）、轩辕桥、桥北广场、龙尾道、庙前广场至庙门，以及两侧相关的景观组成。据统计，黄帝陵景区 2005 年创收 1.5 亿元，2010 年达到 5 亿元，2015 年达到 8 亿元，2017

年达到了 23.5 亿元。

总体而言，炎黄文化遗存的形成过程是持续而漫长的，因此产生原因也复杂多样，除了纪念颂德、祈福消灾、发展经济等需求之外，还有追求地方政绩、团结海外华人等因素，这些因素共同促成了炎黄文化遗存的时代风貌。

第三节　炎黄文化遗存的文化意义

在历史传说和文献记载中，以炎黄二帝为代表，包括蚩尤、嫘祖、仓颉等一批杰出人物，带领先民们披荆斩棘，揭开了中华文明的帷幕，写下了中华民族历史最初的辉煌篇章。了解关于他们的文化遗存，有助于了解中华文明的源头和演进轨迹。习近平在中共中央政治局第三十九次集体学习时强调："文物和文化遗产承载着中华民族的基因和血脉，是不可再生、不可替代的中华优秀文明资源。"[1] 从文化角度而言，炎黄文化遗存主要有以下四个方面的意义。

一、传承炎黄文化

炎黄文化遗存指与炎黄人物传说有关的遗迹、遗物和社会活动，如陵庙殿堂、山石泉流、祭祀庙会等，不但有古代生成的，也有当今重修或新建的，都附载了大量的炎黄人物故事传说，是炎黄文化的重要载体。

黄帝故里争论颇多，存在河南新郑、陕西黄陵、山东寿丘、甘肃天

---

[1] 中共中央党史和文献研究院编：《习近平关于社会主义精神文明建设论述摘编》，中央文献出版社 2022 年版，第 237 页。

水、湖南长沙等不同说法。炎帝故里同样不确定，也有陕西宝鸡、湖北随州、湖南会同、山西高平、河南柘城等不同说法。嫘祖故里也有四川盐亭、湖北宜昌、河南西平等地的争论。

历史或者现存的炎黄人物故里的陵墓殿堂，是历史传说或者文献记载中关于炎黄人物出生地各种说法的具体物化，在这些出生地，还衍生出许多与炎黄人物有关的自然景观传说。陕西黄帝陵前的"黄帝手植柏"，树高约19米，树围11米，七人合抱有余，距今五千余年，相传为黄帝亲手所植，是世界上最古老的柏树，被誉为"世界柏树之父"。河南新郑具茨山也有很多黄帝的传说，如据说是黄帝嫘祖八拜成婚之所的鸳鸯台，观看巨灵氏驯兽之所的观兽台，峰顶的黄帝脚印，山下黄帝屯兵时所植的古槐。河南灵宝铸鼎塬据说是黄帝铸鼎的荆山，相传为黄帝骑龙升天之所。河北涿鹿则有传说涿鹿大战时所立的黄帝营、蚩尤寨，双方军队饮水的黄帝泉、蚩尤泉，黄帝追击蚩尤时用指南车定位的定车台，瞭望敌情和指挥作战之所的土塔，斩杀蚩尤的蚩尤染血山，以及带有无字碑的蚩尤坟，等等。在湖南株洲炎帝陵西北山巅，有"洗药池"，相传为炎帝神农氏洗药之处；南侧水岸的龙爪石，据说是金龙为了感谢炎帝救治之恩，将其灵柩卷入江底，邀请炎帝神灵到龙宫做客，被玉帝贬为石龙，龙头化为龙脑石，龙爪化为龙爪石，护卫炎陵。湖北随州神农洞相传是神农诞生之地，神农泉则是在神农诞生之后九井自动相连，汲一井而众井皆动。陕西宝鸡炎帝陵也有神农泉，天台山相传是炎帝误食断肠草不幸殉难之处。山西高平与炎帝神农氏有关的传说众多，有炎帝神农氏尝五谷之处的百谷山、选育嘉种之处的百谷泉、尝百谷时所居的神农洞、所掘的神农井等，相传都是炎帝生产生活过的地方。四川盐亭有传说中黄帝与嫘祖设坛祭天的云毓山，还有嫘祖支锅煮茧抽丝的三锅桩、用来储丝的藏丝洞等，龙冠滩因据说是嫘祖诞生之处而更名嫘祖湖。湖北宜昌西陵峡口的白马洞据说是黄帝圈养所乘白马之所，古轩辕洞是黄帝嫘祖所居，玄嚣洞是嫘祖之子玄嚣所居。这些传说或许荒诞无稽，但自然景观上所附带的信息，却与炎黄人物息息相关。

因炎黄而产生形成的文化活动，如祭祖大典和民俗庙会，也是承载、传承炎黄文化的重要组成部分。由各级各地政府举办的炎黄祭典基本都有恭读祭文、高唱颂歌的环节，事实上是对炎黄等人文始祖功业的回忆与肯定。与官方祭祀的庄严宏大相比，与炎黄相关的民俗庙会更是丰富多彩。河南新郑自古就有"三月三，拜轩辕"的民俗传统，每逢此时，周边民众自发到始祖山拜谒轩辕黄帝，在山脚下形成了数万人参与的民间庙会。湖北随州炎帝文化庙会开幕式演出采取情景剧的方式，分为山海相传、一眼万年、天地神农、恩泽四方等九个单元，将神农部落景区的石刻历史遗存和随州作为炎帝故里的背景一一展现。四川盐亭民间祭祀嫘祖非常兴盛，当地百姓从古至今都要在每年农历九月十五日自发举行祭祀活动，除了敬献三牲、茧串、丝绸、红鞋等贡品和进行祭文祝祷等仪式外，还要举行舞蚕龙、点天灯、烧遍香、唱大戏、祭蚕神庙会等祭祀活动。这些活动不但丰富了人民精神生活，促进了当地经济发展，也有利于人们深入了解炎黄功绩，弘扬炎黄文化，传承炎黄精神。

二、增强民族认同

中华民族共同体是经过多次民族融合形成的多元一体格局，据历史传说和考古发掘来看，炎黄时代至尧、舜、禹时期，黄河中游的炎、黄两大部落，不断地碰撞融合，结成联盟向东推进，战胜了以泰山为中心的太昊、少昊集团，建立起号令黄河流域各部落的大联盟，并击败江汉流域的苗蛮集团，成为可追溯的中国早期民族融合的核心。在文字发明之前，炎黄时代的历史进程只能保留在口耳相传中，然后被引入传世文献的记载，形成了关于炎黄历史的共同记忆。炎黄二帝不仅推进了中国早期的民族融合，而且为中华早期文明作出了非凡的贡献，如创制耒耜、发展农耕，织麻为布、缫丝制衣，石煮烹食、始作瓦甄，构木架屋、建造宫室，始制舟车、引重致远，耕而作陶、冶铜铸鼎，发明医药、教制九针，日中为市、开创交易等物质创造，以及以德而王、修德振兵，设正分治、建政立制，符号记事、造字作书，始设蜡祭、封禅祭祀，作歌兴舞、造律作乐，制作历法、考订星历，婚丧嫁娶、创立礼制，兴作彩陶、绘画雕刻等精神创造。这些辉煌创造或许不是由生物学意义上的自然个体，而是由集体建构出来的历史人物形象完成的，但其中蕴含着古人对祖先筚路蓝缕拓荒创业的共同追忆和集体认同。由此来看，炎黄人文始祖的历史地位是无法动摇的，炎黄时代的辉煌创造奠定了中华文明萌芽、起源的重要根基，炎黄形象作为共同祖先的坚定信念在中华民族早期融合的历史进程中起到了无法替代的伟大作用。

炎黄作为中华民族的人文始祖，不仅对于华夏民族的早期融合、中华文明的萌芽起源作出了巨大贡献，也是中华民族共同体建构进程中不可或缺的因素。战国秦汉间黄帝崇拜兴起，形成了"百家言黄帝"的时代语境，司马迁《史记》在《五帝德》《帝系姓》等文献的基础上，建构了丰富可信的黄帝形象，将黄帝置于五帝之首，确立了黄帝华夏第一古帝的历史地位。① 魏晋南北朝时期的史家继承了两汉史学的传统，进一步确立了炎黄共祖的地位，不仅汉族统治者祖述炎黄，而且鲜卑、匈奴、羯、氐、羌等游牧民族贵族也承认炎黄的始祖地位，炎黄成为分裂时期的共同记忆，促进了民族融合，为隋的统一乃至中华民族共同体的形成奠定了文化心理基础。② 魏、蜀、吴及统一三国的晋在争夺正统地位、宣扬出身高贵方面都不甘人后，南朝的宋、齐、梁、陈完全继承了两汉三国的文化传统，认为自己是炎黄以来的华夏正统，石勒、苻坚、赫连勃勃等游牧民族贵族竞相表达对黄帝的尊崇，建立了北魏政权

---

① 姚圣良：《"百家言黄帝"的时代语境与〈史记〉黄帝形象的建构》，《学术研究》2021 年第 10 期。

② 高强：《分裂中的认同：魏晋南北朝时期的炎黄崇拜》，《信阳师范学院学报（哲学社会科学版）》2021 年第 4 期。

的鲜卑族贵族更是以黄帝苗裔自居，北魏孝文帝迁都洛阳，力推华夏化，促进了鲜卑族与汉族的融合，为中华民族的发展壮大作出了突出贡献。此后，契丹统治者自称是炎帝后裔，明朝诸帝除建文帝外皆派遣官员祭祀过炎帝陵、黄帝陵，清朝皇帝自顺治以下除宣统帝溥仪外，皆遣官致祭过炎帝陵、黄帝陵，次数远胜前朝，历代帝王庙都以伏羲、炎黄二帝为祭祀中心，因此可以说炎黄是中华民族共同体形成的重要因素。

炎黄作为人文始祖，使炎黄文化中蕴含着丰富的民族认同因素，在中华民族共同体建构中具有重要地位。在民族认同问题中，血统和祖先的虚构性和认同感远远比真实性更重要，祖先认同的实质，是通过对于民族共同体的历史记忆，将自身置于某一民族体系之中，从而在叙述历史中确认自我身份。对炎黄的祖先认同，从历史角度而言，是一个不断建构的过程；从现实角度而言，是一个自我确认的结果。从中华民族多元一体格局的形成与发展过程来看，文化因素占据了极其重要的地位，或者从某种程度上说，中华民族与其说是一个血缘实体，不如说是一个文化实体。炎黄时代有着辉煌的物质发明和精神创造，是中华文明萌芽的阶段，中华民族的诸多标志性符号都能从炎黄文化中找到历史源头。对炎黄文化的认同，事实上就是对民族形成和文化起源的认同，炎黄文化在凝聚中华民族这方面起到了重要作用，确立了中华文明民族凝聚力的精神内核[①]。2015 年 2 月，习近平在陕西考察时指出，"黄帝陵、兵马俑、延安宝塔、秦岭、华山等，是中华文明、中国革命、中华地理的精神标识和自然标识"[②]。以炎黄认同为号召，对于台湾同胞、海外华侨华人来说，更具有历史和文化认同感，有利于凝聚共识、增强民族认同

---

① 李俊：《炎黄文化与中华民族命运共同体的构建》，《河南社会科学》2020年第 9 期。

② 姚远：《在保护中发展 在发展中保护——学习习近平总书记关于文化遗产保护传承的重要论述》，《学习时报》2023 年 6 月 26 日第 5 版。

意识。

三、提升文化自信

习近平 2015 年 11 月 3 日会见第二届"读懂中国"国际会议外方代表时强调："中国有坚定的道路自信、理论自信、制度自信，其本质是建立在 5000 多年文明传承基础上的文化自信。"文化自信的先决条件是全面而深刻地认知自身文化，即文化自知。博大精深的中华优秀传统文化是在几千年的历史变迁中积淀而成的，在中华文明产生、发展的历史过程中表现出了强大的生命力和创造力，在中国特色社会主义新时代仍然具有深刻的影响力，不但贯穿于中国人的思想世界与日常生活，而且在同其他文明的交流互鉴中不断焕发出新的生命力。

炎黄文化是中华传统文化的祖根文化和龙头文化，也是中华传统文化的重要组成部分。[①] 相传炎帝神农氏率领其部落始作耒耜、教种五谷，遍尝百草、发明医药，日中为市、首倡交易，是中华农耕文化的创始者。黄帝则率领其部落养蚕治丝、始作衣裳，伐木构材、筑造宫室，创造文字、制定历法，并发明指南车，备尝险夷，艰苦拓殖，将中华原始文明推向了新的历史阶段。几千年来，中华文化不断丰富、创新地发展，正是由于有炎黄二帝为代表的远古文化作为源头的根基。中华文化的许多精髓，是从炎黄时代起一脉相承的。改革开放以来，无论是对人文始祖炎黄的祭拜，还是对炎黄文化的弘扬，都与海内外华人的寻根文化心理心态联系在一起，这是因为，中华优秀传统文化是中国五千年文明史的本质内涵，在延绵不绝的五千年中华文明史上，不论是国家统一时期，还是分裂割据或遭受变故的时期，中华优秀传统文化和炎黄精神始终是中华民族不可摧折、难以磨灭的精神维系，是中华民族凝聚为一

---

① 李俊：《炎黄文化与民族认同》，《光明日报》2019 年 6 月 1 日第 11 版。

体的精神纽带，并由此形成了中华民族亿万子孙的凝聚力和自豪感。①
在中华民族形成和发展的过程中，炎黄文化、炎黄精神的内涵也都在不
断地丰富和发展，经过中华儿女一代又一代的传承和弘扬，最终凝练、
升华为中华民族特有的文化传统与民族精神，渗透进每一个中国人的血
液之中。

　　20 世纪 80 年代兴起的新"炎黄热"，除全国各地纷纷成立炎黄文
化研讨会、开展各种学术研讨活动之外，最为生动的表现是全球华人的
祭祖寻根活动，炎黄文化遗存在其中起到了极为重要的作用。陕西宝鸡
炎帝故里、湖北随州神农故里、山西高平炎帝故里、陕西黄陵黄帝陵、
河南新郑黄帝故里、湖北宜昌嫘祖庙、四川盐亭嫘祖故里等炎黄活动遗
址遗迹，每年都要举行纪念活动，成千上万人前来祭祀。这些祭祀活动
大部分都被列入国家级非物质文化遗产名录。炎黄文化遗存是炎黄文化
的物质载体，附载了大量与炎黄相关的历史传说和民间故事，蕴含着丰
富的炎黄精神和显著的民族意识。以黄帝陵等为代表的炎黄文化遗存，
是理解中华儿女之所以是中华儿女的重要物质媒介，对于中华优秀传统
文化的文化自知而言，具有极为重要的历史价值和现实意义。通过对炎
黄文化遗存的保护和利用促进文化自知，在文化自知的基础上，增强中
华儿女对优秀传统文化的认同感和自豪感，从而达到文化自信，正是炎
黄文化遗存对于今天弘扬中华优秀传统文化的时代意义。

四、促进国际交流

　　炎黄为中华民族的人文始祖，是海内外中华儿女的共识。炎黄文
化遗存是联系中华儿女的文化纽带。海外华人是中华民族的重要组成

---

① 王震中：《炎黄学：炎黄文化研究的创造性转化与创新性发展》，《信阳师
　　范学院学报（哲学社会科学版）》2018 年第 3 期。

部分，其血脉之根和文化之源和炎黄文化遗存紧密相连。对中华文明而言，祭祖毫无疑问是最具仪式感的文化构成，对中华文明的巩固和发展发挥了不可替代的重要作用，祭祖文化经过千余年的沉积已经融入了每一个中华儿女的血液之中，海外华人对于参与对民族初祖、历代先贤及姓氏祖先的祭祀，不仅毫无违和感，而且文化传承和文化荣耀的共鸣感也使他们乐在其中。[①]

历年来在各地炎黄文化遗址举办的祭祖、拜祖大典和节庆庙会中，都不乏大量的海外华人身影。全球华人有规模的"重返黄帝陵"寻根祭祖始于 20 世纪 90 年代，前来拜祭黄帝陵的港澳台同胞和海外华侨华人已逾百万人次。阿根廷陕西商会会长刘茜在参加癸卯（2023）年清明公祭轩辕黄帝典礼时表示："此刻身在黄帝陵，我的归宿感油然而生。海外游子们无论走得多远，都深知我们的根在哪里，我们魂牵梦绕的故土在哪里。"[②] 自启动网上拜祖以来，全球华人通过互联网"共拜轩辕"，已经成为黄帝故里拜祖大典的重要特色。据统计，通过"庚子年黄帝故里网上拜祖祈福平台"拜祖祈福的海外华人高达近千万。显而易见的是，炎黄祭典已经成为海内外华人的文化盛宴，他们或者亲临现场，或者云端参与，或者适逢盛会，或者自行游览，在各地炎黄遗迹遗址都留下了大量足迹。

只有民族的才是世界的，炎黄文化遗存已经成为国际文化交流的重要组成部分。2006 年，新郑黄帝故里由"炎黄文化旅游节"升格为"黄帝故里拜祖大典"，海外包括中国国际广播电台、纽约华语广播网、美国时代华语广播、新西兰中华电视网、香港电台、新加坡新传媒电台、加拿大中文广播在内的近 30 家媒体对拜祖大典实况进行全球联

[①]　姚宇：《陕西"精神标识"优势与海外统战工作的推进》，《陕西行政学院学报》2020 年第 4 期。

[②]　阿琳娜：《海外侨胞黄帝陵谒祖：心之所系　情之所归》，《中国新闻网》2023 年 4 月 5 日。

播。2018 年，由陕西省人民政府外事侨务办公室、陕西省人民对外友好协会、陕西省黄帝陵文化园区管理委员会共同主办的黄帝陵文化四海行·海外宣传推介交流活动先后走进欧洲和东南亚国家，弘扬中华文化根脉、书写时代友好篇章，受到了中国驻当地使领馆、华侨华人、国际友人的大力支持，引起华文媒体的广泛关注，反响强烈。2022 年，由美国旧金山海外炎黄文化传承基金会主办、美国华商总会协办、中国黄帝文化基金会支持的壬寅年第七届海外炎黄子孙拜祖大典，在旧金山湾区的圣拉蒙市新硅谷离岸发展中心成功举办，其中不乏利弗莫尔市（Livermore）市长约翰·马钱特（John Marchant）、丹维尔市（Danville）市长纽厄尔·阿纳瑞驰（Newell Arnerich）等当地名流的参与，促进了美国多元文化的融合，提升了海外华人华侨的凝聚力，弘扬了中华文化，这一活动已经成为中国传统文化在海外发扬光大的一个重要平台。炎黄文化在海外的交流与传播，为改革开放、民族复兴营造有利的国际舆论环境，以及为提升中华文化软实力的海外影响力、塑造中国国际话语权，提供了丰富的话语资源，起到了积极的战略意义。

炎黄文化遗存不仅在传承文化、增强认同、提升自信、促进交流等方面具有重要的文化意义，在文化搭台、经济唱戏的时代背景下，还是促进地方经济发展的积极因素。各地的炎黄祭典和庙会，大都伴生着经济活动，既丰富了人民的精神生活，也满足了当地的经济需求。

炎黄是中华民族的人文始祖，在陕西、河南、河北、湖南、湖北等地，流传着大量的炎黄传说。在漫长的历史过程中，因为奉祀祖先、祈福消灾、发展经济等原因，在传说中的炎黄遗址遗迹处，兴建了大量的陵墓殿堂、亭台楼阁，并将附近山林泉石等自然之物也赋予了炎黄文化因素，使各地分布着广泛的炎黄文化遗存，比较著名的有陕西黄帝陵、河南新郑黄帝故里、浙江缙云黄帝祠宇、陕西宝鸡炎帝陵、湖南株洲炎帝陵、湖北随州神农故里、四川盐亭嫘祖陵、湖北宜昌嫘祖庙，以及河北涿鹿黄帝城、黄帝泉、蚩尤寨、蚩尤泉、蚩尤坟、桥山、釜山、定车台等。这些炎黄文化遗存至今仍在传承中华优秀传统文化、增强中华民族认同意识、提升文化自信、促进国际交流等方面起着不可替代的重要作用。

？思考题

1. 炎黄文化遗存的产生原因是什么？
2. 炎黄文化遗存具有什么文化意义？

拓展阅读

1. 赵文浩主编：《中华圣地——新郑》，中州古籍出版社 2008 年版。

2. 侯文宜：《炎帝文化田野考察与阐释》，山西人民出版社 2020 年版。

3. 陈文华编著：《炎帝神农相关遗址及遗迹》，武汉出版社 2021 年版。

4. 魏东主编：《发现黄帝城》，上海古籍出版社 2021 年版。

第十章　近现代炎黄文化的复兴

回顾中华民族发展史和炎黄文化发展史，我们可以清楚地看到炎黄文化与中华民族之间是密不可分、双向互动的关系。在战国时期、西汉初期、辛亥革命时期、抗日战争时期和改革开放时期，曾先后出现过五次炎黄文化复兴的高潮。先秦是炎黄文化与中华民族起源的时期，秦汉至明清是炎黄文化传承流变与中华民族自在发展的时期，清末民国是炎黄文化勃兴与中华民族自觉的时期，中华人民共和国成立以后是炎黄文化重构与中华民族复兴的时期。前两次高潮处于中华民族的孕育和形成期，中间两次高潮正值中华民族的危机期与抗争期，第五次高潮适逢中华民族伟大复兴期，炎黄文化的复兴与中华民族的复兴若合符节，密不可分。本章主要论述后三次炎黄文化的复兴，即近现代炎黄文化的复兴。

第一节　炎黄文化复兴的背景

中华文明是世界几大古老文明当中，唯一一个没有中断过的文明，而维系这个文明的关键就是以儒学为核心、儒释道相结合的中华文化，是以华夏文化为主体、兼容各民族文化的中华文化。何为中华民族？中华民族指的是中国历史上出现过的各个民族构成的自在的共同体和中国现实中存在的56个民族构成的自觉的共同体，以及认同中华文化的海外华人。自先秦时期萌芽、滥觞的中华民族，经过秦汉、魏晋南北朝、隋、唐、宋、元、明、清两千多年的发展，经过炎黄集团—华夏民族—中华民族几个阶段的蜕变，并经过汉、满、蒙、藏、回、羌、苗、匈奴、鲜卑、突厥、契丹、女真等民族的共同努力和汇入，不断输入新鲜血液，不断发展壮大，到清代中叶，已经奠定了今天各民族的基础，成为一个由各民族构成的自在的民族共同体。这时的中华民族还不是现代意义上的民族，还停留在自在的状态，而外来的压力和刺激使其彻底觉醒，成为一个自觉的民族。

中华民族的觉醒与近现代炎黄文化的复兴密切相关。而近现代炎黄文化的复兴与清末时局崩坏、传统"夷夏观"的文化基础、西方"民族主义"的催化剂等因素密切相关。

一、清末时局崩坏

清末时局的崩坏与清廷统治的无方是炎黄文化复兴的时代背景。1840年鸦片战争是中国历史的转折点，从此中国历史由古代进入近代，中国由封建社会进入半殖民地半封建社会，两次鸦片战争、中法战争、甲午战争、八国联军入侵……一次又一次的侵略战争，《南京条约》《天津条约》《北京条约》《瑷珲条约》《马关条约》《辛丑条约》……一个又一个的不平等条约，使中华民族陷入深重的灾难之中。中国屡受列强侵略欺侮，割地赔款，丧权辱国。沿海地区是列强坚船利炮最先攻击的目标，而少数民族聚集的内陆边疆也成为列强重点蚕食的对象。英法侵略两广、云南、西藏地区；沙俄侵略新疆、蒙古、东北地区，吞并中国土地最多；日本后来居上，通过甲午战争打败中国，割占台湾，通过日俄战争打败俄国，取代俄国在中国东北的支配地位，成为对中国伤害最大、危害最大的国家。与此同时，中国各民族军民浴血奋战，在抵御列强侵略的斗争中，共同谱写了中华民族史上可歌可泣的壮丽篇章。

美国学者罗兹曼认为，在19世纪晚期，若论领导人对现代化的忽视程度，清朝恐怕算得上是世界冠军。而这种接受新鲜事物的勉强性又被政治上的无能搞得越发不可收拾。清朝统治者先是以"天朝上国"自居，根本不把列强放在眼里，两次鸦片战争吃了败仗后，又开始由"蔑洋"转向"惧洋"，但仍认为洋人那些东西纯属"奇技淫巧"，连曾国藩、李鸿章等人搞的仅仅学习西洋器物的洋务运动亦遭顽固派耻笑和攻讦。李鸿章为了说服反对者，冲破顽固派的阻力，曾搬出包括炎黄二帝在内的圣贤明君。李鸿章说："设令炎帝轩辕复生于今世，其不得不从事于舟车枪炮机器者自然之势也。"[1]甲午战争，中国惨败，举国为之震惊，清廷却还是下不了变革的决心。1861 年祺祥政变后实际执掌清廷大权的慈禧太后，扼杀了缺乏基础且操之过急的戊戌变法。接着她竟使出了利用义和团对付洋人的所谓"以毒攻毒"的昏招，结果自取其辱。八国联军入侵后，慈禧太后携光绪皇帝狼狈西逃，被迫签订丧权辱国的《辛丑条约》。受此刺激，慈禧太后终于决定实施新政，但仍患得患失，过多考虑自身利益，不肯放权让利，加之革命运动风起云涌，已容不得清廷四平八稳地实施新政，作为自救运动的清末新政终于流产，清廷自上而下的现代化运动宣告失败，清廷的合法性与权威性随之流失殆尽。清廷不仅丧失了推动中国现代化的领导权，而且成为中国现代化进程的绊脚石。1902 年，梁启超在《敬告当道者》一文中对此有过清醒的总结：慈禧太后除了表现出不让须眉的权术外，并不具备领导中国实现现代化的能力。

　　1903 年是中国近代史上十分重要的一年。由于受到拒俄运动、沈荩案、苏报案等一系列事件的刺激，革命派日趋激烈。他们普遍认为，欲救亡必先反清，欲反清必先排满，欲排满必先尊黄。于是，大量使用"黄帝子孙""炎黄子孙"称谓，推崇炎黄为始祖，使用黄帝纪年，拜谒

---

[1]　王尔敏：《中国近代思想史论》，社会科学文献出版社 2003 年版，第162 页。

黄帝陵，就成为革命派的必然选择。"黄帝""炎黄""黄帝子孙""炎黄子孙""黄帝纪年"成为标识革命派的符号，尊崇炎黄与自称"黄帝子孙"成为革命派排满反清的锐利武器。

鸦片战争后，中国面临"数千年来未有之变局""数千年来未有之强敌"，西方列强想把中国变成他们的殖民地。这样的冲突是前所未有的，也是难以调和的，中华民族面临着从未有过的重大危机。正是这种危机刺激着中国人：一方面要向西方学习，富国强兵；另一方面要利用传统文化，塑造国魂。炎黄文化正是在这样一种背景下勃然兴起，成为摆脱民族危机的药方和反清反帝的旗帜。

二、传统"夷夏观"的文化基础

中国传统的"夷夏观"是炎黄文化复兴的文化基础。中国的"夷夏观"形成于周代。《左传·定公十年》曰："裔不谋夏，夷不乱华。"《左传·成公四年》曰："非我族类，其心必异。"《论语·八佾》曰："夷狄之有君，不如诸夏之亡也。"《孟子·滕文公上》曰："吾闻用夏变夷者，未闻变于夷者也。""夷夏观"中既有扬夏贬夷、夷夏之防等消极成分，又有以文化划界、夷夏变易等积极因素。清初，傅山曾作《八满诗》，充分表达了明朝遗民的夷夏观念和悲愤心情。王夫之出于反清复明的需要，力倡"夷夏之防"，革命派深受"夷夏观"尤其是王夫之学说的影响，言必称"非我族类，其心必异"。1906 年，章太炎获释后，在对欢迎者发表演说时表示深受王夫之的影响。章士钊后来在《疏〈黄帝魂〉》中总结道："辛亥革命以前，船山之说大张，不数年而清室以亡。"[1] 一语道破了"夷夏观"与反清革命之间的关系。

"尊黄排满"论根源于"夷夏观"，与其一脉相承，但又并非其简单

---

① 《辛亥革命回忆录》第 1 集，文史资料出版社 1961 年版，第 234 页。

翻版。清末革命派的排满民族主义是中国传统"夷夏观"与西方民族主义相结合的产物。

三、西方"民族主义"的催化剂

西方民族主义是炎黄文化复兴的催化剂。夏曾佑认为，凡国家之成立，必凭二事以为型范，一外族之逼处，二宗教之熏染是也。[①]古代中国是一朝一姓交相更替的"朝代国家"，而非近代出现的"民族国家"；古代的"汉族""中华民族"是自觉程度有限的人们的共同体。宋代以前，中原王朝虽然不断受到匈奴、鲜卑、突厥等来自北方草原游牧民族的侵扰，但基本上保持着优势地位与主导地位。宋代以降，中原王朝的优势地位不复存在，元、清两朝均由少数民族建立，但汉人仍有文化心理上的优势，仍能以游牧民族向往与服膺儒家文化来自慰，以儒家文化为核心的中华文化体系并未受到冲击。鸦片战争以后，中国面临"数千年未有之变局"，中国人慢慢发现自己不再是天下的中心，中华文化遭受到前所未有的冲击与挑战。在甲午战争中，中国惨败于曾是中华文化热心学习者和积极效仿者的日本，而日本赖以取胜的思想武器来自西方。在这样的强烈刺激下，中国知识分子不得不把关注的目光投向东瀛，继而投向西方。1902年，梁启超在《新民说》中指出："民族主义者何？各地同种族、同言语、同宗教、同习俗之人，相视如同胞，务独立自治，组织完备之政府，以谋公益而御他族是也。"[②]这是中国人首次给民族主义下的定义，这个定义显然注意到了共同文化、共同生活及政治因素的重要性。梁启超认为民族主义是西方列强建国和强盛的原动力。1903年，余一在《民族主义论》中指出，建一民族的国家，是曰

---

① 夏曾佑：《中国古代史》，河北教育出版社2000年版，第417页。
② 梁启超：《饮冰室合集》第4册，中华书局1989年版，《饮冰室专集之四》第4页。

民族主义。既然如此，革命派自称"黄帝子孙"，宣传炎黄文化将满人排斥在"黄帝子孙"之外，竭力鼓吹排满民族主义，就成为一种必然选择。西方民族主义传入中国后，同中国传统的夷夏观奇妙地结合在一起，共同促进了炎黄文化的勃兴。

另外，塑造国魂、抵制欧化是炎黄文化勃兴的深层动因。1902 年，受日本人三宅雪岭、贺志重昂提出的"保存国粹，可以强国"思想的影响，邓实、黄节等人在上海创办了一份从事国粹宣传的革命报刊《政艺通报》，先后发表了一些宣传国粹、激发民族主义和爱国思想的文章。1905 年 2 月，邓实、黄节、刘师培、黄侃、陈去病等人在上海发起成立以"发明国学，保存国粹"为宗旨的"国学保存会"，并创办《国粹学报》，反对"醉心欧化"。国粹派奉章太炎为领袖，同时把黄帝尊奉为文化始祖和民族始祖。

胡适认为，《国粹学报》或南社中人大都抱着种族革命的志愿，同时又都是国粹保存者。他们极力表彰宋末明末的遗民，借此鼓吹种族革命；他们也做过一番整理国故的工作，但他们不是为学问而做学问，只是借学术来鼓吹种族革命并引发民族的爱国心。国粹派开出的摆脱民族危机和文化危机的药方是塑造国魂、弘扬国粹，而黄帝就是最重要的国魂。黄帝不仅是民族始祖，而且是文化始祖和国家象征，国粹派对黄帝的尊崇、对炎黄文化的宣传，进一步促进了炎黄文化的勃兴。

第二节　近现代炎黄文化复兴的表现

一、旧民主主义时期炎黄文化的复兴

1903 年，革命派的反清行动日益激烈。1903 年 5 月，邹容在《革命军》中声称，满洲人与我不通婚姻，我犹是清清白白黄帝之子孙也。柳亚子等在《驳革命驳议》中说："使革命思想能普及全国，人人挟一不自由毋宁死之主义，以自立于抟抟大地之上，与文明公敌相周旋，则炎黄之青，冠带之伦，遗裔犹多，虽举扬州十日，嘉定万家之惨剧，重演于二十世纪之舞台，未必能尽歼我种族。"刘师培在《黄帝纪年论》中认为："黄帝者，汉族之黄帝也。"此外，在《大陆》《湖北学生界》《浙江潮》《江苏》《黄帝魂》《国民日日报》《苏报》《直说》《新湖南》《童子世界》《中国白话报》《民报》《复报》《汉帜》《秦陇》《关陇》《夏声》《四川》《河南》《云南》《南报》等革命书刊中，"黄帝子孙"等称谓也随处可见。

　　1903年，鲁迅在日本剪去发辫后摄影留念，并在照片背面作《自题小像》诗云："灵台无计逃神矢，风雨如磐暗故园。奇意寒星荃不察，我以我血荐轩辕。""我以我血荐轩辕"喊出了无数革命志士的共同心声，成为一代热血青年矢志救国的生动写照。赵声《歌保国》、马君武《自由》、秋瑾《宝刀歌》、章太炎《徐锡麟陈伯平马宗汉秋瑾哀辞》等都表达了满汉一家、御外自强的美好愿望。

　　辛亥革命时期，革命派宣传炎黄文化，激发国人的民族意识和排满意识，最终加速了清王朝的覆灭。1912年1月，中华民国成立。2月，宣统皇帝退位，清朝统治结束。随着清政府的垮台和中华民国的成立，"五族共和"取代了"驱除鞑虏"，反帝民族主义取代了排满民族主义，中华民族成了包括汉、满、蒙、回、藏等中国境内各民族在内的国族，从而完成了对炎黄文化的重构。

　　随着中华民族危机的加深和国家、民族意识的增强而不断得到强化，中华民国政府曾专门铸造发行了"五族共和"纪念币，图案为象征"五族共和"的中华民国国旗五色旗在地球上高高飘扬，上面铸有"中华民国五族共和纪念"字样。1913年出版的《新国文》（后更名为《启蒙国文》），是民国时期影响最大的小学语文教材。该书"民族"一课曰："今者，合五大民族，建立民国，休戚与共，更无畛域之可言矣。"1925 年，在北京京兆公园（原地坛）内，修建了一座共和亭，悬挂黄帝、努尔哈赤、成吉思汗、穆罕默德、宗喀巴"五族伟人像"于亭内，象征汉、满、蒙、回、藏"五族共和"。

清末勃兴的炎黄文化，在五四时期得到进一步传播。1915 年 6 月，李大钊在《国耻纪念录》上发表的《国民之薪胆》，表达了堂堂黄帝子孙，不能见屈于列强的感慨，又在《警告全国父老书》中号召我四万万忠义勇健之同胞奋起抗争，即使亡国杀身，亦可告无罪于我黄帝以降列祖列宗之灵也。李大钊说出了广大爱国志士的心里话，反映了在日本侵略的刺激下中国人民民族意识的觉醒，以及黄帝多重身份中中华民族始祖身份的强化，而这一趋势在此后的五四运动和抗日战争中越来越明显。1920 年，李大钊在北京大学授课的讲义《原人社会于文字书契上之唯物的反映》，还用唯物史观解释了"黄帝"的得名。五四运动促进了民族主义在中国的兴起和发展，这可以从"黄帝""黄帝子孙""炎黄子孙"等词语在五四运动中频频出现的事实中得到证明。

二、抗日战争时期炎黄文化的复兴

抗战时期是中华民族最危险的时候，也是中华民族奋起抗争、空前团结，最终浴火重生、赢得民族解放的时期。自鸦片战争以来逐渐觉醒的民族意识得到前所未有的张扬，一个真正自觉的中华民族开始屹立于世界东方。炎黄成为号召与激励海内外华人共同抗战的旗帜。

抗战时期出现了第四次尊崇炎黄的高潮。日本的全面侵华和残暴统治，激起了中国各族人民的强烈反抗，迫使广大不愿做奴隶的中国人拿起武器，团结起来，殊死抵抗。中华民族在日军侵华的枪炮声中觉醒，在炎黄文化的旗帜下凝聚，在《义勇军进行曲》中走向自觉，在抗日战争血与火的磨炼中获得新生。

抗日战争时期，国共两党都尊奉炎黄为民族始祖，同祭黄帝陵，都以"炎黄子孙"自居，炎黄文化成为促进两党再度合作的催化剂。1936年3月1日，毛泽东起草并与彭德怀联名发表《中国人民红军抗日先锋军布告》，指出炎黄华胄之族，均应一致奋起，团结为国。1937年2月10日，中共中央致中国国民党三中全会电称："我辈同为黄帝子孙，同为中华民族儿女，国难当前，惟有抛弃一切成见，亲密合作，共同奔赴中华民族最后解放之伟大前程。"①表明中国共产党基于民族大义，愿与国民党等所有中华儿女一起共赴国难。

1937年清明节，国共两党首次同时派出代表共祭黄帝陵，这是大敌当前两党捐弃前嫌、联合抗日的重要信号。此次祭典盛况空前。祭典上中国共产党的祭文由毛泽东亲自撰写，言辞恳切，大气磅礴，被任弼时誉为"八路军抗日的出师表"。

1937年7月15日，面对抗战全面爆发的形势，为了早日实现国共两党合作，中共中央发表了《中共中央为公布国共合作宣言》：在民族生命危急万状的现在，只有我们民族内部的团结，才能战胜日本帝国主义的侵略。现在民族团结的基础已经定下了，我们民族独立自由解放的前提也已创设了，中共中央特为我们民族的光明灿烂的前途庆贺。不过我们知道，要把这个民族的光辉前途变为现实的独立自由幸福的新中国，仍需要全国同胞，每一个热血的黄帝子孙，坚韧不拔地努力奋斗。②

1940年清明，国民党中央特派西北行营主任程潜、国民政府特派陕西省政府主席蒋鼎文谒陵。程潜题写的"人文初祖"匾额，至今仍悬

---

① 王桧林主编：《中国现代史参考资料》，高等教育出版社1988年版，第161页。

② 中共中央文献研究室、中央档案馆编：《建党以来重要文献选编（一九二一——一九四九）》第十四册，中央文献出版社2011年版，第369页。

挂在轩辕黄帝庙大殿上。蒋鼎文撰写的《重修黄帝陵庙碑记》，记述了国民政府修葺黄帝陵庙的情况，至今仍保存在轩辕黄帝庙碑廊中。国民党谒陵大员邵元冲、邵力子、程潜、熊斌等人还赋诗感怀黄帝伟绩，期盼民族复兴。

1942 年，蒋介石手书"黄帝陵"三字，并立碑于石陵前。1944 年 7 月，经国民政府批准，黄帝陵所在的陕西省中部县正式更名为黄陵县。1940 年 10 月 10 日，第九战区司令长官兼湖南省主席薛岳派遣省府秘书长李扬敬等致祭炎帝陵，并题写了《重修炎帝陵记》。

学者们也用自己最擅长的方式来鼓舞和团结全国民众进行抗战。1938 年，陈子怡发表《中华民族，黄帝子孙，一耶？二耶？》。顾颉刚在九一八事变后创办《禹贡》杂志，力促中国边疆史和民族史研究。1939 年 2 月，顾颉刚在《益世报·边疆周刊》上发表题为《中华民族是一个》的文章，引发了一场关于"中华民族"的争论，傅斯年、白寿彝等表示支持，费孝通、翦伯赞等提出疑问。顾颉刚强调中华民族的一体性，费孝通则看到了中华民族的多元性。顾颉刚为了强调一体性而否认多民族的存在，这是"中华民族是一个"理论的缺陷，但这个理论对半世纪以后费孝通提出"中华民族多元一体"理论有积极意义。抗战时期关于"中华民族是一个"的辩论，促进了中国民族理论的发展，奠定了"中华民族多元一体格局"理论的基础。

1940 年，钱穆出版《国史大纲》。1944 年，钱穆口述，弟子姚汉源执笔，写成《黄帝》一书。《黄帝》一书从"黄帝和炎帝""黄帝的降生""黄帝伐蚩尤""黄帝的文治""黄帝的制作和发明""黄帝的长生和子孙"六个方面讲述了黄帝的故事，并自称为炎黄子孙。钱先生的这些观点不仅在学理上站得住脚，而且顺应了抗战的需要。

抗战时期，顾颉刚、傅斯年、陈寅恪、陈垣、钱穆、郭沫若、范文澜、翦伯赞、吕思勉、吕振羽、熊十力、冯友兰、金岳霖、贺麟、柳诒徵、邓之诚、缪凤林、朱希祖等一批著名学者都以学术研究特别是史学研究来振奋民族精神，激励全民抗战。同时也掀起了炎黄文化研究的热潮。

吕思勉是著名历史学家，涉猎广泛，著作等身，撰著总量超过一千万字。他的《中国民族史》分为总论、汉族、匈奴、鲜卑、丁令、貉族、肃慎、苗族、越族、濮族、羌族、藏族、白种十三章，曾被多家出版社重印，或为1949年以前所撰诸多《中国民族史》中发行量最大的一部。吕思勉认为，古代帝王事迹，多杂神话。其较可信者，盖始三皇五帝。1940年1月，尹达在延安中国文化社编辑的《中国文化》上发表了《中华民族及其文化之起源》一文，利用当时所见考古材料，有力地批驳了中华民族及中国文化外来说，认为中华民族及其文化是在中国这片广大的土地上发展滋长起来的，并不是由他处移植过来。尹达的主张对后来学者提出"走出疑古"，产生了一定影响。

20世纪三四十年代炎黄文化与中国民族史研究的热潮，与中华民族的严重危机，以及执政的中国国民党构建"国族"的努力密不可分。虽然这一时期的研究难免会受到民族主义情绪的影响，仍然有坚持中华民族一元论及汉族中心论的缺陷，但毕竟激励了全国民众的抗战斗志，构建了中国民族史的体系，梳理了中国各民族演进的脉络，对此后的中国民族史研究产生了重大影响。抗战时期的中国学者，不论是疑古派还是信古派，抑或是释古派，都是抗战派。尽管大家对"炎黄子孙""中华民族"的认识不完全相同，但都认为只有炎黄子孙和中华儿女团结起来，才能赢得抗日战争的胜利，才能争取中华民族的独立。他们用实际行动证明自己无愧于"炎黄子孙"的称号，都是中华民族的优秀儿女。

三、社会主义建设时期炎黄文化的复兴

1949年中华人民共和国成立，中国历史翻开了崭新的一页。中国

共产党人以民族复兴为己任，开辟了中国特色社会主义道路，炎黄文化成为凝聚和复兴中华民族的宝贵资源。以 1979 年为界，之前的 30 年，炎黄文化逐渐淡出国人的视野；之后，炎黄文化再度勃兴，出现了"炎黄热"。

1948 年 3 月 9 日，西北人民解放军解放黄陵县。4 月 5 日，举行了当地解放后的首次黄帝陵祭典。与此同时，丢掉了黄陵县的国民党却不愿丢掉拜祭黄帝陵的权力，连续两年在陕西省政府办公地西安新城大楼北面举行遥祭黄陵大典，后一次时任代总统的李宗仁还专门发来祝文。从 1950 年到 1954 年政府未致祭黄帝陵，从 1955 年到 1963 年，陕西省人民政府连续九年致祭黄帝陵。从 1964 年到 1979 年间，黄帝陵祭祀活动陷入停顿状态，黄帝陵、庙一度无人管护，变成了"乱坟岗"。1955 年，因香客失火，湖南炎帝陵主殿和行礼亭被焚，剩余建筑在"文化大革命"中被摧毁。

1963 年 12 月 9 日，时任中共湖南省委书记处书记兼湘潭地委书记的胡耀邦，在酃县（今炎陵县）视察工作时专程参观了炎帝陵，并希望能够重新修建炎帝陵。

炎黄文化发展的转机出现在 1979 年。是年元旦，第五届全国人民代表大会常务委员会发表《中华人民共和国全国人大常委会告台湾同胞书》。以 1979 年元旦为开端，"黄帝子孙""炎黄子孙"等称谓的使用进入新的高峰期，由政府主持的清明节祭扫黄帝陵、炎帝陵的活动也先后恢复。炎黄文化的再度勃兴看似突然，实则为当时中国内外政策转变的必然结果。1978 年 12 月，中共十一届三中全会做出了"全党工作的着重点应该从一九七九年转移到社会主义现代化建设上来"的正确决定。当代炎黄文化的复兴是实事求是、拨乱反正、重新重视传统文化的产物，是以民族团结和经济建设取代阶级斗争和政治运动的结果，是全面发展对外关系、广泛团结海外华人、和平统一祖国的需要。

1988 年 6 月 25 日，邓小平在会见台湾客人时指出："实现国家统一是所有炎黄子孙的共同愿望，反对任何导致台湾独立的言论和行动。"同年 7 月 15 日，《人民日报》发表社论《摒弃歧见 增进共识——评国民党第十三次代表大会》提到，每一个炎黄子孙，都应当为全民族光辉灿烂的未来贡献力量。

1989 年 12 月 23 日，《人民日报》发表社论《发扬爱国爱乡传统振兴中华——热烈祝贺第四次全国归侨华侨代表大会胜利闭幕》，提出要进一步开展海外联谊活动，促进中国人民和世界各国人民的友好往来，增进海峡两岸炎黄子孙的接触和了解。

2005 年 4 月至 7 月，中国国民党主席连战、亲民党主席宋楚瑜、新党主席郁慕明相继访问大陆，他们均以炎黄子孙自居。2009 年 4 月 3 日，马英九亲自主持在台北圆山忠烈祠举行的"中枢遥祭黄帝陵典礼"，成为第一位主持遥祭黄帝陵典礼的台湾地区领导人。同年 10 月 17 日，中国国民党中央委员会复电中国共产党中央委员会，感谢中共中央对中国国民党第十八次代表大会召开的祝贺。2012 年 11 月 8 日，中国国民党中央委员会致电中国共产党中央委员会，祝贺中国共产党第十八次全国代表大会召开。贺电中表示由衷期望两党在现有基础上，巩固两岸关系和平发展的成果，进一步扩大及深化交流，提升互信，共谋炎黄子孙的福祉，共创两岸光明的前途。2015 年 11 月 7 日，马英九在新加坡举行的两岸领导人见面会上提到，两岸人民同属中华民族，都是炎黄子孙，应互助合作，致力振兴中华。这些内容充分说明，炎黄文化至今仍然是拉近国共两党关系和增进海峡两岸同胞感情的重要纽带。

改革开放以来是炎黄文化研究最活跃、最繁荣的时期，具体表现为相关学术团体纷纷成立，学术会议和纪念活动频频举行，资料整理卓有成效，研究成果大量涌现。据不完全统计，目前研究炎黄文化的学术团体有五十多个，二十余年间以炎黄文化为主题的全国性的学术会议有三十多次，出版的论文集有三十多种，出版的涉及炎黄文化的著作百余部，发表论文千余篇。1991年5月成立的中华炎黄文化研究会，是炎黄文化研究的领头羊。时任中共中央政治局常委、全国政协主席李瑞环在中华炎黄文化研究会成立大会上说："中华炎黄文化也可以说是中华民族文化，博大精深，源远流长，影响深远。在当今世界上，凡是炎黄子孙，不管走到什么地方，只要他良知未泯，都不能不为辉煌灿烂的中华民族文化而感到自豪。"在周谷城、萧克、程思远、费孝通、许嘉璐等历任会长的领导下，中华炎黄文化研究会出版了《炎黄文化研究》杂志和八卷本的《炎黄汇典》，先后与各地联合召开了一系列学术研讨会，极大地推动了炎黄文化研究。与此同时，各地祭祀炎黄的活动持续升温，陕西黄陵、湖南炎陵、河南新郑、陕西宝鸡、湖北随州、山西高平、山西长治、河北涿鹿、河北迁安、北京平谷、浙江缙云、甘肃清水、湖南会同等地，举行了各种祭祀和纪念炎黄的活动。

改革开放以来炎黄文化的复兴是实事求是、拨乱反正、重新重视传统文化的产物，是以民族团结和经济建设取代阶级斗争的结果，是全面发展对外关系、广泛团结海外华人、和平统一祖国的需要。炎黄文化的再度勃兴，得益于四个方面的高度重视。其一，国家重视。面对全球化的浪潮，面对改革开放的新形势，面对文化的多元化，需要充分利用炎黄文化来激发国人的民族精神，增强中华民族的凝聚力。其二，地方重视。各地希望借助炎黄文化来提升本地的文化品位，提高自己的知名度，促进当地经济文化的发展。其三，民众重视。中国人素有"慎终追远""法祖敬宗"的传统，炎黄祭祀顺应了广大海内外华人"文化寻根"和"文化自觉"的需要。其四，学界重视。学界之所以重视炎黄文化研究，是因为炎黄文化与中国文明的起源，中华民族的形成、发展及复兴息息相关。

第三节　炎黄文化复兴的影响

一、清末炎黄文化复兴的影响

无论是在炎黄文化发展史上，还是在辛亥革命史、中华民族发展史上，清末炎黄文化勃兴的影响都留下了无法磨灭的印迹，发挥了不容忽视的作用。这种作用既有积极的，也有消极的。

从积极的方面来看，炎黄文化的勃兴促进了反清革命的胜利。革命派坚持"满汉异种论"和"尊黄排满论"，自称"黄帝子孙"，鼓吹排满民族主义。如此一来，革命派利用"尊黄排满论"，在论战中获胜。革命派始终高举民族主义这面大旗，因为谁抓住了民族主义这面旗帜，谁就占据了领导现代化的精神制高点，掌握了统治中国改朝换代的合法性资源。辛亥革命时期，炎黄二帝是动员广大民众进行排满反清革命的一面旗帜。革命派大量使用"黄帝子孙"称谓，宣传炎黄文化，激发了国人的种族意识和排满意识，把越来越多的人吸引到反清革命的阵营中来，最终加速了辛亥革命的爆发和清王朝的覆灭。

从消极的方面来看，清末炎黄文化的勃兴在促使"黄帝子孙"真正成为国人广泛使用的自我称谓的同时，限制了"黄帝子孙"称谓的指代范围，强化了封建正统观念，不利于真正实现三民主义，不利于民族国家的构建和中华民族的团结。"黄帝子孙"在古代中国并不是一个专门指代汉人的血缘符号，清末革命派出于反清革命的需要，竭力将满人从"黄帝子孙"中排斥出去，把"黄帝子孙"称谓改造成为汉族的独家代称，变成了一个充满"排满"功利色彩和狭隘民族情绪的血缘符号，因此遭到了改良派和无政府主义者的批判。在改良派与无政府主义者的两

面夹击下，随着时局的变化，革命派逐渐修正了自己的观点，最终承认
"中华民族之全体，均皆黄帝之子孙"，从而在民国时期完成了对炎黄文
化的重构，使得炎黄二帝成为中华民族的代表和中华文化的符号。

二、改革开放以来炎黄文化复兴的影响

2012 年 11 月 29 日，习近平在参观在国家博物馆举办的《复兴之
路》展览时发表重要讲话，他指出："实现中华民族伟大复兴，就是中
华民族近代以来最伟大的梦想。这个梦想，凝聚了几代中国人的夙愿，
体现了中华民族和中国人民的整体利益，是每一个中华儿女的共同期
盼。""现在，我们比历史上任何时期都更接近中华民族伟大复兴的目
标，比历史上任何时期都更有信心、有能力实现这个目标。"[①] 习近平明
确提出实现中华民族伟大复兴的目标，引起了国人的广泛共鸣。实现中
华民族伟大复兴是近代以来中国人民矢志不渝的愿望和追求，但"中华
民族复兴"之观念的形成则有一个历史的发展过程。19 世纪末，孙中山
提出"振兴中华"的口号，这是"中华民族复兴"之观念的最初表达；
20 世纪初，梁启超提出"中华民族"一词，这对"中华民族复兴"之
观念的形成起了重要的推动作用；五四运动前后，李大钊提出"中华民
族之复活"思想，这是"中华民族复兴"之观念基本形成的重要标志；
到了九一八事变后，"中华民族复兴"之观念最终形成并成为具有广泛
影响力的社会思潮，当时的知识界围绕中华民族能否复兴和中华民族如
何复兴这两个问题展开了热烈讨论。推动"中华民族复兴"之观念形成
的根本原因是日益严重的民族危机，而"中华民族复兴"观念的提出促
进了中华民族的觉醒。1932 年，张君劢等人创办《再生》杂志，以讨
论"中华民族复兴"为宗旨，刊登了一批探讨中华民族复兴的文章，并

---

① 《人民日报》2012 年 11 月 30 日第 1 版。

于 1935 年结集出版《民族复兴之学术的基础》一书。1940 年,《中华民族复兴论》出版,成为民国时期讨论中华民族复兴的标志性成果。新中国成立后,毛泽东、邓小平等几代党的领导人都把复兴中华民族视为己任。

　　党的十八大以后,习近平重申实现中华民族伟大复兴正当其时,因为正如他所指出的那样:现在,我们比历史上任何时期都更接近中华民族伟大复兴的目标,比历史上任何时期都更有信心、有能力实现这个目标。2013 年 5 月,习近平在回答拉美三国媒体联合书面采访时指出:"到本世纪中叶,建成富强民主文明和谐的社会主义现代化国家,实现中华民族伟大复兴的中国梦。"[1] 明确提出实现中华民族伟大复兴的时间表。2014 年 6 月 6 日,习近平在会见第七届世界华侨华人社团联谊大会代表时说:"团结统一的中华民族是海内外中华儿女共同的根,博大精深的中华文化是海内外中华儿女共同的魂,实现中华民族伟大复兴是海内外中华儿女共同的梦。共同的根让我们情深意长,共同的魂让我们心心相印,共同的梦让我们同心同德……"[2] 明确指出博大精深的中华文化是中华民族的根与魂,是实现中华民族伟大复兴的保障。2015 年 11 月 7 日,习近平在新加坡同台湾方面领导人马英九会面时说:"民族强盛,是两岸同胞之福;民族弱乱,是两岸同胞之祸。实现中华民族伟大复兴,与两岸同胞前途命运息息相关。当前,我们比以往任何时候都更加接近、更有能力实现这个伟大梦想。我们在几十年的时间内走完了世界上很多国家几百年的发展历程。我相信,实现中华民族伟大复兴,台湾同胞定然不会缺席。"[3]2017 年 10 月 18 日,习近平在党的十九大上指出:"中国共产党人的初心和使命,就是为中国人民谋幸福,为中华民

---

① 《习近平谈治国理政》第一卷,外文出版社 2018 年版,第 56 页。
② 《习近平谈治国理政》第一卷,外文出版社 2018 年版,第 63 页。
③ 《习近平谈治国理政》第二卷,人民出版社 2017 年版,第 432 页。

族谋复兴。"① 这是中国共产党对中国人民的庄严承诺。

哈佛大学教授约瑟夫把衡量一国实力的标准分为硬实力和软实力两种形态。硬实力包括基本资源、军事力量、经济力量和科技力量，软实力包括国家凝聚力、文化被普遍接受的程度与参与国际机构程度。在历史上，中国的综合国力曾经长期领先于世界，靠的不仅仅是发达的农业经济，还有特殊的文化向心力和民族凝聚力。因此，软实力与硬实力同样重要，相辅相成，而凝聚力和文化力是软实力的基础与核心。

党的十九大报告指出："文化是一个国家、一个民族的灵魂。文化兴、国运兴，文化强民族强。"② 党的二十大报告指出："增强中华文明传播力影响力。坚守中华文化立场。"③ 炎黄文化不仅包括远古先民的原始文化，也包括其后裔，即生息在中国土地上的各民族所创造的文化的总和，既包括汉族的文化成果，也包括各少数民族的文化成果。普及和弘扬炎黄文化，是促进中华文化自觉的需要，是增强中华民族认同的需要，是推动中华民族伟大复兴的需要。中华民族伟大复兴必然伴随着中华文化的繁荣兴盛，而中华文化的繁荣兴盛离不开炎黄文化的复兴。我们坚信，通过长期不懈地研究炎黄文化、普及炎黄文化、弘扬炎黄精神，一定能够促进中华文化的繁荣昌盛，一定能够增强中华民族的凝聚力，一定能够推动中华民族伟大复兴。

---

① 习近平：《决胜全面建成小康社会 夺取新时代中国特色社会主义伟大胜利——在中国共产党第十九次全国代表大会上的报告》，人民出版社 2017 年版，第 1 页。

② 习近平：《决胜全面建成小康社会 夺取新时代中国特色社会主义伟大胜利——在中国共产党第十九次全国代表大会上的报告》，人民出版社 2017 年版，第 40~41 页。

③ 习近平：《高举中国特色社会主义伟大旗帜 为全面建设社会主义现代化国家而团结奋斗——在中国共产党第二十次全国代表大会上的报告》，人民出版社 2022 年版，第 45 页。

思考题

1. 近现代炎黄文化复兴的原因是什么？

2. 近现代炎黄文化的复兴可以分成几个阶段？每个阶段的特点是什么？

3. 为什么说传承炎黄文化有利于增强中华民族凝聚力？

拓展阅读

1. 王锺翰主编：《中国民族史（增订本）》，中国社会科学出版社 1994 年版。

2. 高强：《炎黄文化与中华民族凝聚力》，人民出版社 2019 年版。

第十一章　炎黄精神及其当代价值

炎黄文化在其形成和发展的过程中，逐渐形成了一种精神——炎黄精神。这种精神是中华文化和中华文明传承发展、与时俱进的不竭动力，为中华民族精神的形成孕育了最基础的"基因"。这种发端于上古、绵延数千年的炎黄精神，已成为不同时期、不同地域人们共有的一种民族精神和力量源泉，其创造创新精神在新时代仍然具有积极意义和强大生命力，为丰富今天"以爱国主义为核心的民族精神和以改革创新为核心的时代精神"提供了有益基础，因而具有重要价值。

第一节　"炎黄精神"的由来及发展

中华五千多年的文明史，炎黄是中华文明开拓者的主要代表；中华民族五千多年的形成发展历史，炎黄是中华民族的人文始祖；中国几千年艰苦卓绝的发展振兴，炎黄是古老中国的创世始祖。

晚清民国以来，在救亡图存的历史大潮流中，海内外的华人尊奉炎黄，极大地提升了民族凝聚力。"炎黄精神"被各界人士提倡、赞扬，成为鼓舞人心的旗帜和力量源泉。1937年清明节，林伯渠代表陕甘宁边区政府致祭黄帝陵，宣读了毛泽东、朱德的祭文，歌赞炎黄二帝神奇伟力，光照千秋，在中华民族最危险的时候，敬表决心，以拯救祖国民族的命运为己任，继承炎黄二帝勤劳勇敢、不畏强暴、永不屈服、自强自立的精神，"亿兆一心，战则必胜。还我河山，卫我国权。"海内外中华儿女闻之意气风发，人心大振。南洋商界领袖胡文虎即于1937年4月10日在新加坡召集"南洋客属总会"大会，认真学习毛泽东、朱德的祭文，并在大会上发言："现在正是国难当头，我们要发扬炎黄精神，团结一致，奋力抗战，有钱出钱，有力出力，坚决打败日本鬼子！"次日，新加坡《星洲日报》第一版报道《南客总隆重集会，发扬炎黄精神，坚决抗战到底》。[①] 这是目前所见第一次明确提出"炎黄精神"这个名词概念，并赋予了基本内涵：民族团结、不畏强暴、自强自立。胡文虎是爱国商人，早在1923年春，他就拨出巨资在新加坡首创"南洋客属总会"。每年或每半年聚会，他都提议开设"炎黄文化课"，请专家学者讲课，有时自己上台演讲。所以，"炎黄精神"的提出不是偶然的。"炎黄精神"是海外华人明确自己身份、强调自己的历史责任感的宣言书，一经提出，就发挥了极强的感召力、影响力。

1989年2月16日，炎黄二帝巨型塑像筹建委员会常委兼副秘书长王仁民在河南省会学者、专家、新闻工作者会议上的讲话中提出："我们希望广大建筑学家、艺术家、文学家及其他社会科学家，自然科学家竭尽聪明才智，就炎黄二帝巨塑及十大展厅的设计，写出有独到见解、体现炎黄精神的文章。""宣传炎黄精神是一件关系到全民族的大事。"这是改革开放后伴随着寻根热、炎黄热再次明确提出"炎黄精神"。

2002年4月9日费孝通在《光明日报》发表《弘扬炎黄文化 振奋民族精神》一文，文中提出："以炎黄子孙为荣，以同源同祖为亲，已成为维护中华民族大团结和祖国统一的感情纽带和精神力量。""我们只有加强对本民族文化源头与特点的研究，才能更好地弘扬民族精神，增强民族凝聚力，实现祖国现代化和统一大业。""我们研究和宣传炎黄

---

① 廖礼团、余德辉主编：《福建土楼客家文化学术研讨论文集》，五洲传播出版社2008年版，第167页。

文化，弘扬炎黄精神的意义就在于此。"①

2002 年 11 月，丁守和发表《继承炎黄精神，努力向现代化前进》，把炎黄精神具体阐释为"创造精神、自强不息、刚健奋进、变异变革思想"。这切合了当时改革开放基本国策的要求。②

2007 年 4 月 18 日，中华炎黄二帝巨型塑像落成庆典在郑州黄河岸边炎黄广场隆重举行。全国人大常委会副委员长、中华炎黄文化研究会会长许嘉璐，全国政协副主席、中国河洛文化研究会特邀顾问张思卿，中共河南省委书记、省人大常委会主任徐光春，省委副书记、省长李成玉，省政协主席王全书等出席庆典仪式。河南省委常委、郑州市委书记王文超在欢迎词中说："彰显炎黄精神，凝聚炎黄子孙意志，实现中华民族伟大复兴。"

2008 年 9 月，中华炎黄文化研究会副会长鲁谆发表《试谈炎黄精神》，对炎黄精神作了具体的阐释："所谓'炎黄精神'，也就是指炎帝黄帝所具有的精神。""炎黄精神是炎黄二帝及其时代文化的深层内涵。""炎黄精神与中华民族的民族精神是相一致的。""炎黄二帝是中华民族公认的人文始祖，他们的精神理所当然地是中华民族精神的源头和重要组成部分。因此，深入研究炎黄精神，有助于更好地认识、弘扬与培育中华民族精神。""要注意把握炎黄精神，并使炎黄精神与时代脉搏更加紧密地结合起来。"③鲁谆把炎黄精神概括为四个方面：利民精神、创造精神、崇德精神、贵和精神。④

随后，"炎黄精神"的影响扩展到了文艺界。黄胄曾说："我们筹建

---

① 《光明日报》2002 年 4 月 9 日第 4 版。

② 刘正主编：《炎帝文化与 21 世纪中国社会发展》，岳麓书社 2002 年版，第208 页。

③ 王俊义主编：《炎黄文化研究（第八辑）》，大象出版社 2008 年版，第31 页。

④ 王俊义主编：《炎黄文化研究（第八辑）》，大象出版社 2008 年版，第32~35 页。

炎黄艺术馆，就要有一种炎黄精神。什么是炎黄精神？就是炎黄子孙一代代不断繁衍、不断开拓、不断创造的精神。"[1] "一定的意义上可以说，汉字书法艺术是中国文化和炎黄精神的集中表现，它为其他民族认识中国提供了一种最佳氛围和一把最好的钥匙。"[2]

近些年，徐光春、霍彦儒、李俊、周洪宇等专家学者对"炎黄精神"又作出了更详尽、更深刻的阐述。

第二节　炎黄精神的内涵

所谓"精神"，从字义理解，精是指精华、精粹、精髓，神是指神采、神灵、神韵。精神是指事物的精髓、神韵。据《辞海》解释，从哲学含义理解，"精神"是相对于"物质"而言，指"人的内心世界及其现象。唯物主义常将其当作'意识'的同义概念。包括思维、意志、情感等有意识的方面，也包括其他心理活动和无意识的方面"。合两者为一体，整合哲学与心理学的含义，"精神"还有"政治社会学"的引申概念：即将某种价值观念、世界观加以精炼提升、准确概括，并通过激发人们的积极心理状态，进行宣传教育，以期在社会实践中充分发挥其作用。如雷锋精神、焦裕禄精神、白求恩精神，常常用人物或专有名词来命名，作为这种"精神"的概括或标识。

所谓炎黄精神，就是以炎帝为首的姜炎族和以黄帝为首的姬黄族及其后裔在与自然和社会的斗争中，在摆脱愚昧和野蛮、追求先进和文明的过程中，逐渐形成的奋斗、创新、务实、进取、和合、献身等伟大精神。这种精神既是炎黄时代的时代精神，也是中华原始先民所共有的

---

① 郑闻慧：《中国艺术大师　黄胄》，河北美术出版社 2009 年版，第 83 页。

② 胡传海：《知识贵族》，上海书画出版社 2002 年版，第 132 页。

精神。

从文献记载和传说看，炎黄二帝对中华民族的伟大贡献是多方面的，而他们在作出这些重大贡献的实践中所逐渐形成和表现出来的伟大精神也是极其丰富的。概括起来讲，炎黄精神主要表现在如下六个方面。

一、敢为人先的奋斗兴业精神

炎黄时期，人类处在蛮荒处境中，生产力低下，自然环境恶劣，生存条件缺乏。在这样的境况下，黄帝和我们的先人们为了生存下来，发展下去，通过顽强的奋斗来改造自然、改造社会、改造人类。这个过程就是兴业，主要是通过发明创造提高社会生产力。

炎帝作为姜炎部族的首领，其奋斗兴业精神是"与民并耕而食"，即与他的族民们一样，上山狩猎，下田耕种。在生产实践中，在与自然界的斗争中，日积月累，逐渐认识，不断总结，以自己的聪明才智，创造了丰富的物质文明和精神文明。而这些发明创造，都是他敢为人先的大胆探索、反复实践的结果。《左传·昭公十七年》载炎帝"火师而火名"，他不仅善于利用火蒸煮食物，以化腥臊，防治疾病，还善于把火推广应用到农耕生产方面，用火烧荒，开垦土地。这种"刀耕火种"的农耕技术，就是他与自然界的长期较量中，在农耕生产的实践中逐渐认识、总结出来的。又如，粟谷的发现、医药的发明，都是炎帝长期驯化、遍尝百草的结果。炎帝的奋斗兴业精神还不仅仅表现为他的亲身参与，更重要的是在于他的"敢为人先"。就是说，炎帝所实践的领域，都是他人未能或未敢闯入的"禁区"。尝百草就是一例。

黄帝与炎帝一样，也是一位敢为人先的奋斗兴业的实践者。他的奋斗兴业精神主要体现在与族民们进行的一系列发明创造。《史记·五帝本纪》说，黄帝"时播百谷草木，淳化鸟兽虫蛾"。《白虎通义》云："黄帝作宫室，以避寒暑。"传说黄帝与嫘祖发明并教会人们植桑、养蚕、缫丝、制衣。《通鉴外纪》说："西陵氏之女嫘祖，为帝之妃，始教民育蚕，治丝茧以供衣服，后世祀为先蚕。"黄帝又名轩辕，轩指车上的横木，辕是驾车的直木，轩辕即当时的兽拉车。有史书记载，黄帝为解决出行的问题创造了车船。《鹖冠子》说："黄帝十岁，知神农之非而改其政。"说明黄帝从小就树立了要发展社会、治理天下、建功立业的远大志向。等到长大后，他看到各个部落生产能力低下，族民生活困难，相互抢劫，争斗不断，便立下建立联盟、统一天下、让百姓安居乐业之大志。他首先从自身做起，推行德治，又通过征伐，与炎帝族和蚩尤族联盟。黄帝所有的发明创造和煌煌功绩，都来自他的敢为人先的实干和实践。正是在他利民利族的奋斗兴业精神感召和带动下，他身边的臣子也都有发明创造，如羲和占日、常仪占月、臾区观星、伶伦教舞、仓颉造字、史皇作画，等等。由于黄帝有许多想干事、干实事、干大事的有为的团队和人物，因此他为中华文明的产生和发展作出了重大贡献。也正是黄帝及其臣子的这种利民利族的奋斗兴业精神，创造了黄帝的盛世时代。

《淮南子·览冥训》载：

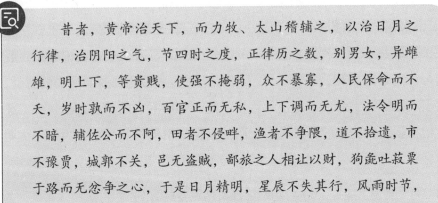

　　昔者，黄帝治天下，而力牧、太山稽辅之，以治日月之行律，治阴阳之气，节四时之度，正律历之数，别男女，异雌雄，明上下，等贵贱，使强不掩弱，众不暴寡，人民保命而不夭，岁时孰而不凶，百官正而无私，上下调而无尤，法令明而不暗，辅佐公而不阿，田者不侵畔，渔者不争隈，道不拾遗，市不豫贾，城郭不关，邑无盗贼，鄙旅之人相让以财，狗彘吐菽粟于路而无忿争之心，于是日月精明，星辰不失其行，风雨时节，

> 五谷登孰，虎狼不妄噬，鸷鸟不妄博，凤皇翔于庭，麒麟游于郊，青龙进驾，飞黄伏皂；诸北、儋耳之国莫不献其贡职。①

上面的描述，未必是黄帝时代的真实写照，可能为作者所想象和向往的理想社会。但从中也不难看到，黄帝统一天下后，由于他与其臣子的奋斗而使社会有了很大进步，族民们过着定居的农耕生活确是不争的事实。这也被大量出土的仰韶文化中晚期的各类文化遗存所证明。有为才有位，兴业才被尊。正因为黄帝具有敢为人先的奋斗兴业精神，才受到族民们的拥戴，"诸侯咸归黄帝"，尊黄帝为天子。

二、百折不挠的创造创新精神

创造创新是炎黄时代的主旋律。炎帝的创业活动，也就是他的创造发明活动。史传炎帝发明了耒耜、粟谷、医药、市场、纺织、琴瑟……但这些发明创造不可能是一朝一夕所能完成的。不难想象，不知要经过多少次的失败，经受多少回的挫折，才得以成功，更何况是在那样简陋的条件之下，其艰难程度也就不言而喻了。《淮南子·修务训》记载炎帝发明医药，"一日而遇七十毒"；《周易·系辞下》记载炎帝发明耒耜，"斫木为耜，揉木为耒"；《新论·琴道》记载炎帝发明琴弦，"上观法于天，下取法于地"，"削桐为琴，绳丝为弦"；等等。从这些记载里，我们可以清楚地看到，炎帝为了发明创造这些，付出了多少艰辛的劳动，甚至不惜牺牲生命。正是这种百折不挠、坚韧不拔的创造创新精神，才使他在创业实践中敢为人先，大胆探索，不怕挫折和失败，为中华文明

---

① 刘文典撰，冯逸、乔华点校：《淮南鸿烈集解》，中华书局 2013 年版，第 205~206 页。

的产生和发展作出了卓越的贡献。

黄帝不仅是一位杰出的科技发明者、创造者，而且是一位卓越的政治领导人物。据史书记载，黄帝与其臣子的发明创造达二三十种之多，不仅涉及人们的日常生活衣食住行等方面，而且涉及"国家"制度等多个方面。《尚书大传·略说》载："黄帝始……礼文法度，兴事创业。"《白虎通义》载："黄帝始作制度，得其中和，万世常存。"又说："黄帝始制法度，得道之中，万世不易。"这里都是说，黄帝是法度的创造者、发明者。孔颖达在《礼记正义》中依据古史传说和纬书残篇详细论述了五礼产生的时代和经过。其中在讲到礼的起源时说："礼有三起，礼理起于太一，礼事起于燧皇，礼名起于黄帝。"孔氏认为，黄帝之前有"礼理""礼事"，但没有形成"礼名"，黄帝时代才有了"礼"之名，肯定了黄帝对制度文明的创造。《云笈七签》说："三皇之后，而有轩辕黄帝。……黄帝以来，始有君臣父子，尊卑有别，贵贱有殊。"说明中华礼仪文化形成于黄帝时代。黄帝对制度文明的创建，还反映在创嫁娶制度和创丧葬制度等方面。这些创造发明，不仅说明黄帝是一个具有大智慧的人，聪明超群，才能出众，勇于探索，善于思考，而且反映他善于集思广益，发挥团队的智慧和力量。所以我们说，黄帝的创造精神也是与其大智大勇、百折不挠的特质分不开的。

三、造福惠民的求真务实精神

不管是炎黄二帝的奋斗兴业精神，还是炎黄二帝的创造创新精神，归结到一点，都是与他们脚踏实地、造福惠民的求真务实精神分不开的。炎帝的求真务实精神，就是一切以氏族、部落的利益为最高利益，以为全体氏族、部落成员谋福利为其出发点和归宿。考察炎黄二帝的发明创造，无不与氏族、部落的前途命运攸关，与族民们的生死存亡相联系。炎帝发明耒耜，是为了提高农耕生产水平，解决族民吃饭问题；规定"日中为市"，搞物物交换，是为了便利族民的生产生活，促进经济发展；发明琴弦，是为了丰富族民的精神文化生活，并以乐舞和谐族民之间的关系，加强姜炎、姬黄部族的团结。黄帝正妃嫘祖养蚕缫丝，是为了改善族民的服饰衣着；发明房屋宫室，是为了改善族民的居住条件；发明舟车，是为了便于族民们"引重致远"，行走天下；黄帝臣子仓颉作书（文字），是为了便于族民相互交流和记事；等等。因为炎黄二帝的每一项发明创造，都与族民们的生存生活息息相关，急族民之所急，想族民之所想，诚心诚意地为族民谋利益，实实在在地为族民办实事，所以被族民推举为首领。后世人们还赞誉炎帝为"火神""太阳之神""农业之神""医药之神"，尊炎黄二帝为"人文始祖"、嫘祖为"蚕神"、仓颉为"造字圣人"等。

四、自强不息的开拓进取精神

除上面所说的三种精神外，自强不息的开拓进取精神也是炎黄二帝创业精神的重要内容。

炎帝自强不息的开拓进取精神，不仅体现在他的众多贡献上，还体现在他为中华民族始兴和统一所做的不懈努力上。为了姜炎部族的生存、繁衍和壮大，他在其生息之地姜水之畔建聚落，使族民们过上定居生活；随着氏族人口的增长，炎帝又带领姜氏族民迁徙四方，开拓新的生活之地。阪泉之战后，炎帝虽然失利，但他没有因此而退却、气馁。除一部分族民继续留居中原、晋东南等地与黄帝联盟，共同开发黄河中下游地区外，炎帝带领一支族民，迁徙于江汉及衡湘地区，建立新的生活、生产区，并把以农耕为主要内容的姜炎文化传播到迁徙之地，与当地土著族民共同发展姜炎文化，从而使姜炎文化辐射中华大地，成为中华文明的源头之一，与黄帝文化共同构成炎黄文化，连绵数千载而不衰。

黄帝的开拓进取精神，主要体现在不满足于局促的生活环境，为部落、部族发展不断开辟新的生存空间和领地。根据《国语·晋语》记载，黄帝与炎帝早期共同生活于渭河中上游地区，而随着部落的发展壮大，黄帝带领族民迁往四方各地，东到东海，西至甘青，南越长江，北达晋冀北部，地域相当于现在的大半个中国。《史记·五帝本纪》记载黄帝"迁徙往来无常处，以师兵为营卫"，"天下有不顺者，黄帝从而征之，平者去之，披山通道，未尝宁居"。正是因为黄帝这种不满足现状，勇往直前、奋斗不止的开拓精神，才使华夏族有了不断发展壮大的生存空间，才使华夏族像滚雪球一样越滚越大，成为今天具有14亿多人口的大国，拥有广袤的960万平方公里国土。追溯其源头，就是来源于炎黄二帝。

五、崇德尚仁的共襄和合精神

习近平在《在纪念孔子诞辰二千五百六十五周年国际学术研讨会暨国际儒学联合会第五届会员大会开幕会上的讲话》中指出："和平与发展是当今时代的主题"，"中华民族历来是一个爱好和平的民族……中国人自古就推崇'协和万邦'、'亲仁善邻，国之宝也'……'国虽大，好战必亡'等和平思想。爱好和平的思想深深嵌入了中华民族的精神世界，今天依然是中国处理国际关系的基本理念。"[①] 中华民族"协和万邦"和平思想的源头可以追溯到炎黄。

和合就是和平、和谐。《越绝书·外传枕中》载："昔者，神农之治天下，务利之而已矣，不望其报。不贪天下之财，而天下共富之。所以其智能自贵于人，而天下共尊之。"因炎帝在治理天下时，能秉公办事，不求回报，不贪天下之财，"身自耕，妻亲织，以为天下先"，所以，族民们都拥戴他。而另一方面，炎帝在治理天下时，还能"怀仁诚之心……养民以公"，所以，《淮南子·主术训》称："其民朴重端悫，不忿争而财足，不劳形而功成，因天地之资，而与之和同。"因炎帝能以"仁诚之心"对待族民，能把"养民"当作为部落的公事，所以，大家面对财物没有纷争，互相谦让，彼此襄助，使得财物很丰足，因有天地的帮助，得以建立起人与人、人与自然之间的"合同"关系。因而，《淮南子·齐俗训》称炎帝时代是"衣食饶溢，奸邪不生，安乐无事而天下均平"，社会公平和谐，族民团结友爱。

黄帝的共襄和合精神主要体现在四个方面。

一是以战争促和。战争既是流血的征服，也是流血的文化交流。中华民族早期的大融合，就是通过战争实现的。黄帝所处时代是一个大动荡、大重合的时代。根据《史记·五帝本纪》及《正义》载，"诸侯相侵伐"，百姓苦难，而"神农氏世衰"，"弗能征"。蚩尤"造立兵仗刀戟大弩，威振天下，诛杀无道，不慈仁"。黄帝通过与炎帝和蚩尤的战争，终于形成了"诸侯咸尊黄帝为天子"的局面，实现了天下的第一次融合、统一。成为"天下共主"的黄帝，并未对战败者赶尽杀绝，而是表现出一种宽容博大的胸怀和气度，"抚万民，度四方"，即"东至于海，登丸山，及岱宗。西至于空桐，登鸡头。南至于江，登熊、湘。北逐荤粥，合符釜山，而邑于涿鹿之阿"。所到之处，顺应天时地利，继承、推广炎帝重稼穑、善农耕的传统，促进了黄河流域游牧经济向农耕经济的转变和发展，并通过"官名皆以云命，为云师。置左右大监，监于万国"，促进了"万国和"，使黄河流域各部落相融合，走向联盟、统一的局面。

二是以分封促进社会和合。据《国语·晋语》记载，黄帝有子二十五宗，只有两姓与黄帝同姓姬。据《路史·国名记》记载，黄帝不论异同，封其子孙约七十国，分布于今天的河南、河北、山西、山东、陕西、安徽、广东、四川、湖北、江苏、内蒙古、青海等地。通过分封子孙，治理各地，进一步巩固了和合的统一局面，并且奠定了中华古国最早之版图和以后中华民族之雏形。据史学家考证，以后一些少数民族如西藏之羌、回族之安息、苗黎族之禹号、蒙古族之匈奴、东胡族之鲜卑等，也自称为黄帝子孙，是由黄帝子孙繁衍发展而形成的。

三是综合图腾形象。民间传说中，中华民族是龙的传人。而龙是黄帝（大龙）综合各部落图腾（小龙）而成的图腾象征——龙。所以，大龙身上既有鹿之角、牛之头、虾之须，也有小龙的影子，即朱雀的爪子，浑身长满鱼之鳞，是各部落图腾的合和体。

四是团结各类人才，协作共同做事。据有关文献记载，黄帝有近200个辅佐自己的臣子，他们组成政治、科技等不同团队，而黄帝都能将他们团结在自己周围，听候他的调遣和管理。

炎黄二帝的共襄和合精神与他们的"崇德""尚仁"品格分不开。《淮南子·道应训》："宿沙之民皆自攻其君而归神农。"说明炎帝善于团结、襄助其他氏族，所以，宿沙族民才离开本族首领，而归顺炎帝族。贾谊《新书·修政语上》载："黄帝职道义，经天地，纪人伦，序万物，以信与仁为天下先。"意思是说，黄帝把行道义作为职责，取法天地，建立人伦关系，排列好万物，率先在天下实践诚信和仁义。《韩诗外传》卷八载："黄帝即位，施惠承天，一道修德，惟仁是行，宇内和平。"说明黄帝统一天下，作了天子后，给百姓以实惠，注重德治，施行仁爱，达到了"宇内和平"。黄帝对其"敌人"也不是要杀便杀，而是"以仁义不能禁止蚩尤"后，"乃长天而叹"，在"万民欲令"下，才不得已"行天子事"，擒杀蚩尤。"蚩尤没后，天下复扰乱"，而黄帝没有像杀蚩尤一样去对待蚩尤族的其他成员，而是如《史记·五帝本纪·正义》引《龙鱼河图》所记："遂画蚩尤形象以威天下，天下咸谓蚩尤不死，八方万邦皆为弭服。"说明黄帝的共襄和合精神是与"德治""仁义"紧紧连在一起的。为此我们可以说，炎黄时代是中华民族德治、仁义思想的开端。

正是炎帝、黄帝的这种共襄和合精神，使炎帝部族、黄帝部族和蚩尤部族形成了华夏联盟集团，开创了中国历史上第一个和谐社会，为形成华夏民族（汉民族前身）乃至中华民族，建立"大一统"国家奠定了基础。

六、无私无畏的奉献献身精神

我们知道，炎黄所处的时代，是中国原始社会由母权制到父权制，由新石器时代中期到新石器时代晚期，由蒙昧到野蛮、文明的转折时期。历史每前进一步，都要经受血与火的考验，都要付出惨重的代价。炎帝及我们的原始先民要开创完成这一划时代的转变，要跨越这个历史的门槛，而进入一个新的时代、新的生活天地，不难想象，他们要付出多么巨大的代价，甚至献出生命。更何况，我们的原始先民，从衣食来源来说，"食草木之实，鸟兽之肉；饮其血，茹其毛"，"衣其羽皮"，"未有火化"，"时多疾病、毒伤之害"；从居住环境来说，"冬则居营窟，夏则居橧巢"，"与麋鹿共处"；从生产手段来说，生产工具极其简陋，使用的是粗制的石器和骨器。险恶多变的自然环境，无法科学认识和控制的天灾人祸，时时都威胁着先民的生存和安全。但是，从前文所说的炎帝、黄帝的创业来看，面对如此凶悍强大的自然遭遇，以炎帝为首的姜炎族和以黄帝为首的姬黄族，没有退却，没有屈服，而是以坚韧不拔、顽强拼搏、自强不息的无私而无畏的奉献献身精神，以超人的智慧和才能，一步一步艰难地创造着人类的先进文明，改造着自己的生存环境和生活条件，推动着历史车轮的前进。典籍中记载，炎帝为了发明医药，亲尝百草，"一日而遇七十毒"，一日之中百生百死。民间传说，炎帝在辨尝百草时，误食了一种毒性极强的草——断肠草而死。这个传说虽有很大的附会性，但有一点是可以肯定的：他的"死"是与"救死扶伤"，创造人类先进文化、文明分不开的。联系到炎帝多方面的历史功绩，这种"死"不正是他创业和献身精神的真实写照吗？

据文献传说，黄帝将自己的一生全部奉献给了自己的部落、部族和族民。黄帝曾周游天下，目的是为部落找到一处适宜的居住环境。在游历中，学习各地先进的耕作和制陶等技术，并将这些生产知识和技术带回部落，发展本族的农耕生产和手工业生产。还有传说，黄帝听说九黎族人抢走了炎帝族谷种，而炎帝怀疑这是黄帝族人干的事情后，为了与炎帝族搞好关系，他将自己的母亲作为人质，不顾身家性命，去追赶抢谷种的九黎族人。炎帝知道后，与黄帝族重新和好。黄帝时代虽是实行对偶婚制，但在一些偏僻地方还存在着抢娶漂亮女子的习俗。黄帝为了大家和睦相处，禁绝此类事情发生，便身先垂范，娶了丑女嫫母为妻，树立了重德重情的婚姻观。还有文献传说，黄帝打败了蚩尤、炎帝后没有急于庆贺取得的功绩，而是考虑如何安置因战争而无家可归的人，组织他们发展农耕生产和手工业，其精神感动了蚕神和大地：蚕神为他献丝，"乃称织维之功"；大地为他献草木，"述耕种之利，因之以广耕种"。等到社会稳定，族民安居乐业后，他又开始寻求新的家园和治国之道，"披山通道，未尝宁居"，"迁徙往来无常处"。可以说，黄帝的一生，既是开拓、创造的一生，也是奋斗、奉献的一生。"鞠躬尽瘁，死而后已。"这是黄帝无私无畏的奉献精神的真实写照。

总之，炎黄在其创业活动中所表现出来的精神内涵是极其丰富的。正是这种伟大的奋斗兴业、创造创新、求真务实、开拓进取、共襄和合、奉献献身的精神，才使炎黄二帝创造出一个个人间奇迹，为中华民族留下了宝贵的物质财富和精神财富，成为今天中华民族精神形成的重要源头，构成了传承千年的中华民族优秀传统品格的丰富内涵。

第三节　炎黄精神的当代价值

炎黄精神，作为一种优秀的文化传统，随着中华民族的形成、发展和壮大，其内涵在不断地丰富和深化，不仅塑造了中华民族的人文品格，而且升华为中华民族的民族精神和价值追求，成为渗透于中国政治、法律、文学和人们的人生观、价值观及道德观等领域的精神元素，并代代流传，积淀为中华民族的优秀传统和稳定的心理素质，这是中华儿女智慧和精神力量的源泉。不论是古代的四大发明、周秦帝业、汉唐盛世，还是近代以来无数次的抵御列强侵略、抗击自然灾害，等等，我们无不看到炎黄精神的存在，看到炎黄精神在凝聚全民族、实现中华民族伟大复兴、推进中华文明发展征程中所起的强大的感召和激励作用。

我们今天所处的时代，虽则与炎黄生活的时代有天壤之别，发生了翻天覆地的变化，但炎黄精神作为一种升华了的民族精神和价值追求，在今天仍有着很强的现实性，应该继续加以发扬光大。正如习近平所说："中华文明源远流长，蕴育了中华民族的宝贵精神品格，培育了中国人民的崇高价值追求。自强不息、厚德载物的思想，支撑着中华民族生生不息、薪火相传，今天依然是我们推进改革开放和社会主义现代化建设的强大精神力量。"[①] 因而，我们今天缅怀炎黄二帝、光大炎黄精神，就有着更为重要的现实意义和深远的历史意义。

炎黄二帝的精神价值，在不同的方面，有着不同的价值内涵。

一、炎黄精神构成了中华民族精神的丰富内涵

首先，从中华民族精神的形成、发展来看，炎黄精神不仅是中华民族精神形成和发展的源头，而且构成了中华民族精神的丰富内涵。

张岱年说："关于中华民族的民族精神，我提出一项见解，认为《周易大传》的两句话'自强不息'、'厚德载物'是民族精神的集中表

---

① 中共中央党史和文献研究院编：《习近平关于社会主义精神文明建设论述摘编》，中央文献出版社 2022 年版，第 178 页。

述，……自强不息的哲学基础是重视人格的'以人为本'的思想，厚德载物的哲学基础是重视整体的'以和为贵'理论。"并说："炎黄二帝致力于发明创造以造福于人民，正是'自强不息'、'厚德载物'的形象。"① 张岂之说："什么是炎黄精神？一句话，这就是人文精神。""人文精神可以称之为'以人为本'（或'以民为本'）的精神。"② 习近平指出："中国人民的特质、禀赋不仅铸就了绵延几千年发展至今的中华文明，而且深刻影响着当代中国发展进步，深刻影响着当代中国人的精神世界。中国人民在长期奋斗中培育、继承、发展起来的伟大民族精神，为中国发展和人类文明进步提供了强大精神动力。"③

从以上引文中，我们不难看出，炎黄精神与中华民族精神是一脉相承、有传承有发展的。中华民族精神内含着炎黄精神，炎黄精神又体现着中华民族精神。二者相辅相成，相融相交。因此，深入研究炎黄精神，传承、弘扬炎黄精神，不仅有助于更好地认识、弘扬与培育中华民族精神，构建中华民族的共有精神家园，而且有助于培育和践行社会主义核心价值观，坚定文化自信和增强文化自觉，铸牢中华民族共同体意识和构建人类命运共同体。

二、从我国国情的角度认识炎黄精神的当代价值

从我国国情的角度认识炎黄精神的当代价值，需要加强以下三个方面的认识。

---

① 张岱年：《炎黄传说与民族精神》，见王俊义、黄爱平编《炎黄文化与民族精神》，中国人民大学出版社 1993 年版，第 11~13 页。
② 张岂之：《炎黄精神就是中华人文精神》，《炎黄文化研究》2001 年第 8 期。
③ 中共中央党史和文献研究院编：《习近平关于社会主义精神文明建设论述摘编》，中央文献出版社 2022 年版，第 26 页。

（一）国家的昌盛，民族的振兴，人民的富裕，需要弘扬炎黄精神

首先，是由我国曾经"底子薄，教育、科学、文化都落后"①的欠发达的基本国情所决定的。毛泽东曾指出："要使全体干部和全体人民经常想到我国是一个社会主义大国，但又是一个经济落后的穷国，这是一个很大的矛盾。要使我国富强起来，需要几十年艰苦奋斗的时间……"②邓小平也曾指出，在这种国情下搞四个现代化，就"要老老实实地艰苦创业……要有一个艰苦创业的过程"③。如此，才能改变我国贫穷落后的面貌，实现社会主义现代化，自立于世界民族之林。

其次，这是由我国实现中华民族伟大复兴的中国梦的奋斗目标所决定的。党的十九大报告指出：在 2020 年全面建成小康社会、实现第一个百年奋斗目标的基础上，再奋斗 15 年，在 2035 年基本实现社会主义现代化。从 2035 年到本世纪中叶，在基本实现现代化的基础上，再奋斗 15 年，把我国建成富强民主文明和谐美丽的社会主义现代化强国。要完成这两个一百年所设计的艰巨的历史任务，就必须要继承和发扬自力更生、艰苦奋斗的创业、奉献精神，扎扎实实、兢兢业业地把我们的各项工作做好。正如习近平所指出的："中华民族伟大复兴，绝不是轻轻松松、敲锣打鼓就能实现的。全党必须准备付出更为艰巨、更为艰苦的努力。""全党一定要保持艰苦奋斗、戒骄戒躁的作风，以时不我待、只争朝夕的精神，奋力走好新时代的长征路。"④习近平还引用《战国策·秦策》里的一句话"行百里者半九十"来说明坚持到最后，

---

① 中央财经领导小组办公室：《邓小平经济理论学习纲要》，人民出版社 1997 年版，第 118 页。

② 《毛泽东著作选读》下册，人民出版社 1986 年版，第 796 页。

③ 中央财经领导小组办公室：《邓小平经济理论学习纲要》，人民出版社 1997 年版，第 117~118 页。

④ 习近平：《决胜全面建成小康社会 夺取新时代中国特色社会主义伟大胜利——在中国共产党第十九次全国代表大会上的报告》，人民出版社 2017 年版，第 15、69~70 页。

才能取得胜利。

最后，这也是由世界各国的激烈竞争和挑战决定的。当今世界复杂多变，正处在大发展大变革大调整时期。随着世界多极化、经济全球化深入发展，科学技术日新月异，各种思想文化交流交融交锋更加频繁。为此，世界各国之间的经济竞争、文化竞争、政治竞争和军事竞争，尤其是以美国为首的西方发达国家欲以经济、文化的实力和政治、军事上的强权施压而称霸世界的竞争愈演愈烈。尽管经过四十多年的改革开放，我国在社会、经济、文化、军事、科技等方面飞速发展，但以美国为首的西方国家并不喜欢我们的崛起，他们千方百计采取各种手段，予以遏制、打压，甚至扼杀，或是挑起"贸易战"，或是叫嚣南海"航行自由"，或是扬言要"武力制服中国"，对我们的压力、威胁也愈来愈大。面对如此激烈的竞争、挑战和压力，我们需要继承和发扬自力更生、艰苦奋斗的创业和奉献精神，抓住机遇，迎接挑战，继续把我们的经济搞上去，科技搞上去，军事搞上去，否则，就会再次失去机遇，与发达国家的差距愈拉愈大，重蹈挨打受气的覆辙。

（二）文化的繁荣，文明的提升，道德的重建，需要弘扬炎黄精神

建设现代化的社会主义强国，既要抓好物质文明建设，也要抓好精神文明建设；既要有经济的硬实力，也要有文化的软实力。如果"只重视物质的作用，而轻视精神的作用；只重视物质文明，不重视精神文明，对国家对民族对人民都是一种危险的倾向"[1]。在迈入历史新时代，进入全面建成小康社会的关键时期，以及深化改革开放，加快转变经济发展方式、党和国家机构运行机制的重要时期，面对欧美文化强国的挑战和渗透，推进社会主义文化大发展大繁荣，建设社会主义文化强国，一个很重要的方面就是要全面提升中华民族的精神文明素质，全面提高

---

[1]　中共中央政策研究室编：《江泽民论社会主义精神文明建设》，中央文献出版社1999年版，第4页。

全体公民道德意识，确立"富强、民主、文明、和谐，自由、平等、公正、法治，爱国、敬业、诚信、友善"的社会主义核心价值观，这是摆在我们全党全国各族人民面前的一项紧迫而重大的任务。所以，在文化繁荣、文明提升、道德重建中，也需要弘扬炎黄精神，传承和弘扬中华优秀传统文化。因为，在五千多年文明发展中孕育的中华优秀传统文化，积淀着中华民族最深层的精神追求，代表着中华民族独特的精神标识，是中华民族生生不息、发展壮大的丰厚滋养，是中国特色社会主义植根的文化沃土，是当代中国发展的突出优势，对延续和发展中华文明、促进人类文明进步，发挥着重要作用。炎黄精神作为中华民族精神的源头精神，炎黄文化作为中华优秀传统文化的祖根文化，无疑也包含在五千多年的文化、文明之中。

（三）国家的统一，民族的团结，社会的和谐，需要弘扬炎黄精神

我国是一个由多民族组成的国家，尽管民族学和历史学已经证明华夏族并非单一祖先，但后人却愿意把炎黄二帝作为中华民族始兴和统一的象征，作为共同的祖先加以供奉。发端于上古、绵延数千年的炎黄精神，成为不同时期、不同地域的人们所共有的一种民族精神和力量源泉。炎黄二帝以艰苦创业、无私奉献的精神而创立的炎黄文化，成为反映民族共同感情的联系纽带，体现和包融了华夏民族具有统一性的自我意识。正因为如此，几千年来，尽管中华大地上各民族之间或民族内部产生过种种矛盾冲突，乃至战争，也曾造成国家的分裂和政权割据对立，但统一是常态，是追求，而且越到后来，统一的时间越长，统一的局面越巩固。这种巨大的凝聚性和牢固的稳定性、和谐性，正是这种以炎黄文化、炎黄精神为核心的传统文化的体现。

习近平指出："深化民族团结进步教育，铸牢中华民族共同体意识，加强各民族交往交流交融，促进各民族像石榴籽一样紧紧抱在一起。""铸牢中华民族共同体意识"，这是维护国家统一的思想基石，是促进民族团结的必要和首要条件，是实现中华民族伟大复兴的中国梦的

必然要求。而要铸牢中华民族共同体意识，加强中华民族大团结，最长远和最根本的是要增强文化认同。而要实现文化认同，其中一条就是要坚定文化自信，继承和大力弘扬中华优秀传统文化，在尊重差异、各美其美、兼收并蓄中实现各民族文化交融共生、和谐发展，形成各民族同呼吸、共命运、心连心、美美与共的强大精神纽带。而这个精神纽带中重要的一个组成部分，就是炎黄文化、炎黄精神。

另外，我们进行改革开放和现代化建设，实现祖国统一，还需要世界各国尤其是海外华人的支持。而炎黄精神作为一种文化认同、民族的精神纽带，既有利于海峡两岸中国人的相互理解和交融，也有利于加强同海外华人的相互交流和对民族、国家的认同。近年来，海外华人怀着强烈的思乡之情，回大陆寻根祭祖、旅游观光，并以各种方式支持祖国的现代化建设，就是这种民族向心力和认同感的生动体现。

如上所述，炎黄精神虽说对当今社会有重要价值和意义，但是，它毕竟产生于远古时代，与我们今天所处时代还有很大的不同，其所讲的精神内涵也是有区别的。那么，如何使炎黄精神适应新时代的需要，也就是说，如何从中挖掘新时代可资利用的东西，这就要求我们必须做好两方面的工作：一是"创造性转化"，二是"创新性发展"。只有在"创造"和"创新"上下功夫，才能做好"转化"和"发展"。

何为创造？何为创新？创造，就是对炎黄文化、炎黄精神注重发掘和利用，找到与现实的契合点，深入挖掘蕴含其中有用的价值观念、道德规范、治国智慧，将其转化成我们今天的价值观念、道德规范和治国智慧。比如前面提到的炎黄精神的六方面表现，对新时代构建中华民族共有精神家园和铸牢中华民族共同体意识，实现中华民族伟大复兴的中国梦，就有着一定的借鉴作用。创新，就是在继承炎黄精神的基础上，结合新时代、新气象、新作为，创新出适应新时代所需要的新的民族精神、国人品格。比如，习近平所讲的中国人民伟大的"梦想"精神，就是在总结前人梦想及其追梦精神的基础上提出来的一种新的民族精神，这是对中华民族精神内涵的丰富和发展。再如，我们所践行的社会主义核心价值观，也是对中华民族精神的丰富和发展，既是对炎黄精神的继承，也是对炎黄精神的创新。所以，"创造性转化"和"创新性发展"，是新时代继承和弘扬包括炎黄文化、炎黄精神在内的一切中华优秀传统文化的根本途径和最佳方法。

今天，我们研究炎黄精神，继承和弘扬炎黄精神，不仅是全面建设社会主义现代化强国的时代的需要，也是在21世纪中期实现中华民族伟大复兴的中国梦的历史需要。为此，我们要依据新时代、新要求做好炎黄精神"创造性转化"和"创新性发展"，使炎黄精神成为永远激励中华民族自强不息的强大力量源泉。

思考题

1. 炎黄文化的共襄和合精神主要表现为哪些方面？
2. 炎黄精神主要表现在哪些方面？
3. 如何认识炎黄精神的当代价值？

拓展阅读

李学勤、张岂之总主编：《炎黄汇典》，吉林文史出版社2002年版。

第十二章　炎黄文化与人类命运共同体

当今世界，百年未有之大变局加速演进，全人类面临着众多挑战：粮食安全、资源短缺、气候变化、网络攻击、人口爆炸、环境污染、疾病流行、跨国犯罪等全球非传统安全问题层出不穷，对国际秩序和人类生存都构成了严峻挑战。同时，政治多极化、经济全球化、文化多样化和社会信息化潮流不可逆转，各国间的联系和依存日益加深。无论人们身处何国、信仰如何、是否愿意，实际上已经处在一个人类命运共同体中。

然而欧美的主流思想对此不仅没有醒悟，反而提出了"文明冲突论"这种论调，代表了欧美对当今世界、当今社会的基本观点，亨廷顿是主要的代表人物。根据"文明冲突论"的观点，依据地缘和宗教的不同，全球可分为七个文明：西方文明（以天主教、基督教为核心）、中华文明（以儒教为核心）、伊斯兰文明（以伊斯兰教为核心）、印度文明（以印度教为核心）、东正教文明（以东罗马帝国、君士坦丁堡正教为核心）、拉丁美洲文明、日本文明。各个文明都有自身独特的信仰、习俗、价值观，而且很难调和，今后世界的危机本质上就是文明间的冲突。文明冲突论指出了当今世界各种文明（国家、地区、族群）之间存在着巨大的差异和竞争，对世界和平与发展有不可估量的影响。但是文明冲突论没有找到解决文明冲突的途径和方法。

面对"建设一个什么样的世界、如何建设这个世界"的重大课题，中国给出了"人类命运共同体"这个时代答案。其基本内涵为：各个国家不仅要谋求自身发展，还要兼顾他国利益，促进世界的共同繁荣和发展。"人类命运共同体"理念的提出，为构建国际经济政治新秩序、推进人类社会可持续发展贡献了中国智慧和中国方案。

"人类命运共同体"理念不是凭空产生的，它是中华优秀传统文化在新时代的发展和升华，彰显了习近平总书记的博大胸襟、宏阔视野、非凡气魄。炎黄文化作为中华传统文化的源头文化非常切合这个理念，表明人类命运共同体的观念有中华文化的源头活水，有内在的合理性，也彰显了炎黄文化的当代价值、当代意义。炎帝、黄帝、蚩尤部族在较长的历史时期，虽然有冲突，但更多的是融合交流。中华文明就是在炎黄时期的互相学习、互相借鉴、互相交流、互相吸收的基础上逐渐发展、壮大，由众多的涓涓细流汇成大江大河的，从满天星斗的多源并进发展成日月悬天的光华灿烂。炎黄文化是中华传统文化"天下为公、协和万邦、各美其美、美美与共"的政治观、文化观的源头，从源头上表明了中华文化的追求和平、和谐、以和为贵的文化、文明特质，在科学、技术高速发展但又带来混乱与冲突，甚至危机四伏的当今世界，对整个人类社会的发展具有重大的借鉴、启发意义。

第一节 "人类命运共同体"理念的产生过程

2012 年党的十八大提出"要倡导人类命运共同体意识，在追求本国利益时兼顾他国合理关切"[①]。

2013 年 3 月 23 日，习近平在莫斯科国际关系学院发表题为《顺应时代前进潮流 促进世界和平发展》的演讲。这场演讲，被称为突破了

---

① 胡锦涛：《坚定不移沿着中国特色社会主义道路前进 为全面建成小康社会而奋斗——在中国共产党第十八次全国代表大会上的报告》，人民出版社 2012 年版，第 47 页。

双边关系的范畴，"向世界讲述了对人类文明走向的中国判断"①。3月25日，他在坦桑尼亚进行国事访问发表演讲时谈道："这段历史告诉我们，中非从来都是命运共同体，共同的历史遭遇、共同的发展任务、共同的战略利益把我们紧紧联系在一起。"②

2015年3月28日，习近平出席博鳌亚洲论坛2015年年会开幕式并发表主旨演讲，强调要"通过迈向亚洲命运共同体，推动建设人类命运共同体"，提出了迈向命运共同体的"四个坚持"：坚持各国相互尊重、平等相待，坚持合作共赢、共同发展，坚持实现共同、综合、合作、可持续的安全，坚持不同文明兼容并蓄、交流互鉴。③

2015年9月29日，习近平在纽约联合国总部发表重要讲话指出："当今世界，各国相互依存、休戚与共。我们要继承和弘扬联合国宪章的宗旨和原则，构建以合作共赢为核心的新型国际关系，打造人类命运共同体。"④

2017年10月18日，习近平在党的十九大报告中提出："坚持和平发展道路，推动构建人类命运共同体。"⑤

2018年3月11日，第十三届全国人民代表大会第一次会议通过《中华人民共和国宪法修正案》，将宪法序言第十二自然段中"发展同各

① 《习近平致力倡建"人类命运共同体"》，《人民日报》2018年10月7日第1版。
② 习近平：《永远做可靠朋友和真诚伙伴——在坦桑尼亚尼雷尔国际会议中心的演讲》，《人民日报》2013年3月26日第2版。
③ 《习近平出席博鳌亚洲论坛2015年年会开幕式并发表主旨演讲〈迈向命运共同体 开创亚洲新未来〉》，《人民日报》2015年3月29日第1版。
④ 习近平：《携手构建合作共赢新伙伴 同心打造人类命运共同体——在第七十届联合国大会一般性辩论时的讲话》，《人民日报》2015年9月29日第2版。
⑤ 习近平：《决胜全面建成小康社会 夺取新时代中国特色社会主义伟大胜利——在中国共产党第十九次全国代表大会上的报告》，人民出版社2017年版，第57页。

国的外交关系和经济、文化的交流"修改为"发展同各国的外交关系和经济、文化交流，推动构建人类命运共同体"①。

2018 年 4 月 10 日，习近平在博鳌亚洲论坛 2018 年年会开幕式上的主旨演讲中指出："从顺应历史潮流、增进人类福祉出发，我提出推动构建人类命运共同体的倡议，并同有关各方多次深入交换意见。我高兴地看到，这一倡议得到越来越多国家和人民欢迎和认同，并被写进了联合国重要文件。我希望，各国人民同心协力、携手前行，努力构建人类命运共同体，共创和平、安宁、繁荣、开放、美丽的亚洲和世界。"②

2018 年 10 月 25 日，第八届北京香山论坛开幕，习近平向论坛致贺信指出："中国坚持共同、综合、合作、可持续的新安全观，愿以更加开放的姿态与各国同心协力，以合作促发展、以合作促安全，推动构建人类命运共同体。"③展现了中方推动构建人类命运共同体的信心和决心。

2018 年 12 月 18 日，在庆祝改革开放 40 周年大会上的讲话中，习近平总结改革开放 40 年来我国所取得的伟大历史成就时指出："我们积极推动建设开放型世界经济、构建人类命运共同体，促进全球治理体系变革，旗帜鲜明反对霸权主义和强权政治，为世界和平与发展不断贡献中国智慧、中国方案、中国力量。"着眼推动新时代改革开放走得更稳、走向更远，习近平在讲话中强调："必须坚持扩大开放，不断推动共建人类命运共同体。"④

2019 年 10 月，中国共产党十九届四中全会提出："坚持和完善独

---

① 《中华人民共和国宪法修正案》，《人民日报》2018 年 3 月 12 日第 1 版。

② 习近平：《开放共创繁荣 创新引领未来——在博鳌亚洲论坛 2018 年年会开幕式上的主旨演讲》，《人民日报》2018 年 4 月 11 日第 3 版。

③ 《习近平向第八届北京香山论坛致贺信》，《人民日报》2018 年 10 月 26 日第 1 版。

④ 习近平：《在庆祝改革开放 40 周年大会上的讲话》，《人民日报》2018 年 12 月 19 日第 2 版。

立自主的和平外交政策，推动构建人类命运共同体。"①

　　2022 年 11 月初，联合国大会裁军与国际安全委员会先后表决通过"防止外空军备竞赛的进一步切实措施""不首先在外空放置武器""从国际安全角度看信息和电信领域的发展"三项决议，其中均写入中国提出的"人类命运共同体"理念。这是"人类命运共同体"理念连续六年写入联大决议。②

　　自 2013 年习近平在莫斯科国际关系学院发表演讲至今，他在国内外不同场合涉及有关"人类命运共同体"理念的讲话不胜枚举。他倡导的"一带一路"、金砖国家新开发银行、亚洲基础设施投资银行等，都是人类命运共同体生动而有力的实践。他回答了在和平与发展的时代主题下，构建人类命运共同体的必然性与现实性，相继提出了"亚太命运共同体""亚洲命运共同体""海洋命运共同体"及"人类卫生健康共同体"等一系列倡议。

　　2017 年 1 月 18 日，习近平在联合国日内瓦总部的演讲中对"人类命运共同体"作了详细的阐释：坚持对话协商，建设一个持久和平的世界。国家和，则世界安；国家斗，则世界乱。坚持共享共建，建设一个普遍安全的世界。一国的安全不能建立在别国的动荡之上，他国的威胁也可能成为本国的挑战。坚持合作共赢，建设一个共同繁荣的世界。发展是第一要务，适用于各国。坚持交流互鉴，建设一个开放包容的世界。文明的差异不应成为世界冲突的根源，而应该成为人类文明进步的动力。坚持绿色低碳，建设一个清洁美丽的世界。遵循天人合一、道法自然的理念，寻求永续发展之路。③

① 《中共十九届四中全会在京举行》，《人民日报》2019 年 11 月 1 日第 2 版。
② 《破解时代之问 引领发展之路——习近平主席在达沃斯论坛的演讲和致辞深刻启迪世界》，《人民日报》2023 年 1 月 17 日第 2 版。
③ 习近平：《共同构建人类命运共同体——在联合国日内瓦总部的演讲》，《人民日报》2017 年 1 月 20 日第 2 版。

　　"人类命运共同体"理念，一方面萃取了中华优秀传统文化中治世的智慧，另一方面融合了解决全球性问题的现实观照，一经提出就引发强烈反响，得到国际社会越来越广泛的认同、接纳和支持。有识之士赞誉其为"中国为地球村提供的一把发展的钥匙"和"人类在这个星球上的唯一未来"。这一理念被相继写入联合国大会的相关决议，联合国安理会的决议，国际社会发展委员会、人权理事会、国际劳工大会的相关决议以及上合组织的《青岛宣言》之中。

　　2023年8月22日，习近平在2023年金砖国家工商论坛闭幕式上致辞，提出要促进共同发展繁荣、要努力实现普遍安全、要坚持文明交流互鉴这三点主张，充分彰显了中国坚定不移推动构建人类命运共同体的使命担当。8月24日，国家主席习近平和南非总统拉马福萨在约翰内斯堡共同主持中非领导人对话会，习近平发表题为《携手推进现代化事业　共创中非美好未来》的主旨讲话。他强调，中非携手推进现代化事业，必将为双方人民创造更加美好的未来，为推动构建人类命运共同体树立典范。①

　　风高浪急之时，我们要把准方向，勇敢面对挑战，推动全球发展倡议、全球安全倡议、全球文明倡议落地生根、开花结果。具体实践中，我们要倡导合作共赢、美美与共。各国只有相互支持、团结合作，才是应对危机挑战、增进各国人民福祉的正道；只有坚持共同、综合、合作、可持续的新安全观，才能走出一条普遍安全之路。我们要坚持和而不同、求同存异。各国要深刻辨析：蓄意鼓噪所谓"民主和威权""自由和专制"的二元对立，只能造成世界割裂、文明冲突；只有弘扬全人类共同价值，加强人文交流与合作，促进不同文明百家争鸣、百花齐放，打破交流壁垒，才能赓续人类文明的薪火。

---

① 《习近平和南非总统马福萨共同主持中非领导人对话会》，《人民日报》2023年8月26日第1版。

　　"人类命运共同体，顾名思义，就是每个民族、每个国家的前途命运都紧紧联系在一起，应该风雨同舟，荣辱与共，努力把我们生于斯、长于斯的这个星球建成一个和睦的大家庭，把世界各国人民对美好生活的向往变成现实。"① 国家在追求本国利益及谋求自身发展的同时，要兼顾他国的合理利益及关切，促进各国的共同发展，以形成全球范围内各个国家相互依存、休戚与共的有机关联。中华优秀传统文化中的"以和为贵""天人合一""和衷共济"等传统和合文化精髓，是习近平"人类命运共同体"理念的历史渊源。

　　人类命运共同体蕴含的中国传统文化基因丰富而深厚。"协和万邦、天下为公"政治观、"义利合一、重义轻利"经济观、"和而不同、万物并育"文化观、"天人合一、道法自然"生态观、"和合共生、德化慎战"安全观，对人类政治、经济、文化、生态、安全"命运共同体"理念具有重要理论价值与现实意义。人类命运共同体是对中华优秀传统文化的时代创新。"中国历史文化积淀深厚、涵量广博、底蕴丰富，构建人类命运共同体要积极发掘中华文化中的处世之道和施政理念，通过从中汲取精华和营养找寻同当今时代精神、发展潮流和世界大势的契合点、共鸣点。"② "人类命运共同体"理念不仅凸显了中华文化的源远流长和博大精深，为构建中国特色社会主义的政治经济学和治国理政提供了全新的思想，也为世界化解危机冲突和促进人类和平发展提供了中国智慧。

① 习近平:《携手建设更加美好的世界——在中国共产党与世界政党高层对话会上的主旨对话》,《人民日报》2017 年 12 月 2 日第 2 版。
② 高苑、张岩磊:《人类命运共同体理念是"第二个结合"的创新成果》,《中国社会科学报》2023 年 7 月 28 日第 4 版。

第二节　炎黄文化蕴含的共同体观念

"人类命运共同体"理念是马克思主义基本原理同中华优秀传统文化相结合的产物，为人类社会发展描绘了美好蓝图，为世界各国共同开创美好未来指引了方向。这一重要理念根植于中国传统思想文化宝库，具有深厚的中华历史文化基础，主要表现为天下一家的世界观照、和合共生的处世之道、和而不同的包容精神。通过对炎黄文化的考察，我们发现，炎黄早期的部族融合、族邦联盟的成立、文化交流、互通互鉴等方面就是"共同体"的发展过程，而且是突破了血缘共同体的限制，向民族共同体、国家共同体的逐渐转化和进化，本质上就是"命运共同体"的一个发展过程。通过分析炎黄文化与命运共同体之间的关系，能够更深刻地理解该理念的深厚历史根源，认识其穿越古今的思想价值和实践意义。

炎黄部族发展为华夏民族的历史进程就是"共同体"发展之路。中华民族共同体直接源于华夏民族。《尚书·武成》说："华夏蛮貊，罔不率俾。"疏曰："夏，大也。故大国曰夏。华夏谓中国也。"夏商周三代以来的华夏民族的主体和核心是来自远古的炎黄部族。阪泉之战后，炎黄结盟；涿鹿之战后，黄帝"合符釜山"，"监于万国，万国和"，这就说明中华民族从一开始就打上了炎黄的烙印，成为流淌着炎黄文化血液的民族。之后又经过尧舜时期的族邦联盟，发展为夏商周三代的华夏民族。[①]

中华民族是先分后合、由多源走向一体的。分是起点，合是结果。但即便是作为起点的分，也并非是单个的人，而是以氏族共同体为主体的。在传说时代漫长的历史进程中，分也好，合也好，叠加为宗族，融

---

① 王震中：《从复合制国家结构看华夏民族的形成》，《中国社会科学》2013年第10期。

合为部落或部族乃至部族联盟，始终是以血缘共同体为主体的。以共同体而非个人作为主体，是传说时代的历史事实。共同体建构经历了一个漫长的历史过程，黄帝部族融合炎帝和蚩尤、合符釜山，以及颛顼改革、契创五伦、夏禹治水等，则是传说时代共同体发展之路的主要节点，描绘了传说时代中华民族形成、发展的基本脉络。

炎黄文化完成了由血缘共同体向文化共同体的转化，本质上就是一种共同体。很多文献记载反映了炎黄在中华姓氏谱系中的源头地位，说明中华民族是以认同炎黄为血缘始祖，或认同炎黄为人文始祖发展起来的。这在本书第六章第二、三节有充分论述，此处不赘。这种血缘性的文化认同，是中华民族具有强大凝聚力和向心力的精神源泉，即"民族成员表现在民族意识上的自觉认同以及这种文化及心理认同的深沉性、继承性和强大性"[1]。

但是炎黄又不是纯粹血缘意义的共同体，炎黄本来是姬姓、姜姓的两支部族的联盟、融合，而且后期的发展明显突破了血缘的限制，实现了向文化共同体的转化。异姓而同德，仇必合而解，这是世代中国人的基本选择。如果把不同历史时期这些选择连接起来就会发现，我们的先人在传说时代广大的历史文化原野上，留下了一条前后相继、始终一贯的轨迹。如果用一个概念来指称这一条文化轨迹和文明路径，那么最贴切的概念就是"共同体"。共同体构成了中国文化的大传统，预设了文明进程的中国路径，标识着中国文化的独特性。

中国以民族成分之复杂、疆域之广阔、风俗人情之多样、方言土语之乖隔、山川河流之阻塞，却能最终形成统一的文化，自是得益于有被全社会所共同信仰的精神核心存在。从"大一统"思想观念的历史演进来看，对这一精神核心的溯源，远非至周孔教化所能止，势必要追溯到远古炎黄时代的血缘和文化上的共同体。

---

[1]　李禹阶：《华夏民族与国家认同意识的演变》，《历史研究》2011 年第 3 期。

在早期文明阶段，较之氏族林立同样普遍的，是基于各种原因形成的不同族群混居一地的局面。这就使得血缘政治楔入地缘政治成为常态，于是，不是一家人如何于一地共处，便成为王族必须面对的问题。宗统、族、血缘因此发生了构成性转化：宗统由一族之统向容纳多族为一族之统转化，族则由同姓同德之族群向异姓而同德之族群转化，血缘也随之由一族之世系血缘向"多数民族混合而成"的混合血缘转化。三大要素的构成性转化改变了族群建构的性质，肇始了合族，开启了文明进程的中国路径。

第三节　炎黄文化对推动人类命运共同体建设的价值

炎黄文化最早开创了和合共生的处世之道，炎黄文化中绥怀蚩尤体现了和而不同的包容精神。这些都对推动构建人类命运共同体提供了历史借鉴。

炎黄文化体现了"天下一家"的世界观照。在中国传统文化中，天下是一个集地理学、社会心理学和政治学三重意义于一体的整体性概念。这一概念统摄下的内部成员处于同一个文化共同体中，不存在地理意义的边界阻隔和生理意义的族群优劣，"以天下为一家"成为其自然延伸的价值指向和目标进路。"中华民族历来讲求'天下一家'，主张民胞物与、协和万邦、天下大同，憧憬'大道之行，天下为公'的美好世界。"[①] 天下一家思想最早萌发于炎黄文化，后来衍变为"大一统"理念。"大一统"是先人对统一的事业和局面的高度重视和极度推崇的意识产物。秦朝以后的历代王朝都把统一规模作为当时政治成就的最高目标。即使在分裂时期，在思想意识上仍旧是统一的，割据势力往往把自身说

---

① 《习近平外交演讲集》第二卷，中央文献出版社 2022 年版，第 86~87 页。

成是正统，把统一作为奋斗目标。"大一统"思想构成中华传统文化中基因性的要素。在"大一统"思想意识中，国家的统一、对国家统一的认同与中华民族的凝聚乃三位一体的关系。

秦汉以后的"大一统"思想可以上溯到夏商周多元一体复合制国家结构中的"一统"思想，进而上溯到五帝时代族邦联盟一体的思想。当时，黄帝成为天下共主，肇始了"大一统"的雏形，后世的"天下"观念、当今的"世界"观念均可以看出炎黄时代的族邦联盟"一统"观念的影响，其"天下一家"的理念是一脉相承的。

在早期文明阶段，不同族群混居一地是一个基本事实。这意味着单纯的血缘政治即便是在最初的文明进程中，也是暂时的、不稳定的，真正成为常态的是血缘政治楔入了地缘政治的情境之中，于是，不是一家人如何于一地共处，便成为王族必须面对的问题。无论对于哪个王族，这都是重大的政治课题，因为它直接关涉该地区的长治久安。面对多族群混居所带来的问题，来自王族强制的、暴力的乃至战争的方式始终是存在的，甚至是经常被使用的。我们在早期文明中经常看到的离心与分化的倾向、趋势或张力，往往是作为这些方式的后果出现的，但这些方式或手段不能从根本上改变混居的现实。这就迫使王族不得不找到各族人民和平共处之策，而这种共处之策又不可能超越以宗统为组织原则的既定的社会治理框架。换言之，血缘族群而非地缘散户，异姓族群而非仅仅同姓族群，大家共处一地而非各居一隅，这是既定的历史前提，是不可选择的客观现实。这既为王族带来了治理上的难题，也带来了解决难题的资源与条件，还预设了解决问题的方向。

在多族群混居这一持续而稳定的历史背景下，"合族"使得族群建构的性质改变了，它要以接纳、包容、融合异姓族群为己任，而这样的族群建构实质上是在营建共同体。共同体历史运动总的结果是合族。在以共同体为根本的族群建构中，三大要素仍然是一种结构性存在，族仍然被不断地建构出来。所不同的是，这个新建构出来的族是纳多族为一族之族，是异姓而同德之族，是多族群混合血缘之族，是合族之族。从五帝到三代，合族成为历史文化的总趋势。中国人把万邦合成一邦一族，实现了"合族"。合族标志着中国人创造出一种文化方式，这种方式将多族融为一族；合族标志着中国文化于人类早期阶段就已彰显出的独特性，以及这种独特性所达到的文化高度；合族标志着中国人为人类社会所独具的"社会性"概念，注入了独特的向度、属性与结构。三大要素的构成性转化，开启了文明进程的中国路径，在氏族制度还没有解体，甚至还未得到充分发展的时候，就进入国家组织阶段，于是血缘组织（王族）要承担起地缘政治的职能。

共同体以一族之宗统，纳多族为一族。祭祀、通婚、会盟、五伦、追孝、贤贤、封爵、赐姓等合族之举，无一不是基于血缘，却无一不是"加法"，无一不是让向心力、合力成为主导文明演进的力量。血缘政治没有随着历史的演进而逐渐萎缩，反而适时地成长出地缘政治所需的管控社会的能力，生、孝、礼、德、天命等同样带着"氏族组织的躯壳"。它们共同承载了共同体文化的成长性，也见证了中华文明由多而一、由分而合的历史大势。概言之，第一，宗统、族、血缘这三大要素是相辅相成、相互依存的关系。第二，三大要素的构成性转化对于中华早期文明产生了极其深远的影响。对于中国文化方式的形成，这种影响是前提性的。若以任何理由否定这种前提性影响，对于中国文化方式的解读就会处于无根的状态。第三，文化方式，也就是一定方式的文化。它的出场，至少意味着一种文化已基本定型。[①]

炎黄文化最早开创了和合共生的处世之道。"和"是中华优秀传统文化的思想精要和价值凝练，具有强大深远的生命力与影响力。"和合共生"是中华民族的历史基因和重要特征，集中展示了古往今来对外交往的互动哲学和处事规范，被视为群体交往的最优方式。"人类命运共

---

① 李俊、王震中主编：《炎黄学概论》，人民出版社 2021 年版，第 458~483 页。

同体"理念把持久和平、普遍安全视为核心要义和重要目标，通过构建"你中有我，我中有你"的责任共同体、利益共同体和发展共同体，将中国传统和合文化时代化、具体化并拓展至全人类，成为和合共生理念的当代展现。炎黄文化最早开创了和合共生的处世之道。黄帝族收服炎帝族，使二族合二为一。击败炎帝族后，黄帝为了维护安定局面，一是下令将其中的反抗力量向外迁徙，通过分散炎帝部族的实力，从根本上解决其不断反抗的行为。二是不断融合同化。对炎帝部族中优秀和平之人，进行裂土分封，通过现实的利益来团结他们。《山海经》《世本》说，炎帝器生子三人，矩为黄帝师，伯陵为黄帝臣，祝庸为黄帝司徒。此外帝喾之臣垂，尧、舜之四岳，都是炎帝后裔，举不胜举，其官爵皆为黄帝所封。炎帝姜姓之国有十三个，也是黄帝所封。当时所谓国，有的是后世的部落，有的是早期国家。通过裂土分封，使炎帝部落聚族而居，安心乐业。三是通过婚姻加强二族联系。经过数代联姻融合之后，消弭了最初的仇隙。

　　绥怀蚩尤体现了和而不同的包容精神。"和而不同"蕴含着多样性与同一性的辩证关系，包括兼容并包、自然平等、各得其所等理念。"人类命运共同体"理念以和同包容摆脱对立的二元思维，既尊重个体的独立性，又强调和同包容的价值，既贯彻包容性和民主性原则，又以合作共赢的最大公约数兼容不同发展阶段、意识形态、历史文化的行为主体，成为凝聚发展合力的全球共识。黄帝族绥怀蚩尤就体现了这种精神。黄帝虽击败了蚩尤，却并未对其赶尽杀绝。他从东夷族里面找出能同他合作的首领少昊，绥怀东夷旧部，也就是安抚归顺者。黄帝的做法，被其后继者周族所发扬：周武王在杀了商纣之后，又立武庚和微子。不绝他族的祭祀，也是后世的"兴灭国，继绝祀，举逸民"的滥觞。绥怀而非播种仇恨，消解对立面。不把人往绝路上逼，给自己也给别人留退路。绥怀的文化向度是把本不是一家人的两个族群变成一家人。这就是典型的共同体之路。

"人类命运共同体"理念秉持兼容并包的博大胸怀，倡导"多彩、平等、包容"的新文明观，主张每种文明都有其独特魅力和深厚底蕴，都是人类的精神瑰宝，要尊重不同文明发展的客观规律，通过交流互鉴实现开放包容，共同推动人类文明进步与世界和平发展。"推动构建人类命运共同体，不是以一种制度代替另一种制度，不是以一种文明代替另一种文明，而是不同社会制度、不同意识形态、不同历史文化、不同发展水平的国家在国际事务中利益共生、权利共享、责任共担，形成共建美好世界的最大公约数。"①

在经济全球化背景下，国家间交往日益增强，包容性合作成为国际社会的唯一选择。冷战结束后，西方国家抱持意识形态偏见和对自身经验的盲目认知，将是否依照西方模式、遵循西方指导视为进入"国际社会"的标尺，这种借用权力地位优势的霸道霸权霸凌行为，既扭曲误解了包容合作的意义和价值，也成为全球治理赤字长期难以消解的重要原因。"一个和平发展的世界应该承载不同形态的文明，必须兼容走向现代化的多样道路。"②"构建人类命运共同体理念与和平共处五项原则一脉相承，都根植于亲仁善邻、讲信修睦、协和万邦的中华优秀传统文化，都彰显了中国外交自信自立、坚持正义、扶弱扬善的精神风骨，都体现了中国共产党人为人类作出新的更大贡献的世界情怀，都展现了中国坚持走和平发展道路的坚定决心，是新形势下对和平共处五项原则最好的传承、弘扬、升华。这一理念立足于国与国命运交织、休戚与共的客观现实，树立了平等和共生的新典范；顺应和平、发展、合作、共赢的时代潮流，开辟了和平和进步的新境界；着眼世界多极化和经济全球化的历史大势，丰富了发展和安全的新实践。"③

① 《习近平外交演讲集》第二卷，中央文献出版社2022年版，第396页。
② 《习近平外交演讲集》第二卷，中央文献出版社2022年版，第382页。
③ 《和平共处五项原则发表70周年纪念大会在北京隆重举行》，《人民日报》2024年6月29日第1版。

　　随着国际权力转移进程加快，发展中国家经济实力整体上升，在全球治理中的作用和地位不断提升。但是，现行治理体系并未通过适时制度变革回应体系内部动态平衡的现实需求。同时，西方国家主导的多边合作表现为以同质抹杀多样、以独占压制共享，责任、权利、义务三者失衡使得制度变革艰难。"人类命运共同体"理念强调包容不同特质的国际关系行为体，突出合作方式、议程设置、利益分配的开放性、包容性和共享性，并以真正的多边主义作为构建人类命运共同体的重要路径，实现不同国家各得其所的均衡、有效、可持续的共同发展。"全球治理应该秉持共商共建共享原则，推动各国权利平等、机会平等、规则平等，使全球治理体系符合变化了的世界政治经济，满足应对全球性挑战的现实需要，顺应和平发展合作共赢的历史趋势。"[①]

❓ 思考题

1. 试着阐述"人类命运共同体"理念的产生过程。
2. 炎黄文化对推动人类命运共同体建设的价值有哪些？

📖 拓展阅读

1. 江时学：《人类命运共同体研究》，世界知识出版社 2018 年版。
2. 中华人民共和国国务院新闻办公室：《共建"一带一路"：构建人类命运共同体的重大实践》，人民出版社 2023 年版。

───────────────

[①] 《习近平外交演讲集》第二卷，中央文献出版社 2022 年版，第 261~262 页。

后　记

　　《炎黄文化教程》是在国家社会科学基金特别委托项目"炎黄学概论"结项成果基础上编撰完成的，该项目负责人是信阳师范大学校长李俊教授。该项目研究得到国内众多知名学者的鼎力支持。中国社会科学院学部委员、信阳师范大学炎黄学研究院学术委员会主任王震中，《光明日报》高级编辑、信阳师范大学炎黄学研究院学术委员会副主任梁枢，河北师范大学教授沈长云，陕西师范大学教授王晖，湖北省人大常委会副主任、华中师范大学教授周洪宇，宝鸡文理学院教授高强，宝鸡炎帝与周秦文化研究会会长霍彦儒研究员，中国社会科学院考古研究所朱乃诚研究员，河南省社会科学院历史与考古研究所张新斌研究员等，都直接参与了该项目研究。该项目结项成果《炎黄学概论》于2021年11月由人民出版社出版。河南省委原书记、中央马克思主义理论研究与建设工程咨询委员会原主任、信阳师范大学炎黄学研究院原院长徐光春为该书作序，称其"是一部以突出学术性和学术创新为特色、以建立学术体系为宗旨的著作，是大手笔之作"。中国社会科学院学部委员、考古研究所原所长刘庆柱也对该书予以高度评价。

　　2017年12月，信阳师范学院（2023年更名为信阳师范大学）在国内率先成立炎黄学研究院，旨在通过构建炎黄学学科，积极推动以炎黄文化为代表的中华优秀传统文化进入高校课堂。2018年9月至12月，炎黄学研究院在校内开设首轮"炎黄学公开课"。2018年11月24日，《光明日报》刊发评论员文章《以课程建设推动炎黄学稳步发展》，详细介绍我校"炎黄学公开课"情况，充分肯定了此举的价值和意义。2020年12月，李俊教授主持申报的大学生通识课教材《炎黄学概论》，获批河南省"十四五"普通高等教育规划教材重点项目。"炎黄学公开课"的实践证明，作为一部学术著作，原有的《炎黄学概论》一书比较注重理论性和创新性，并不适合直接用作本科生教材。将这部学术著作转化为大学生通识课教材，显然还需要做大量工作。为此，《炎黄文化教程》编委会在广泛听取相关领域专家学者意见、建议的基础上，先后召开了七次座谈和研讨会，最终就该教材的目标定位、章节安排、体例内容、难易程度等达成一致。

几易其稿后的《炎黄文化教程》，已明显不同于之前的《炎黄学概论》。就章节设置而言，《炎黄学概论》有十六章，而《炎黄文化教程》正文有十二章。不仅如此，《炎黄文化教程》的第三章"炎黄时代的族群融合"、第八章"炎黄与民俗文化"、第九章"炎黄文化遗存"、第十章"近现代炎黄文化的复兴"和第十二章"炎黄文化与人类命运共同体"等，皆为此前的《炎黄学概论》所未有，属于新加内容。就学术观点而言，《炎黄学概论》作为一部研究性著作，其编委会统稿时在要求做到全书前后一贯、相互照应的前提下，亦尊重并适当保留各章作者自己早已形成的学术观点和学术个性；而《炎黄文化教程》作为一部通识性教材，则更强调理性客观、公平公正，要求作者打破地域偏见、超越学术论争，多讲共识、少讲分歧，尽量不选取一家之言。就时代性而言，与《炎黄学概论》相比，《炎黄文化教程》更加关注现实需要，其之所以新增"炎黄文化与人类命运共同体"一章，就是为了回应文化自信、民族复兴这一时代主题。

《炎黄文化教程》能够如期完成，是编委会全体成员分工协作、共同努力的结果。主编李俊教授作为教材总负责人，带领团队成员从最初"炎黄学概论"项目的立项与结项，到后来河南省"十四五"普通高等教育规划教材《炎黄学概论》的申报与完成，其间还包括"炎黄学公开课"的成功开设等，一路走来，实属不易。李俊教授不仅从宏观上就该教材的框架结构、章节内容、编撰体例等提出意见建议，还撰写了第五章"炎黄文化与民族认同"。姚圣良教授主要负责教材统稿，并撰写了"绪论"和"后记"；王震中先生则主要负责学术把关、各章节之间观点和逻辑自洽上的协调，以及全书进一步统稿。编委会成员许中荣博士撰写了第一章"炎帝"、第二章"黄帝"和第三章"炎黄时代的族群融合"；赵婧博士撰写了第四章"炎黄文化与国家认同"和第十章"近现代炎黄文化的复兴"；叶刚博士撰写了第六章"炎黄与中华姓氏文化"、第七章"炎黄与中华龙文化"和第九章"炎黄文化遗存"；朱国伟博士撰写了第十一章"炎黄精神及其当代价值"和第十二章"炎黄文化与人类命运共同体"；蔡亚玲老师撰写了第八章"炎黄与民俗文化"。

从起初的"炎黄学概论"，到后来的"炎黄学讲义"，再到现在的"炎黄文化教程"，该教材几易其名。编委会之所以会最终选定"炎黄文化教程"这个名称，除了要尽量避免与此前由人民出版社出版的学术著作《炎黄学概论》重名这一直接原因外，还有更重要的考量，那就是炎黄文化作为中华优秀传统文化的龙头，《炎黄文化教程》不仅可以用作大学生通识课教材，将党和国家推动中华优秀传统文化进校园、进课堂的号召落地落实，还可以用作中华优秀传统文化的通俗读本，为新时代传承和弘扬中华优秀传统文化作出更多、更大贡献。

感谢为本教材作出贡献或付出辛苦的单位和个人。感谢高等教育出版社副总编辑龙杰和相关工作人员，感谢中国教育报刊社党委副书记连保军，感谢河南省教育厅和信阳师范大学教务处。衷心感谢所有为本教材的编撰、出版提供支持和帮助的社会各界同仁！

本书编委会

2024 年 3 月